A Concise Investment Guide

简明投资指南

迈向体系化投资之路

怀远◎著

中国经济出版社
CHINA ECONOMIC PUBLISHING HOUSE
北京

图书在版编目（CIP）数据

简明投资指南：迈向体系化投资之路 / 怀远著. --北京：中国经济出版社，2022.8

ISBN 978-7-5136-7024-1

Ⅰ.①简… Ⅱ.①怀… Ⅲ.①投资-指南 Ⅳ.①F830.59-62

中国版本图书馆 CIP 数据核字（2022）第 135025 号

策划编辑　燕丽丽
责任编辑　赵嘉敏
责任印制　马小宾
封面设计　久品轩

出版发行　中国经济出版社
印 刷 者　北京富泰印刷有限责任公司
经 销 者　各地新华书店
开　　本　710mm×1000mm　1/16
印　　张　17.25
字　　数　227 千字
版　　次　2022 年 8 月第 1 版
印　　次　2022 年 8 月第 1 次
定　　价　59.80 元
广告经营许可证　京西工商广字第 8179 号

中国经济出版社　**网址** www.economyph.com　**社址** 北京市东城区安定门外大街 58 号　**邮编** 100011
本版图书如存在印装质量问题，请与本社销售中心联系调换（联系电话：010-57512564）

序言　拨开投资的迷雾

华尔街历来是投资的代名词，是无数人心驰神往的投资天堂，代表着财富、地位和荣耀。但对于不甚了解金融市场的人而言，投资始终裹着一层神秘的面纱，甚至像一片布满陷阱的沼泽丛林，他们通常不敢轻易踏足。当读者朋友翻开本书之时，就证明你对投资有着浓厚的兴趣，或者至少充满好奇，希望有朝一日，你也可以实现投资致富。

股票市场是“黄金之国”吗？奥地利作家茨威格在《黄金国的发现》一文中描述了1848年人们在旧金山发现黄金之后涌现淘金热时的疯狂，“潮水般的电报越过陆地，越过海洋，宣布黄金唾手可得的佳音。人们从城镇、港口蜂拥而来，水手离开他们的船只，政府官员离开他们的岗位，长长的无尽的行列，步行的、骑马的、乘车的，从东方来、从西方来，不绝于途”。从古至今，人类对财富的不懈追求从未改变，哪里有发家致富的希望，哪里就聚集着最具冒险精神的人群。但股票市场并非遍地黄金，不仅财富无法唾手可得，稍有不慎半生积蓄都可能化为乌有。在市场的起起落落之中，无数的财富被创造、被毁灭，不断有人在梦想彻底破灭后绝望地离开市场，也不断有人怀揣美好的憧憬奔赴这片炽热的土地，冰与火的交织不停上演。

股票市场存在“炼金之术”吗？无论是东方的炼丹炉，还是西方的炼金术，都早已被遗弃在历史的角落中。究竟有没有一种投资方法可以经久不衰，只要掌握了其中的精妙就可以在市场上畅行无阻、百战百胜了呢？答案不言自明。试看历经百余年的全球金融市场，众多投资明星快速升起又迅速陨落，真正被市场铭记的常胜将军寥若晨星，绝大多数投资者注定是历史长河中的匆匆过客，一本又一本所谓的投资“真经”在市场面前功效尽失。基金排名同样是“城头变幻大王旗”，牛市中一时多少豪杰，只可惜潮水退去之后，风流总被雨打风吹去。

投资有章可循吗？在任何一个专业领域，投资者若想取得超越常人的成绩，必须沉下心来仔细钻研，投入更多的精力，付出更多的心血，不学习、不读书、不实践就能成功基本是痴心妄想。幸运的是，世上绝大多数专业领域都是可以通过学习来提高的，承认这一点，普通人也可以通过努力在金融市场有所作为。投资的门槛说低很低，只要是一个成年人就可以参与；但投资的门槛说高也很高，因为投资是复杂的智力劳动，是高度知识密集型的技艺，若是没有练就真本事，投资者在股票市场中财殚力竭的惨状可想而知。

很多个人投资者虽然学习投资的热情很高，但只钟情于碎片化的知识，满足于一招半式的技巧，始终无法看清投资世界的全貌，也无法实现由业余投资向专业投资的跨越。其实，是否拥有缜密的投资体系才是判断投资者是否成熟的根本标志。学习投资，个人投资者首先要了解投资的基本脉络，搭建适合自身的投资框架，而不应纠缠于细节，待到投资体系基本建立之后，才应该在宽度上延伸、在深度上拓展。

学习投资没有捷径，在摸索出一条适合自己的投资道路之前，投资者大概率会摔几个跟头，但只要不伤筋动骨即可。到底从哪里入手学习投资最为妥当呢？曾有人打过一个形象的比方，想要学习诗歌，究竟是师从李白还是师从杜甫呢？李白的诗飘逸洒脱，处处神来之笔，从不拘泥于一种风格样式，难以模仿和复制；而杜甫的诗格律严格，更有利于学习和借鉴。因此，历代以来，普通人学习诗歌，杜甫是更合适的学习对象。乔希·维茨金在《学习之道》中说过："我们能成为顶尖选手并没有什么秘诀，而是对可能是基本技能的东西有更深的理解。"学习投资也是如此，对绝大多数人而言，中规中矩的框架体系可以当作入门教材，有助于打好投资基础，市场上流传的很多传奇的投资事例最好只作为额外的教辅材料，绝不能本末倒置。

"无以待之，则十百而乱；有以待之，则千万若一。"写作本书的初衷，正是希望通过梳理总结出一套最基本的投资研究框架体系，让普通的个人投资者能够有章可循，在学习投资的道路上少走一点弯路。若果真能多多少少实现这一目标，就足以让人欣慰了。

怀　远

2022 年 6 月于北京

目录

第五章 投资之道

建立投资哲学

第一章

投资之初

练就基本功

在正式推开投资世界的大门之前，投资者需要做好最基本的功课，既包括形成对投资体系和分析方法的总体认知，也包括如何处理错综复杂的信息、如何看待市场的不确定性、如何形成合理的预期。除此之外，虽然关于市场的交易制度和规则不属于本书讨论的范围，但是投资者也应了如指掌。

投资还是投机

阵而后战，兵法之常，
运用之妙，存乎一心。
——（南宋）岳飞

弄清楚投资与投机的区别是取得投资成功的第一步。首先让我们思考两个老生常谈的问题：投资是什么？投机又是什么？

投资与投机的争论

大学课堂上老师都会讲解投资与投机的区别，但几十年来，尚未有统一的标准。有一种最常见的解释：投资是买入企业的部分所有权，试图通过企业盈利增长而获利的行为；投机则是根据对市场的判断，通过预测市场的涨跌进行买卖以获得价差的行为。还有一种解释，把能否获得稳定的现金流作为区分投资与投机的依据。

塞思·卡拉曼对此做过系统的总结。他认为，对投资者而言，股票代表的是相应企业的部分所有权，从长远来看，股票价格趋向于反映企业的基本面，投资者可以期望三种获利方式：方式一，企业营运产生的自由现金流；方式二，其他投资者愿意以更高的比率（市净率或市盈率）购买股票；方式三，缩小股票价格与企业价值之间的差距。方式一体现的是企业盈利的增长，方式二体现的是股票估值的提高，方式一和方式二的组合便是戴维斯双击；方式三体现的是股票价值的回归，反映的是安全边际。而投机者通过预测股票价格下一步是上涨还是下跌来买卖股票，本质是博傻的过程。

上述说法自有其道理，但金融市场纷繁复杂，很难用一个统一的标准进行定义。比如在期货市场，多空双方谁在投资、谁在投机呢？在进行套利交易的时候，是投资还是投机呢？

也有人用持有头寸时间的长短来界定投资与投机，持有时间长为投资，持有时间短为投机，但长与短到底如何界定没有公论。原本只打算持有一天但由于买入立即亏损导致多持有了一年，这是投资还是投机呢？况且金融市场的策略与工具千变万化，并非只有“买入—持有—卖出”这一最基本、最简单的模式。西蒙斯大奖章基金等完全依靠数学模型进行自动化交易的策略是投资还是投机呢？自传《大投机家》是德国“证券教父”科斯托拉尼关于股票市场的思考和回忆，尽管以投机命名，但细细读来，与那些以价值投资命名的书籍介绍的理念和方法又有何本质差异呢？

人决定一切

无论是玩扑克，还是打麻将，有人通过钻研或者某种天赋，胜率总是高于其他人；也有人只是凭运气或者感情用事，一直败多胜少。如果就此下一个定义，第一类人可称为“投资者”；而那些只是凭借运气想试一试的第二类人，可称为“投机者”。

如果类推到金融市场，那些建立了成熟、科学的买入、卖出、资产配置和风险控制体系，并且能够掌控自己情绪的市场参与者，可称为“投资者”；相反，那些尚未建立适应自身交易体系的市场参与者，只能称为“投机者”。

按此标准，投资与投机的区别，不是投资标的、投资期限、持有目的的不同，而在于“人”的不同，是市场参与者本身决定了投资与投机的分野。也就是说，在同样的时间和价格买入或者卖出了同样的标的，对甲来讲，是在进行投资；而对乙而言，则是在进行投机。差别在于二人在进行决策时，是否已经形成了完备的研究和交易体系，并贯彻到买入和卖出决策中。

投机是人的天性，之所以费如此多口舌解释投资与投机，是为了让读者在踏入投资市场之初就形成良好的投资习惯。好的投资习惯一旦养成，终身受益；坏的投资习惯一旦养成，贻害终身。哪怕是一元钱的投资，投资者也要小心翼翼，用敬畏之心严格按照程序进行操作，否则损失的不仅仅是一元钱。投资者一旦偏离了正确的投资轨道，养成散漫、随性的习惯，等到将来投资金额越来越大，就很容易终生陷入投机交易中无法自拔。

投资必须体系化

一点成一字之规，
一字乃终篇之准。
——（唐）孙过庭

刚进入股票市场的投资者一定会担心，市场上有那么多专业的机构投资者，个人投资者与这些“大鳄”们同场竞技，有盈利的可能吗？

机构 VS 个人

彼得·林奇曾列举过个人投资者相对机构投资者的种种优势，比如机构投资者面临各种法规以及政策规定的限制、公司市值规模的限制、流动性问题等，而个人投资者的行动更为自由。但不容否认的是，相对于机构投资者，个人投资者同样有很多劣势，比如公司信息的及时获取、跟踪公司的数量、研究的广度和深度等。而个人投资者最大的劣势并不是某一单项的弱势，而是大量个人投资者缺乏一套较为完善的投资体系，投资的随意性、情绪化程度较高，以至于其容易在长期的市场起伏中落败。那些能够胜出的个人投资者，一定是较早摸索总结出一套适应自身特点的投资体系的投资者。

优秀的机构投资者之所以能够在市场屹立不倒，是因为他们一般都会建立较为完善的投资体系，设置独立的部门，从宏观经济、行业及公司的研究，到投资标的的选择，再到买入卖出策略的确定及执行、仓位的控制以及各种风险的管控，直至定期的业绩评估等，各负其责、协调配合，并有专门的投资决策委员会对股票池及重大决定进行集体决策，实现公司整体文化与投资经理个人风格之间的平衡。而对于个人投资者而言，完全需要依靠自我约束和自我监督来实现机构投资者上述一系列流程，这种挑战是巨大的，但也是必须克服的。

个人投资者的投资业绩往往起伏波动很大、稳定性不够，其中非常重要的原因是缺乏行之有效的投资框架。投资时间越长，投资体系化的重要性就越突出；投资框架越严密，投资者就越能在金融市场的磨砺和洗礼下成长。有的投资者赚了钱，却不清楚钱是如何赚来的；亏了钱，也不知道是如何亏损的。更要命的是，有的投资者用原本正确的策略亏了钱，但没有找到亏损的根源，而放弃了之前的交易策略；有的投资者凭借一时的运气，用错误的模式赚到了钱，认为找到了实现盈利的不二法门，于是为将来的大幅亏损埋下了“祸根”。

因此，投资必须体系化，个人投资者完全依靠临机应变是难以在残酷的投资市场中长期存活的。个人投资者参照机构投资者建立一套完整投资体系的意义，不亚于标准化应用到工业生产中的重大意义。在踏入股票市场之后，个人投资者首先要全面、深入地学习主流的投资理念、研究体系和策略，在此基础之上结合自身特点和经验，逐渐形成一套实用、有效的投资体系。

当然，完全复制机构投资者的投资体系不现实也不可取，对个人投资者而言，基本的投资框架只有八个字：谋定后动，知行合一。谋，即研究；动，即交易。谋定后动的原意是谋划准确周到后再行动，应用到投资领域，就是要进行充分的研究准备工作之后再进行交易，无谋而动、先动后谋都是投资大忌。另外，知难行易，要确保在实践中灵活运用，否则谋定而未动则是纸上谈兵、前功尽弃。

投资框架

投资框架的第一个层面是谋，即研究。其内容主要包括以下几个方面。

第一，制订资产配置方案，因人而异，主要根据自身年龄、风险偏好和宏观层面要素统筹制订。

第二，进行宏观研究，包括宏观经济、货币政策、财政政策、流动性、通货膨胀、全球金融市场等。

第三，进行中观研究，主要有产业政策研究和行业研究，包括政策影响、供给、需求、价格分析等。

第四，微观研究，筛选公司进行深度研究，研究方法主要有定性分析和定量分析。定性方面主要分析商业模式、企业所处发展阶段、市场竞争格局、技术实力、品牌影响力、定价能力、产品可替代性、上下游关系、业务多元化、公司治理、企业文化、管理层及股东情况等；定量方面主要研究核心财务数据，分析估值水平、成长能力、盈利能力、营运能力、偿债能力、分红与融资、商誉等。

第五，策略研究，判断市场趋势和阶段性风格特征，确定买入标的、持有仓位、买入时机及价格区间（适当的技术分析），持续跟踪与评估，确定卖出标准。

上述内容将在本书接下来的几个章节进行重点介绍。

投资框架的第二个层面是动，即交易。

交易属于执行层面，评判交易成功与否的标准很简单，即是否严格执行了投资框架第一个层面的计划。交易看似简单，实则复杂，尤其是在投资金额比较大的时候，心理因素在很大程度上决定了投资者能否知行合一地执行预定的交易策略。正所谓“计划你的交易，交易你的计划”，除了极少数风险时刻外，交易都要按照预先研究好的计划来执行，投资者应尽量避免临机决策，否则很容易被纷繁复杂的热点信息、权威人士的观点及周围股友的高谈阔论干扰。

总之，个人投资者既要提高研究能力，又要把研究真正应用到交易中，做一个全能投资者，避免出现明显的短板。

基本面分析还是技术分析

操千曲而后晓声，
观千剑而后识器。
——（南北朝）刘勰

投资框架第一个层次中非常核心的一环是研究上市公司，分析方法大致有两种：基本面分析和技术分析。这两种方法像一对冤家，相伴相随，但孰优孰劣一直没有定论。

基本面分析

狭义的基本面分析是通过分析公司的盈利、收入、现金流以及风险状况来确定企业的价值，其基础是企业的三张表：资产负债表、利润表和现金流量表。广义的基本面分析除了关注企业的经营情况以外，还要考虑宏观经济、货币政策等各项因素。

至于基本面分析最早起源于何时无从考证，但格雷厄姆于 1934 年出版的《证券分析》无疑将基本面分析推上了一个新的高度。自此，价值投资作为一个专有词汇登上了投资世界的舞台。可以说，格雷厄姆是价值投资流派的奠基人，此后越来越多的优秀投资者皈依价值投资流派，直到巴菲特进一步将其发扬光大，成为价值投资的集大成者，并直接推动价值投资成为全球投资界的主流。

对价值投资者而言，股票价格从长远来看趋向于反映企业的内在价值，但短期受政治、经济、心理等诸多因素的影响而频繁变动。价值投资者的盈利主要来源于两个方面：第一，企业营运产生的利润增长；第二，股票估值的提升。乍听起来，价值投资不难理解，但如果试着读一读八十多年前出版的《证券分析》，绝大多数个人投资者会知难而退。如果没有足够的金融知识和财务知识，想弄清楚企业的内在价值是极为困难的。这也说明，做好价值投资绝不是一件容易的事情，不是"买入—持有"那么简单，而是一项踏踏实实、以严密逻辑分析为基础的工作。本书的重点也将放在基本面分析。

技术分析

技术分析主要通过图表来研究市场波动，重点是从股票的历史价格和成交量波动中寻找股价运行的规律。从时间上来讲，技术分析的历史要比基本面分析古老得多，公认的现代技术分析是由美国的查尔斯·道创立的道氏理论，此后逐渐发展形成了波浪理论等众多门类。除了股票市场之外，技术分析在期货、外汇、贵金属等投资品的市场分析中都有广泛应用。

技术分析主要依据三个基本假设：第一，价格以极快的速度反映一切；第二，价格以趋势方式演变；第三，历史会重演。

第一个假设的含义是：所有事件——经济事件、政治事件、社会事件，凡是和股价有直接或间接关系的一切信息，都会反映到股价变化中，而且反映的速度极为迅速，几乎是以秒甚至是毫秒来计算的。

第二个假设的含义是：股价运行存在一定的规律。这种规律以趋势命名，如同牛顿定律一样，在任何固定的期限，股价都以一定的趋势运行，直到在外力的影响或者原有趋势运行到极限之后，原有趋势被打破，然后进入另一种趋势。

第三个假设的含义是："以史为镜可以知兴替"，人性永远不变，过去发生的事今后会重复上演，如同时尚的轮回，看透过去即可以预见未来，股价的历史图形和曲线存在特定的指示意义，掌握了这种规律便可以预测未来。

股票大作手利弗莫尔可以说是技术分析的大师。虽然当时 K 线图和波浪理论还未诞生，但他凭借对数字过人的天赋，不断地反思和总结，主要依靠读纸带，创造了财富传奇。当时市场上没有公认的技术分析方法，直到道氏理论横空出世，越来越多的投资者成为技术分析的信徒，只不过最近十几年，技术分析在股票市场有日渐式微的迹象。

如今基本面分析是投资界的主流，在券商公开的研究报告里，几乎看不到纯粹通过技术分析对某只股票或行业做出买入或卖出的评级。技术分析似乎越来越难以登堂入室，原因大致有以下三点：首先，价值投资的理念在全球遍地开花，深入人心，奥马哈小镇一年一度的巴菲特股东大会是令全球媒体和投资者瞩目的盛会，这无疑是基本面分析最好的宣传。其次，在国际金融市场，投资方法越来越多，差异化也日益突出，但在技术分析领域，没有出现长期依靠技术分析取得优异投资业绩且能与巴菲特齐名的投资人。最后，越来越多的投资人学历水平较二十年前明显提高，在大学教育阶段，技术分析的课程比重普遍较低，而关于基本面分析的课程则多是必修课。也就是说，很多投资人学习基本面分析是在正规教育阶段完成的，而技术分析的学习则是在业余时间凭借兴趣完成的。

一较高下还是并肩前行

如果要问谁对技术分析最不屑一顾，非刚毕业的大学生莫属。刚从校门走出，正是风华少年，信心十足，憧憬用所学的专业知识在市场上大展身手，但学以致用并非易事，多数人很快在市场中撞得鼻青脸肿，进而对基本面分析产生怀疑，于是一部分人开始对技术分析产生兴趣。与此同时，一开始就笃信技术分析的投资者在试用了所有的技术指标、苦读了上百本技术分析的大作、复盘过上千只股票的历史走势之后，仍然没有找到赚钱的精妙之道，也渐渐对技术分析这条道路产生怀疑，慢慢向基本面分析靠拢。

新入行的投资者不禁要问，到底哪种方法更有效、更实用呢？

其实这个问题本身隐含着一个假设：基本面分析和技术分析都有效，只不过效果不同；或者，两者至少有一个是有效的。

但金融市场有一个非常著名、非常基础的假设，即有效市场假说。该假说认为，股价已经完全反映了所有相关信息，投资者无法通过某种既定的分析模型获得超额利润。如果这一假说成立，无论是基本面分析还是技术分析都将毫无意义，投资者最明智的选择是指数基金。

然而最近百余年的金融发展史早已证明，这一假说是不完全成立的，大量的投资者依靠自身的努力取得了超越市场指数的超额收益。其中一个非常重要的原因是该假说的关键前提——理性人的假设，不只在金融市场不成立，在市场经济运行中也不完全成立，因此才会频繁出现市场失灵。如果投资者是理性的，历史上就不会有那么多投机泡沫的产生了。

在市场并非完全有效的环境下，通过大量严密的分析自然有希望获得超越市场平均水平的收益，但基本面分析和技术分析到底谁更胜一筹呢？

基本面分析主要研究两个问题：一家公司是不是值得投资的好公司？公司的市值与实际价值（内在价值）是否一致？技术分析是运用技术分析方法，找出股价变动的规律，预测股票及市场整体的趋势。

两种方法各有特点：基本面分析注重分析影响股价的基础因素，技术分析注重分析股价本身的变化规律；基本面分析既立足于过去的财务数据，也通盘考虑未来影响股价的经济要素，而技术分析只着眼于过去，用历史模拟未来。

有人认为，基本面分析研究的是股价的长期变动趋势，技术分析主要分析股市的短期波动。其实不然，长期短期本身很难界定，而且技术分析方法的周期也有长有短，技术指标既能以分钟、小时来计，也能以月、季、半年或年来计，基本面分析很多时候也只是分析一个季度的业绩报告。

也有人认为，基本面分析胜在寻找投资对象，技术分析长于选择投资时机。这种说法有一定道理，投资对象的选择对基本面分析来说至关重要，但基本面分析也会考虑公司的估值情况、公司所处发展阶段，这都是选择投资时机时需要考虑的因素；技术分析也不只是用来择机，尤其是在注册制环境下，市场日益扩容，股票数量越来越多，而个人投资者能够跟踪的股票数量是有限的，因此运用技术手段筛选候选股票变得越来越重要。基本面分析和技术分析同时具有择股和择机的功能。以选择买入标的为例，两者大致有以下两种结合方式：

第一种，基本面分析—确定股票池—等待基本面分析与技术分析发出买入信号。

第二种，技术分析—将发出买入信号的股票列入候选股票池—基本面分析确定买入标的。

世界上是否有完美的投资方法

基本面分析与技术分析并不是对立的，两者都是经过数十年、上百年投资实践大浪淘沙遗留下来的，对投资者而言都是极为宝贵的财富。电视剧《潜伏》中谢若林与余则成对话时，有一句经典台词："现在两根金条放在这儿，你告诉我哪一根是高尚的，哪一根是龌龊的?"金融市场同样如此，在合法合规的前提下，用基本面分析和用技术分析赚来的钱，没有高下之分。

近年来，随着价值投资理念深入人心，价值投资的大旗到处飘扬，投资者言必称价值投资，但仔细研究却千差万别。可以说，一千个价值投资者，就有一千种价值投资。我们不能简单地脸谱化评价投资的好与坏、优与劣，纵使是闻名全球的投资大师，其方法也不尽相同。

格雷厄姆有“称重论”。他说，股票市场从短期看是投票机，长期看是称重机。“市场先生”向来多变，股价有时会大幅低于内在价值，有时会显著高于内在价值，投资者的注意力应该主要放在跟踪评估企业的经营情况，在股价显著过低时买入。“称重论”的本质是寻找极其便宜的股票，等待股价向价值回归，也就是俗称的“捡烟蒂”。这种方法首要的是保证本金安全，因为估值已经非常低，所以一般而言投资者会避免遭遇大跌。

凯恩斯有“选美论”。作为历史上少数能在股市大赚的经济学家，他在传世巨著《就业、利息和货币通论》中提出，金融投资如同选美。在有众多美女参加的选美比赛中，你如果猜中了谁能够获得冠军，就可以得到大奖。你应该怎么猜？凯恩斯先生告诉你，别猜你认为能够拿冠军的美女，而应该猜大家会选哪个美女做冠军。即便那个女孩很丑，只要大家都投她的票，你就应该选她而不能选那个长得像你梦中情人的美女。

菲利普·费雪有“成长论”。作为现代投资理论的开路先锋之一，菲利普·费雪被视为成长股价值投资策略之父，他与价值投资之父格雷厄姆同为股神巴菲特的启蒙老师。巴菲特曾说，他的投资哲学85%来自格雷厄姆，15%来自菲利普·费雪。《怎样选择成长股》是费雪的代表作，也是他一生投资智慧的浓缩。他认为，只要找到真正具有高成长性的杰出公司，并不一定需要在市场崩溃后再寻找买入时机，只要以合理的价格买入成长股并坚定持有，即使在震荡波动的市场也不为所动，投资者就能获得惊人的回报。

普通的个人投资者同样可以在自己擅长的领域寻找擅长的投资方法。所谓“一招鲜吃遍天”，投资赢家一般是依靠一两种方法，练就一技之长。

有的技术交易型选手，在众多技术分析方法中仅凭一条均线和其他一两项指标，运用娴熟、得法，心无旁骛地只做属于自己的、熟悉的交易，就可以实现持续、稳定的盈利，可见技艺不在多而在专。基本面分析也是如此，投资者必须总结出自己最熟悉、最擅长的分析领域、方法和指标并熟练应用，其他的作为辅助即可。

当然，技多不压身，在专长之外也不要排斥一切优秀的思想。正所谓“集百家之长，成一家之言”，把别人的东西变为自己的东西，把别人的思想和方法活学活用，化为自身的本领并推陈出新，更是投资精进的重要途径。

关于价值投资的具体分析将在后续章节有更详细的介绍，本节只是大致介绍基本面分析和技术分析的各自特点与差别所在。更准确地说，价值投资是一种投资理念，基本面分析和技术分析是研究方法，把两种方法有机结合，博采众长、为我所用才是投资制胜之道。

信息的分析与解读

有时思到难思处，
拍碎阑干人不知。
——（南宋）辛弃疾

在了解上述投资教科书或多或少会提及的问题之后，投资者需要考虑一个更为基础但十分关键的问题：如何解读和处理信息。

信息与数据

提到信息，很多人会联想到数据，二者确实有相似之处，但不能混为一谈。数据是各种统计、计算或分析依据的数值，其来源及格式多样，既有传统的结构化数据，如财务数据、身高、日期等定量数据，也有图像、音频、视频等非结构化数据。其实信息的内涵要比数据丰富得多，不仅所有的静态数据都属于信息，所有的动态行为也应该纳入信息的范畴。也就是说，一个数据属于信息，这个数据的产生也属于信息，一件事情的发生、一个数据的应用等都属于信息的范畴。

信息之于投资

对于金融市场而言，影响价格变动的信息有很多，既有直接影响市场或者上市公司层面的信息，也有间接影响市场或上市公司层面的信息，诸如财政政策或货币政策的变化、天气变化、地区局势动荡等。毫无疑问，投资者能否获取必要的、足够丰富的信息，对于其做出正确的投资决策至关重要。

在资本市场，拥有更多信息的一方无疑占据天然的优势。在互联网时代到来之前，获取信息的门槛很高，加之市场机制尚不完善，信息的丰富程度往往在很大程度上决定着投资收益的大小。但移动互联网时代的来临，叠加监管的日益严格，依靠内部信息获利的吸引力大不如前。个人投资者比纸媒时代的机构投资者拥有的信息更丰富，尤其是自媒体的蓬勃兴起，海量的信息（包括坊间传闻）往往一夜之间传遍大江南北。个人投资者与机构投资者的差距越来越小，是个人投资者不必妄自菲薄的重要原因之一。

准确解读信息

信息时代，对信息进行及时准确的解读、处理和应对，才真正关系到投资业绩的好坏，这也是区分优秀投资者和平庸投资者的重要因素。

每天会有大量的信息涌入金融市场，投资者需要依靠大脑快速进行筛选、分析并做出判断和决策。读取和理解信息是投资的一项基本功。投资者想要提高解读信息的能力，没有捷径可走，只能坚持学习、不断积累，广泛地涉猎各方面的知识。

在股票市场，信息种类繁多，时刻考验投资者对信息进行深刻解读的能力。市场如战场，信息的背后往往隐含复杂的博弈，投资者听到、看到的信息往往真真假假、虚虚实实。因此，投资者对信息绝不能来者不拒，必须具备辨别真伪的能力。

信息有真有假，也有大有小。重要的信息对上市公司会产生深远的影响，而有些信息只是短期的扰动，还有些数量众多的信息纯属“噪声”，对公司的发展不会产生根本性的影响。透过表象直达本质，判断信息能否对公司经营发展产生实质性影响，以及这种影响的持续性和影响程度是一门必修课。比如公司开发的核心产品首次中标重要的大客户，往往预示公司的技术实力得到行业的认可，对未来的长期发展意义深远。

在信息解读的过程中，投资者不仅要关注当下可见的信息，更要对信息可能带来的蝴蝶效应有充分的研判。1997 年，由于国际资本的冲击，泰铢大幅贬值，引发泰国金融危机。但当时绝大多数人没有想到，这场危机很快就波及菲律宾、马来西亚、印度尼西亚、新加坡等国，造成一场席卷整个东南亚的金融风暴。敏锐的投资者要从细微之处发现特定事件的潜在连锁影响，在变化中求得主动。

如今，个人投资者虽然在信息获取的数量上已经没有明显的劣势，但除了可以拿到部分有关消费品的第一手信息之外，其他都是通过媒体、研究机构获取的第二手信息。个人投资者要学会“拿来主义”，善于从机构投资者提供的信息中进行二次挖掘，必须有能力读出他人读不出来的内容。然而尽信机构则不如不信机构，个人投资者一定要保持独立思考的能力，以批判和质疑的态度读取他们的信息。总之，个人投资者要广泛涉猎信息并为“我”所用，充分了解机构分析的逻辑，但要小心他们做出的结论，或者说 90% 接受他们的信息，50% 接受他们的逻辑，20% 接受他们的结论。投资者如果在读取信息时把重点放在他们的结论上，可就大错特错了。

金融市场的信息如同一块巨大的冰山，只有一小部分是公开可见的，其余大部分完全隐藏在冰面之下，不被大众知晓。投资者做决策时千万不要以为自己掌握了一切，任何时候都要留有余地；虽然海平面以下的那部分冰山我们无法直接看到，但可以通过其他信息加以佐证，信息获取的角度越多，决策体系就越科学。投资者在关注头版头条的重大信息时，不要忘记那些边边角角被人遗落的碎片化信息，大多数人只是把它们当作茶余饭后的谈资，而真正目光如炬的投资者会把碎片化信息重新拼接起来，还原一个真实的世界。正所谓“风起于青萍之末”，重要信息往往隐藏在一些不被人注意的细节上，能否发现这些微小信息的价值，在不起眼的寻常信息中发现背后的波涛汹涌，是优秀投资人的典型特征。

最重要的信息：历史信息

丘吉尔说：“你能看到多远的过去，就能看到多远的未来。”善于从历史中学习知识，是投资者必须具备的技能。技术分析是这方面的典范，威廉·欧奈尔在《笑傲股市》中回顾分析了100只牛股的历史走势，总结出一套买入卖出规律。投资者可以不同意他总结的规律，但他这种尊重历史、从历史信息中寻找规律的方法值得每一位个人投资者学习。

按照技术分析的前提，股票市场所有的信息都浓缩在一根根K线中，一幅K线图记录着一段历史，如同一段音符，弹奏出恢宏的历史乐章，无论是战争、灾荒、人类登月、DNA结构的发现，还是无数企业的日常经营信息，都反映到这幅K线图中。信赖技术分析的投资者，必须熟悉历史上典型的几段K线图，把自己置身于历史的某个时刻，不断验证自己的理论和决策的可靠性。

同样，使用基本面分析的投资者，也要对历史上某些关键时期重大事件的脉络了如指掌，不论是对拉美债务危机、亚洲金融危机、纳斯达克泡沫的起因及演变，还是对美股在几次石油危机中的表现、A股在不同经济发展阶段的表现特征等，都要有清晰的了解和认识。

可以说，投资正是从历史经验中总结规律并应用到当下的过程，试图找出一种完全超脱于历史的方法是不现实的，现有的一切投资方法都可以放到历史的某个时刻进行返回检验。投资者对历史信息掌握得越充分、理解得越深刻，对未来的洞察和把控就会越准确。投资的密码就躲在历史的角落里等你去发现。

信息获取的主要方向

对个人投资者而言，公开渠道是获取信息的主要来源。千万不要迷信坊间传言、小道消息，大部分投资者亏损的原因都是听信了不该听的信息，这是全球金融市场的普遍规律。很多巨额资金，想要交易数量巨大的股票，但成交量又难以支持时，便可能采用这种手段，编造有关上市公司的虚假利好或利空信息，做大交易量，引发跟风盘，大量听信传闻的个人投资者会在此过程中损失惨重。

在信息社会，关于宏观、行业和上市公司的信息越来越透明，个人投资者只要把这些公开的信息研究透彻就足以在市场上立足和发展了。

个人投资者应对以下几个方面的公开信息给予持续关注。

第一，国家大政方针。投资方向一定要符合国家政策引导的方向，不能逆潮流而动。

第二，全球重要的科技动向。科技是推动人类进步的主要动力，国与国竞争的焦点之一也是科技实力的竞争。新的科技应用和创新层出不穷，投资者哪怕不投资科技股，也必须对最新的前沿科技有所了解，否则其理念、思路将很快落后于时代的发展。

第三，重要的经济发展数据，如 GDP 增速、物价指数、消费品总额、进出口数据等。

第四，金融市场的基本数据，如主要经济体的利率变化情况，汇率、贵金属、原油等价格变动。

第五，行业信息。个人投资者不管投资哪一个行业的上市公司，都必须对行业最新的发展动向保持密切关注。

第六，上市公司的最新信息。这是最需要投资者投入时间和精力去跟踪研究的，主要包括以下四种信息。首先，年报、半年报、季报。这是了解上市公司最直接的途径，需要认真阅读。其次，业绩报告之外所有定期或不定期的报告，如定向增发、回购、中标、获得专利、产品提价或降价、诉讼等。再次，与上市公司有直接或间接关联的信息，如上下游合作伙伴的信息，终端产品的销售情况、上游的价格变化情况、公司在产业链的地位等。最后，上市公司的调研信息。

不论信息量有多大，对信息的分析都分为两类：定量分析和定性分析。定量分析是财务报表分析的基础，收入及利润增长、现金流、资产负债情况等，都需要进行定量分析。但定量分析主要采用比较分析法，也就是说判断未来一段时间，公司的主要指标是向好的还是变差的，并不必如教科书那般推算公司未来十年的自由现金流，以此估算公司的合理市值。定性分析其实更为关键，是评判公司是否优秀、是否有发展潜力的第一步。定性分析是定量分析的前提，如果仅从定量的角度分析上市公司，诸如亚马逊、特斯拉、腾讯等公司在上市初期很难被筛选为潜在的投资标的，而优秀的投资人选择长期持有这些公司，主要还是看到公司定性的优秀特质。

另外，投资者起初开始尝试价值投资时，往往特别关注定期业绩报告，一旦某个季度的业绩达不到预期，立即将股票打入冷宫。其实，即使是最优秀的上市公司，也不可能连续十年保持每个季度都能取得非常好的业绩。季度业绩一定会有起伏波动，投资者切莫因为一个季度每股少赚了1毛钱，而错失了未来几年巨大的潜在收益。

在日益强调大数据分析的时代，定性分析的能力显得更为宝贵，正如有人调侃的：如果财务分析决定了投资成败，那么全球金融市场最富有的人应该都是会计师。

预期及不确定性

愚者暗于成事，
智者见于未萌。
——（战国）商鞅

未来是充满不确定性的，谁能更好地应对，谁就能够生存得更久，这是宇宙万物演化的基本规律，也是投资世界的基本法则。正是由于不确定性的存在，预期成为经济学一个非常重要的概念。

预期能够自我实现

所谓预期，就是通过对当前信息的分析，做出对未来的估计和判断。关于预期，投资者最为熟知的应该是通胀预期。消费者一旦形成强烈的通胀预期，就会改变消费行为，为了避免物价上涨、货币贬值给自己造成损害，必然会降低储蓄、加快消费，严重时甚至会出现抢购、囤积物品的现象，这又反过来进一步加剧了物价的上涨，形成通胀的螺旋。古今中外，历史上较为严重的通胀期间，预期都发挥了重要的作用。通缩预期则正好相反，预期物价下跌，导致增加储蓄、延迟消费，进一步造成价格的持续下跌。

投资品也是如此。投资者的预期往往促成预期事件的提早到来。预期黄金会上涨，投资者纷纷购买黄金首饰或者黄金 ETF，进而造成金价的持续上涨。而且，金融市场的预期一旦形成，反映到现实的速度会比消费市场更快。假如公众预期一只股票下个月的月末会上涨到 20 元，那么股价会如何反映预期呢？一般来讲，股价不会慢慢悠悠一直等到下个月末才涨到 20 元，而是会以非常快的速度实现价格的均衡，上涨到 20 元左右。换句话说，假如预期股价在 1 月 30 日上涨到 20 元，那么在 1 月 29 日就会有投资者以接近 20 元的价格买入（30 日可以按 20 元的价格卖出），也就是说 1 月 29 日，价格已经上涨到 20 元。以此类推，如果预期股价在 1 月 29 日上涨到 20 元，那么在 1 月 28 日就已经实现……因此，股价反映预期的速度非常快，这也是市场有效的一个典型特征。当预期市场下跌时也是类似的，一旦投资者预期逆转，价格往往以非常快的速度下跌，以此来反映最新的市场预期。

预期在消费品和投资品价格变化中发挥作用的机制还有一个不同之处。消费者对消费品的抢购往往发生在通胀预期十分强烈的时期，假如只是物价的短期上涨和波动，理性的消费者往往不会跟风抢购（食品等日常必需消耗品除外），而是等待物价回落之后再行购买。也就是说，除非在严重通胀时期，消费品都遵循基本的供需理论：物价上涨，需求下降；物价下降，需求上涨。但是蔬菜、肉类等每日需要消耗的生活必需品则不然，即使经济并不处于严重通胀时期，只是物价的短期波动，但由于这类消费品每日需要消费，尤其是中低收入阶层对此类物价的上涨反应非常灵敏，往往会导致大众的提前购买和短期囤积，造成价格的进一步上涨。而股票等投资品则不同，投资者往往会根据预期来进行投资，股价上涨，需求增多；股价下跌，需求降低。越是在市场热度高的时期，投资者情绪越高涨，交易也越活跃。可见，投资品和日常生活必需消费品的价格受预期的影响较大，预期本身会导致其价格的较大波动，而其他消费品价格受预期影响较小（严重通胀时期除外）。

认识到预期对于上述三类品种的影响逻辑，可以更好地理解房价与预期的关系。由于住房的特殊性，它一方面具有消费品的特征，另一方面具有投资品的属性。但单是住房的消费品属性其实也是非常特殊的，由于它属于必需消费品，再加上房价的定价本质是边际定价，在消费品属性上，住房偏向于日常消费必需品；再叠加住房的投资品属性，房价与预期的关系则十分清晰明了，这也算是最近十几年来预期在房价上涨过程中发挥作用的一个视角。

简而言之，未来的不确定性影响人们的预期，人们在预期的引导下行动，反过来又影响未来的不确定性，循环往复。

预期的形成及演化过程

在股票市场，个体预期的形成主要受以下三个因素影响：第一，过去一段时期国内外经济、金融市场的运行态势；第二，专业人士、政府人士对于未来趋势的判断；第三，媒体的宣传报道。

对于大多数人而言，个体预期往往会不知不觉受到社会预期的影响，尤其是在媒体的推波助澜下，专业市场人士对大众预期的形成会产生重要影响。而专业市场人士预期的形成，更多地依赖于自身经验和专业能力，相对独立于大众媒体。当越来越多的机构和个体形成了趋同的预期时，一般称为一致性预期。

一个称职的投资者，需要随时掌握社会预期，同时必须具备独立思考的能力，当自身预期与主流预期不一致时，及时对自身的思维判断体系进行检视，反思自己的逻辑体系是否经得起推敲。投资者要用怀疑的眼光分析社会预期形成的逻辑是否合理、专业人士的判断是否有误；反复权衡之后，最终做出决定，究竟是调整自己的预期与大众保持一致，还是坚持自己的观点。

当所有市场参与者对市场信息形成解读并做出反应后，就形成了市场的均衡状态。但随着市场环境的变化，大众预期也会缓慢改变，而能够灵敏感知这种变化的投资者，可先人一步调整投资策略。在可以预见的未来，若不发生重大意外事件，市场不确定性较小，预期也容易保持一致，市场的波动率会降低；而在某些特殊的转折时期，预期难以达成一致，市场的波动率会相应提高。

市场上投资者种类众多，风险偏好也各不相同。有的投资者喜欢股价稳步增长，不希望过度剧烈的波动；还有的投资者依靠价格短期的大幅波动来赚取收益。对于后者而言，过低的价格波动率会限制盈利的空间，若要实现较高的收益，必须提高杠杆，通过承担更高的风险来获取更高的回报；而随着市场杠杆率的逐步提升，将逐步打破原有低波动率的局面，在此过程中，市场预期也将随之发生改变。

总之，市场与预期都是不断变化、相互影响的，股票市场的波动，正是新预期不断替代旧预期的过程。

积极把握预期差（超预期）

经济的发展、金融市场的运行与预期密不可分，只不过在绝大多数时期，经济运行平稳，关于经济运行的预期同样平稳一致；此时，预期本身仿佛没有太多人关注，似呼吸一般，与经济的脉搏同步跳动。例如，在经济上升期，年复一年，大多数人理所当然地认为，未来会继续保持经济繁荣、社会稳定、收入稳步增长，人们按照以往的规律进行储蓄、消费和投资。但在市场波动加剧、经济发展受到巨大的外部冲击时，预期的多样性开始显露，不同群体对于未来的看法出现巨大差异，整个社会的预期变得非常混乱。这种混乱状态往往会持续一段时间，不同的观点和预期相互碰撞、相互影响之后，重新形成较为一致的预期。

无论是个体预期还是社会一致性预期，当预期最终与市场表现不一致时，就出现了预期差。证券分析师经常会对上市公司下个季度的业绩进行估算，等到季报公布之后，每股收益可能与之前的预期相差几分钱，这也属于预期差，但影响不大。投资者如果仅仅依据业绩比预期略好或略低就做出买入或卖出决策，则属于过度短视。此外，市场人士也会对经济的主要指标，如货币供应量、社会融资规模、通胀率等指标进行预测，最终公布的实际值与预期也会有一定的预期差。如果所有投资者的预期都是一致的，且与最终实际的数据基本一致，那么很难出现明显的超额收益。

关于个体预期与社会一致性预期的预期差问题。如果自身预期多次被证明是错误的，投资者需要深刻反思自己的逻辑体系，究竟是自己掌握的信息出现了问题，还是分析问题的角度和方法不够成熟。

关于个体预期与大众预期一致，但与实际情况发生了较大偏差的问题。大的预期差存在时，市场往往孕育着巨大的投资机会，投资者也有机会实现大幅盈利。大多数时候，预期差很小，超额收益也不会太高。

当发生了超出自身预期的事件后，投资者一定要及时纠错，并分析其原因和影响。首先要判断这次超预期是一次性短暂的超出预期还是发生了结构性的改变，使得这种超预期的因素成为常态。假如 A 公司多年来在 B 公司某项原材料采购中占比约 10%，突然有一年这一占比下降至仅为 5% 左右，则是典型的超预期事件，需要立即进行分析评估，尽快判断 A 公司在该项原材料领域的竞争力是否发生了变化，或者行业是否出现了新的替代技术。当然，定期披露的业绩报告是最常见的超预期事件，无论业绩是明显高于还是低于市场预期，都会引发股价较为明显的波动。

准确理解利好、利空与不确定性

预期与不确定性高度相关，不仅有关未来的不确定性促使投资者产生了不同的预期，而且按照混沌理论，即使了解了股票市场所有的确定性因素，也无法预测这个系统的发展轨迹（不同要素之间会发生作用，导致新的不确定性出现）。

股票市场面临的不确定性众多，可以简单分为潜在利好和潜在利空。投资者一旦持有某只股票，就会期待出现利好，不希望出现利空。其实不论是利好还是利空，当它们出现之后，股价的反应可能与投资者的判断不一致，其中一个重要的影响因素便是预期。预期之内的利好和利空，往往已经提前反映到股价中，所以当利好或者利空消息公布之后，预期完全兑现，影响股价的不再是这些已经发生的事实，而是关于未来的新预期和不确定性。尤其是面临潜在利空的股票，长期受利空的压制，一旦“靴子”落地，股价反而出现上涨。

当然，也有例外的情况，在某些特殊时刻，即使是预期之内的利好或者利空也会影响股价，这一点尤其需要投资者注意。对于影响特别重大的国家政策或者对上市公司影响特别重大的事件，即使市场已经有了长时间的充分预期，但由于这些信息太过重要，以至于市场难以很快评估政策的具体细节以及对相关行业、上市公司的长期影响。一般而言，虽然股价的涨跌与短期的利好或利空并无特别明显的正相关或者负相关关系，但是一些突发的信息确实能对股价产生比较迅速、明显的影响，前提是这些信息此前未被市场知晓。所以，投资者一定要区分预期之内的消息和预期之外的消息给市场带来的影响。市场偏好确定性、规避不确定性，对确定性强的品种往往会给予更高的估值，对不确定性强的品种会给予较低的估值。

假设 A 公司全年净利润增长 10% 的概率非常高，而 B 公司全年净利润增长的幅度在 5% ~ 15%，如果其他因素完全相同的话，主流的投资者往往会优先选择 A 公司。对确定性的给予溢价，不确定性的给予折价，这是成熟市场的基本规律。但是，当一直以来较为确定的事物，突然因为外部环境的巨大变化，变为不确定的事物，那么市场给予的估值将从溢价变为折价，仅估值下调带来的跌幅也是巨大的；相反，当收入和利润一向波动较大的行业因为技术突破或者政策变化导致未来发展趋势明朗化，在稳定性和确定性大幅提升之后，行业估值也会明显上调。

提高科学预判的能力

华尔街有句俗语，优秀的操盘手只跟随、不预测。然而，这句话似乎并不完全正确，预测与跟随同等重要。投资者要不断提高合理形成科学预期的能力，而不是跟随大众的预期随波逐流。

预期与预见、预判无法完全画等号，但在投资世界，可以把预期和预见、预判看作统一的整体。投资人如果只能看到眼前正在发生的事物，而看不到未来可能发生的事物，将难以在复杂多变的市场上立足。优秀的投资者必须要看得更远，在新事物、新变化刚刚出现、其他投资者还未引起足够重视的时候，就能看到它未来可能会产生的重大影响。

综上，一个较为全面的投资体系可以按照以下方法构建。

第一步，根据自身特征和宏观经济特点，确定大类资产配置方案，明确股票投资的比重。

第二步，评估发生系统性风险的可能性，若有较高概率发生系统性风险，则避免进入股票市场。

第三步，从宏观、中观（行业）、微观（企业）三个维度进行全面分析，筛选质优价廉的投资标的，形成投资组合。

第四步，持续跟踪评估系统性风险的可能性，灵活调整股票仓位；跟踪投资组合的表现，对于基本面发生恶化、基本面不及预期或自身判断失误的公司，以及涨幅过高、估值优势丧失的公司，及时调出投资组合；同时，及时调入性价比更高的投资标的，动态优化投资组合。

上述每一个环节，都需要面对大量的不确定性和海量信息，需要及时、准确地做出预判和调整，这种对信息的分析解读、对风险的评估、对宏观和中观的研究、对微观企业的研判，以及对买入、卖出时机的把握，都是投资者投资哲学（思维方法和精神要素）的具体应用。当投资者拥有了独立的投资哲学，并将其贯穿于上述投资过程，投资体系就基本构建完成了。

第二章

投资之首

做好风险管理

当投资者推开投资世界的大门，首要问题既不是如何选股，也不是如何交易，而是如何管理风险，如同一支军队在进攻之前，一定要想好万全之策，以避免被敌人抄了后路而陷入万劫不复的境地。

认知和管理风险

莫喜无危道，
虽平更陷人。
——（唐）修睦

风险管理

很多投资者在市场摸爬滚打十几年之后，回过头来才发现，在学习投资之初，只醉心于掌握各种分析方法和技能，却遗漏了最基本的一堂课——风险管理，导致其在随后的投资生涯中走了很多弯路。

马克·吐温是伟大的作家，但在投资道路上不太成功，屡败屡战，屡战屡败。他有一句名言：“十月，这是炒股最危险的月份；其他危险的月份有七月、一月、九月、四月、十一月、五月、三月、六月、十二月、八月和二月。”可能只有在股票市场经历了一次又一次的打击之后才会有这种真实而绝望的体验吧！可见，投资道路是坎坷不平的，即使你在某些领域取得了非常了不起的成就，但到了金融市场，你仍然是一个新兵，稍有不慎，一世英名就可能毁于一旦。

不仅隔行如隔山，即便是专业的投资大家，也有失手的时候。“现代证券分析之父”格雷厄姆，在1929年美国股市大崩盘之前，投资业绩非常出色，35岁就成了百万富翁。但1929年9月，道琼斯指数到达顶峰的381点，此后持续下跌，到11月大幅下跌至198点。1930年初，指数大幅反弹至297点，但漫长的熊市才刚刚来临，下跌态势一直持续到1932年，最低跌至41点，最大跌幅约90%（见图2－1）。如此长时期、大幅度的下跌是此前不曾出现的，格雷厄姆在1929年的亏损之后，不仅没有及时退出止损，反而使用杠杆进行抄底，最终濒临破产。

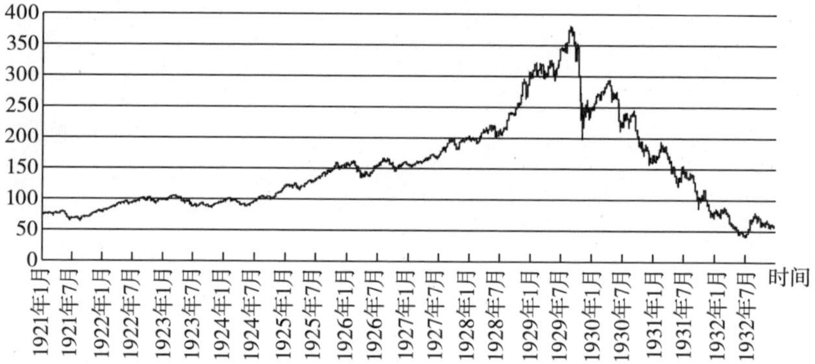

图2－1　1921年1月—1932年12月道琼斯工业平均指数

资料来源：Wind资讯。

投资者首先要学会管理风险，严格保护自己的本金不受损失，至少不遭受致命的损失。面对任何一个投资机会，投资者需要先思考选择这个投资机会可能亏多少，再考虑能赚多少。如果投资者没有管理风险的意识和能力，复利的作用根本无从谈起，因为复利终将变负利。

账面损失和永久性损失

风险，简单来讲就是发生损失的可能性。损失又分为账面损失和永久性损失两类。

账面损失是由于市场波动带来的资产价格的下跌，市场情绪、经济短期波动、企业高管层的变更等都会引发股价的短期波动，只要企业本身没有发生本质的变化，股价往往会随着时间的推移而逐步回到或超过最初的价格。所以账面损失往往是可以挽回的临时性损失，对于长期投资者而言，短期的价格波动基本可以忽略。

永久性损失是需要投资者特别警惕的。正如格雷厄姆所说："真正的投资风险不是看股价在一定时间内相较整体市场下跌了多少幅度，而是由于经济变迁或管理恶化导致的质量和盈利能力损失的危险。"这种损失往往不是由短期价格波动造成的，而是永久性的。当股票下跌时，很多投资人会坚信，只要拿得够久，股价总会回升到最初的价位。但证券发展史一次又一次证明，相当一部分股票不论持有多长时间，股价也难以恢复到最初，有一些甚至会完全退市，给投资者带来的是财富的毁灭。

风险与波动性

有人把风险定义为资产价格的波动性，但其实波动性与风险并不相同。一方面，波动性是一个数字，既有上行波动，也有下行波动，投资者担心的是下行波动；另一方面，波动往往是基于历史数据计算的数值，而风险来自未来的不确定性。

风险是未知的，波动性是已知的，掌握了波动性并不意味着可以衡量风险。这是认识波动性的基本前提，但波动性也有它的价值。一般而言，波动率越高，金融资产价格的波动越剧烈，资产收益率的不确定性就越高；波动率越低，金融资产价格的波动越平缓，资产收益率的确定性就越高。换句话说，资产价格的波动性越大，投资者对资产预期收益的要求就越高，也就是对风险溢价（资产的预期收益率与无风险收益率的差值）的要求会越高。

除了历史的波动率以外，金融市场还有一种对未来潜在波动率的测量途径，人们将其命名为隐含波动率（Implied Volatility），主要反映未来短期市场的波动情况。1973 年，布莱克—斯科尔斯（Black - Scholes）期权定价模型问世，为测算隐含波动率创造了条件。按照该公式，股价波动率是期权价格的一个因子，那么根据市场上交易的期权价格便能倒推出股票的隐含波动率。于是，芝加哥期权交易所于 1993 年推出了波动率指数（VIX 指数），并于 2003 年对 VIX 指数进行了改进，以标普 500 指数的期权为标的。

VIX 指数反映了市场对未来市场波动性的预期，VIX 指数越高，显示投资者预期未来市场波动率越剧烈，反映了投资者紧张、不安的心理状态；VIX 指数越低，显示投资者认为未来股价波动将趋于缓和，反映了投资者心理较为平稳、淡定。VIX 指数既度量市场的波动风险，也反映市场情绪，因此，VIX 指数既被称为“投资者情绪指标”，也被称作“恐慌指数”。

从历史数据来看，VIX 指数与标普 500 指数呈现明显的负相关关系，当 VIX 指数下跌时，标普 500 指数一定程度上会上涨；当 VIX 指数上涨时，标普 500 指数一定程度上会下跌（见图 2－2）。VIX 指数也因此被看作标普 500 指数的领先指标，受到全球金融市场的广泛关注。

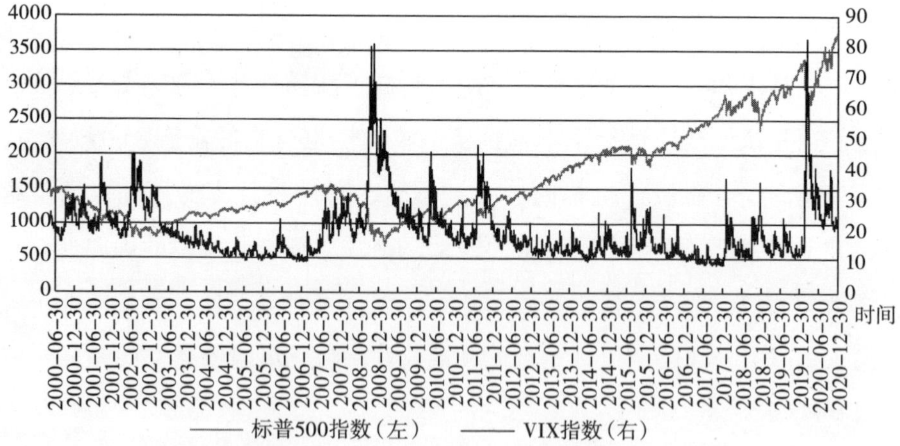

图 2－2　2000 年 6 月 30 日—2020 年 12 月 31 日标普 500 指数与 VIX 指数走势

资料来源：Wind 资讯。

虽然 A 股目前尚未发布正式的隐含波动率指数，但投资者仍然可以对市场的历史波动率进行观察。一般而言，随着投资者分歧的加大，尤其是在连续上涨之后，避险情绪升温，市场的波动率也会明显加大。比如单日的涨跌幅度加大、频繁的跳空、指数上蹿下跳等，都说明市场到了一个风险释放的关口，投资者需要提高警惕。

系统性风险与非系统性风险

风险可以分为系统性风险和非系统性风险。

系统性风险即市场整体大幅下跌的风险，是指公司外部、不为公司所控制的因素造成的风险。系统性风险涉及面广，对市场所有参与者都有影响，难以通过分散投资完全消除。系统性风险产生的原因主要包括经济原因导致的企业盈利前景的普遍恶化、重大宏观调控政策的出台、外部不利环境的出现、市场偏好带来的估值中枢下移等。

非系统性风险是指在市场本身没有发生巨大变化或者大幅下跌的情况下，个股出现较大幅度下跌的风险。个股的股价下跌主要与公司的经营业绩、特定事件密切相关，也与市场情绪有非常大的关系。这种风险主要影响某一种证券，与市场的其他证券没有直接联系，投资者可以通过分散投资的方法管理非系统性风险。

风险三要素

如何简单地衡量投资风险的高低呢？其实不用测算贝塔系数（β）、预期收益的标准差（ρ）等复杂的系数，只要记住三个最基本的概念即可。

随时了解自己的风险敞口

风险敞口就是一个投资组合可能发生的最大损失，在股票投资中，可以简单地理解为总的风险头寸。在不持有衍生品的情况下，可以将股票、债券（可扣除国债）等投资品总的初始投资规模看作风险敞口；但在持有衍生品的条件下，要复杂得多，即便是最标准化的期货或者期权，给投资组合带来的风险敞口的变化也是巨大的。理论上，假如购买了 100 万元的股票，风险敞口就是 100 万元，但卖出 2 万元的看涨期权对应的风险敞口是无限大的。

2020 年，美国原油期货市场发生的事情既颠覆了全球投资者的认知，也颠覆了"太阳底下无新鲜事"的信条，这一次是全新的纪录、彻底的新鲜事：4 月 20 日，组约商品交易所 5 月交货的轻质原油期货价格崩盘，暴跌 55.9 美元，收于每桶 -37.63 美元，历史上首次成为负数(见图 2-3)。资产价格变为负值，对风险管理带来的冲击是彻底的，因为它完全改变了投资组合的风险敞口。从历史上来看，原油期货的价格从未变为负值，交易所的报价也从未变为负数，因此持有 100 万美元原油期货的多头，风险敞口也是 100 万美元（如果是空头则不成立)，但一旦油价成为负数，原油期货多头的风险敞口理论上是无限大的。

图 2-3　2000 年 6 月 30 日—2020 年 12 月 31 日 WTI 原油期货价格

资料来源：Wind 资讯。

如图 2-4 所示，假如以 10 元的价格买入一只股票，只要股价一直上涨，投资者的潜在收益就是无限大的，但风险敞口是固定的，最大损失为 10 元（见图 2-4 左图)；然而，假如有一天股票市场交易规则改变，允许股价为负数的话，那么股票的收益（损失）将变成图 2－4 右图，股价可以跌至－100 元或－1000 元，股票的风险敞口也将变为无限大。

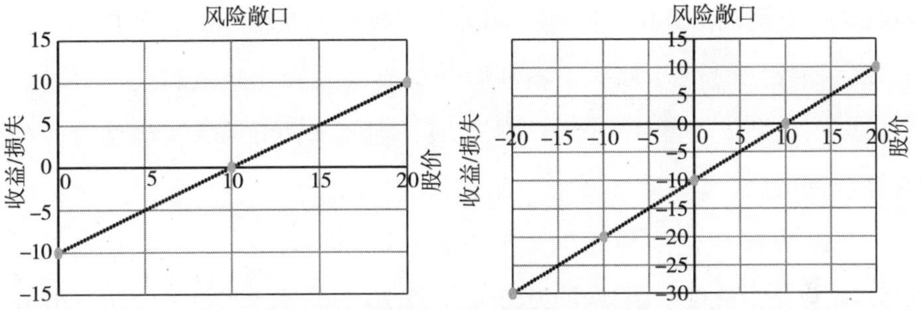

图 2－4　不同情况下的风险敞口比较

在现代金融市场，很多金融产品的风险敞口都是无限大的，只不过大多数交易发生极端损失的概率比较低。但对于机构投资者而言，需要一个具体的数值来量化风险敞口。于是，20 世纪 90 年代，JP 摩根提出了一种具有开拓性的量化市场风险的方法——风险价值或在险价值（Value at Risk，VaR），即在给定的置信水平和一定的持有期限内，可能出现的最大损失。假如某投资组合每天的 VaR 值在 99% 的置信水平下为 200 万元，就是说在正常的市场条件下，进行 100 次交易，只有 1 次损失可能会超过 200 万元。当然每个投资者的风险偏好不同，置信水平可高可低，有的机构选择 95%，有的选择 99%。

对于个人投资者而言，没有必要做这么复杂的运算，但至少要做到心中有数，对手中每一类投资标的的风险敞口都要有清醒的认知，千万不要稀里糊涂地把钱打了水漂。

了解候选投资标的收益风险比

合理分析收益风险比是股票投资决策过程的重要一环。收益风险比＝潜在收益/潜在损失，也就是一只股票的潜在涨幅除以潜在跌幅，或者说是上涨空间与下跌空间的比值。简而言之，投资者要想在市场中长期生存并获得超额回报，最优的选择是寻找低风险、高收益的机会。如果一只股票可能下跌的幅度是10%，可能上涨的幅度是100%，那么收益风险比就是10，仅从收益风险比指标来衡量，是非常值得投资的。如果比值只有1，也就是说上涨和下跌的空间基本相等，则投资的价值不高；如果比值小于1，那基本相当于火中取栗，不够明智。收益风险比当然越高越好，但最低限度到底是2还是3，或是其他数值，则因人而异，并需要结合其他因素综合考虑。

仍以WTI原油期货为例，历史最高价出现在2008年7月3日，为145.29美元；最低价出现在2020年4月20日，为－37.63美元；2020年12月31日的价格为48.52美元，此时原油期货的收益风险比＝（145.29－48.52）÷［48.52－（－37.63）］≈1.12。在油价出现负数之前，这一比值为1.99。可见，价格变为负值大大降低了原油期货的收益风险比。

当然，收益风险比并不是特别严谨的数学概念，计算潜在收益和潜在损失的方法也较为简单，既不适用于所有投资品，也不适用于所有的股票，只是用来大致判断投资机会是否有足够的吸引力。

了解胜率和预期损失率

凡投资，有盈利，必有损失，不可能百战百胜。投资者长期保持盈利，一个基本的前提是选股的成功率要高，选股不成功的时候损失率要低。对于成功的投资，预期收益＝风险头寸×选股成功率×盈利幅度；对于不成功的投资，预期损失＝风险头寸×选股失误率×亏损幅度。要想保证组合盈利，控制投资损失，一方面，投资者要提高选股成功率，对自身过往的投资历史进行简单的梳理，大致测算一下自己每选择10只股票，最终达到预期的股票有几只，如果胜率不足五成，那么通过长期投资取得比较好的收益非常困难。另一方面，保证盈利的时候，盈利幅度要大；亏损的时候，亏损幅度要小，不能伤筋动骨。止损是最简单的控制损失率的手段，每个投资人都应该建立适合自身的止损方法。

看清泡沫的本质

休言万事转头空，
未转头时皆梦。
——（北宋）苏轼

如果一种资产的价格远远脱离了基本面，只是因为投资者相信它的价格会持续上涨，那么毫无疑问，泡沫已经产生了。只不过泡沫不等同于风险，在泡沫破灭之前，没有人能够判断泡沫什么时候破灭。投资者可尽情享受泡沫膨胀带来的财富增值，正如艾伦·格林斯潘的经典名言，“泡沫只有在破裂之后才知道是泡沫”。但泡沫就像气球，起初慢慢膨胀，越往后膨胀速度越快，直到在某一个临界点砰的一声，千百万人倾家荡产。

载入史册的金融大泡沫

人类历史上有记载的最早的投机活动，当属 17 世纪在荷兰发生的郁金香泡沫。1719—1720 年，法国的密西西比股市泡沫和英国南海公司泡沫再次上演。此后，全球各地越来越多中小规模的金融泡沫频繁发生，但产生特别重大影响的、成功登上大学讲堂作为案例的泡沫其实并不多，这其中就包括 1845 年前后的英国铁路狂热、1921—1931 年的美国大牛市、20 世纪 80—90 年代的日本股市及房地产泡沫、1995—2001 年的美国纳斯达克泡沫以及 21 世纪初美国的房地产泡沫。

纵观历史上数次大的泡沫，基本呈现以下几个特征：

泡沫往往发生在比较有活力的经济体

郁金香泡沫发生时，荷兰还被称为“海上马车夫”，是世界的海上霸主；到密西西比股市泡沫和英国南海公司泡沫时期，英国和法国的实力已经大大增强，荷兰的实力则明显削弱。此外，郁金香泡沫局限于一种特定的商品，而后两者则已经接近现代金融市场的泡沫特征，对经济的影响程度大幅加深。正如马克思指出的，“荷兰作为一个占统治地位的商业国家走向衰落的历史，就是一部商业资本从属于工业资本的历史”。到英国铁路狂热时期，更是工业资本实力的展现时期，铁路作为蒸汽机的代表性应用，为工业革命的推进和经济的高速发展做出了巨大贡献，英国也一举成为全球第一强国。

20 世纪第一个 10 年，道琼斯工业指数涨幅超过 4 倍，背后反映的其实是第一次世界大战结束后，美国已经成为世界最大的债权国和当之无愧的“世界工厂”，国力已经超越了当时的“日不落帝国”。而到了 20 世纪 80 年代，日本经济腾飞 20 年，经济总量跃居全球第二，举世瞩目。10 年之后，日本经济已经陷入停滞，而美国迎来高速增长。在这样的背景下，纳斯达克出现泡沫也就不足为怪了。总体来说，在经济充满活力的时期，企业生产力旺盛，消费者对未来充满信心，这种乐观情绪投射到金融市场，就容易出现泡沫的膨胀。

泡沫往往与新事物、新技术相关

不管是郁金香还是铁路，对于当时当地的人而言，完全是崭新的事物，而纳斯达克狂潮更是把人类对信息技术的向往和美好前景推向了巅峰。1995—1999 年，道琼斯指数上涨了 3 倍，而作为新经济代表的纳斯达克指数则上涨了 5 倍多。在泡沫膨胀的后期，为什么还有那么多投资者如飞蛾扑火般涌向那些被称为改变世界的新技术，而完全置常识和理性于不顾呢？

如果从负面的角度来分析，主要是源于人类的动物精神，包括从众心理、过度乐观和过度自信等。但如果从更加积极的角度来看待人类的这种行为，有三个因素不得不提：人类讲故事的能力、延迟享受的意愿和勇于冒险的精神。

泡沫也有可能是旧事物，但一般会有一个全新的逻辑。

泡沫是大浪淘沙的过程

毫无疑问，不断涌现的新事物、新技术是推动人类进步的重要驱动力，每隔几十年就会出现几项较为重大的技术进步。然而，任何一种新技术或者新的商业模式在被证明成功之前，都充满了不确定性。实验室每 100 项新产品，最终可能只有一两项推向市场，剩余 98 项永远止步于实验室，根本没有形成泡沫的可能。即便是成功推向市场的这一两项产品，也有众多技术路线和商业模式，最终只能有一两种受到市场认可。

一般而言，泡沫的酝酿和成长阶段，是众多企业百花齐放的阶段，股价也是“一人得道，鸡犬升天”；而泡沫破灭的阶段，才是“吹尽黄沙始到金”。譬如，当前新能源汽车行业发展迅速，但市场容量是有限的，各家企业“跑马圈地”之后，最终能够成长为全球性企业的又有几家呢？

泡沫的演变过程

从历史经验来看，危机和泡沫有其演变的普遍规律。

明斯基将危机发展过程概括为三个阶段：第一阶段，错配、创新和外部冲击改变经济预期，经济走向繁荣；第二阶段，信用扩张与经济繁荣相互推动，资产价格不断攀升；第三阶段，负面冲击改变经济预期，资产泡沫破裂，危机爆发。金德尔伯格在此基础上分析了资产泡沫的发展过程：

首先，外部冲击改变经济预期，乐观情绪蔓延；其次，信贷扩张推动经济走向繁荣；再次，市场进入亢奋阶段，投资陷入狂热，开始解释“这次与以往不同”；复次，部分投机者陷入财务困境；最后，市场陷入恐慌，资产泡沫破裂。

可以看出，不论是危机还是泡沫，最初都需要来自外部的冲击。这种冲击的背景各不相同，但重大的技术进步无疑是最普遍的一种。卡萝塔·佩蕾丝在《技术革命与金融资本》中将技术革命划分为爆发、狂热、协同和成熟四个阶段，并分析了每个阶段金融资本的角色和起到的作用。显然，技术的进步与金融资本的投入不是完全同步的，资产泡沫往往出现在技术革命的第二阶段。

1995—2000 年的纳斯达克市场可以作为由技术巨浪催生资产泡沫的代表性案例。关于此次泡沫的积极作用，业内也有广泛的研究。笔者在此不予分析，仅从投资的角度分析泡沫发展的 9 个阶段，如图 2－5、表 2－1 所示。

图 2－5　美国三大股指 1990—2002 年走势

资料来源：Wind 资讯。

注：以 1990 年 1 月 2 日为基期，以 1000 点为基点进行折算。图中数字为泡沫发展的 9 个阶段。

表 2-1　泡沫发展的 9 个阶段

阶段	泡沫发展过程	技术革命所处阶段	金融资本	市场情绪	上市公司估值	上市公司盈利能力	市场走势
1	外部冲击	爆发	风险资本介入	平稳	平稳	平稳	平稳
2	起步	狂热	先知先觉资金介入	逐步升温	缓慢抬升	稳步增长	缓慢抬升
3	自我矫正	狂热	观望	降温	下降		快速回调
4	亢奋	狂热	大众资金介入	亢奋	快速抬升		快速上涨
5	疯狂	狂热	大众资金继续涌入	狂热	大幅抬升		大幅快速上涨
6	破裂	狂热	大众资金出逃	恐慌	快速下降	平稳或下降	快速下跌
7	幻影	狂热	聪明资金继续撤出，部分大众资金介入反弹	犹豫	波动		抵抗式反弹
8	崩溃	狂热	踩踏式出逃	绝望	下降	下降	快速下跌
9	绝望	协同			平稳	平稳	缓慢下跌

第一阶段，外部冲击。信息技术革命始于 20 世纪 70 年代英特尔公司推出世界上第一款微处理器，但技术进步也是缓慢的。不论是互联网还是个人电脑，在发明之初都不被看好。但随着苹果 Macintosh 个人电脑的发布、微软 Windows 用户界面的实行、网景浏览器的推出以及万维网的开发，互联网的广阔前景和崭新的商业模式才开始引起公众和资金的注意。1993 年，美国提出建设信息高速公路的计划。1990—1994 年，纳斯达克综合指数涨幅为 64%，年均增长 13.2%，高于道琼斯和标普 500 指数涨幅，处于温和上涨阶段。

第二阶段，起步。自 1995 年起，纳斯达克综合指数上涨速度明显加快，主要有以下两个原因：一是技术进步取得突破性进展，美国在全球范围内确立了信息技术行业的绝对优势，互联网渗透率加速提升并越过 10% 的关键点，信息技术产业步入快速发展时期；二是大量资本涌入高科技产业，新的互联网公司不断成立和上市，估值逐步提高。1996 年 12 月 5 日，面对股市的持续繁荣与大幅上涨，格林斯潘发表了著名的以“非理性繁荣”为主题的演讲，然而他的警告并没有改变市场原有趋势。

从第二阶段起，投资者情绪逐步在市场发挥明显作用：技术进步推动股票价格的基本趋势向好，股价开始缓慢上涨，互联网渗透率进一步提升，更多的初创企业成立，上市公司盈利能力增强，市场情绪更为积极，估值抬升进一步推动股价上涨，上涨的股价进一步强化市场情绪，市场进入自我强化阶段。

第三阶段，自我矫正。1998 年 8 月，受长期资本管理公司（Long - Term Capital Management，LTCM）巨额亏损、濒临破产的冲击，美国股市大幅下挫，纳斯达克综合指数也出现明显回调，市场情绪显著降温。然而，即使没有 LTCM 的危机，纳斯达克指数也会在之后的一段时间因市场的自我矫正而出现一定程度的回调。

事实上，之所以史诗级的资产大泡沫的数量屈指可数，其中一个重要的原因便是市场的自我矫正。市场的主流偏见总是摇摆不定的，有时候更加乐观，有时候略微悲观，而投资人也不会轻易陷入极度癫狂的状态。大多数情况下资产价格的上升没有形成巨大的泡沫，正是市场自我矫正以后情绪降温形成负反馈造成的积极后果。

第四阶段，亢奋。经过短期的自我矫正之后，市场重新进入上涨状态，情绪更为亢奋。从 1998 年 11 月—1999 年 10 月，市场的主流偏向进一步强化，估值被大幅抬升，成为推动纳斯达克综合指数快速上涨的主要动力，而上市公司的业绩因素已被投资人忽略。

第五阶段，疯狂。投资者的风险偏好达到顶点，传统的股票估值模型被抛弃。1999 年 10 月底到 2000 年 3 月，纳斯达克综合指数进入最后的狂欢，拉升的斜率大幅提升，短短四个多月的时间，指数涨幅超过 75%，远远超过标普 500 指数和道琼斯工业平均指数同期的涨幅。在这一阶段，互联网行业的明星公司——美国在线，收购老牌传媒帝国时代华纳，可谓把互联网行业推向了巅峰。

第六阶段，破裂。投资人开始怀疑关于新技术的美好前景能否兑现，过高的估值引发资金的担忧，新的入场者变少，市场波动加大，买入即盈利不再成立，部分投资者开始出现亏损，纳斯达克指数终于出现连续大幅跳水，互联网泡沫开始破裂。2000 年 3 月—5 月，纳斯达克指数跌幅在 35% 左右。这一阶段，一个重大事件也加剧了泡沫的破裂。4 月，法官判定微软违反反垄断法，要求微软拆分成两个公司（未最终生效），严重打击了投资者对互联网行业的信心。

第七阶段，幻影。部分投资者认为经过大幅下跌，市场见底，可以重新入场或者加仓。市场进入快速下跌之后的抵抗期（2000 年 5—9 月）。

如果完整地回顾泡沫破裂的历史，这一阶段可以说是决定这一轮股市泡沫中投资成败的关键时期。聪明的投资者即使没有在市场转势之后（第六阶段）快速离场，这一阶段也提供了足够长的撤退时间和非常好的撤退条件。然而，没有认清大势的投资者却仍然心存幻想，认为市场的下跌是暂时的，不断地逢低买入。

第八阶段，崩溃。股价并未如多数投资者所期盼的企稳反弹，而是继续下跌。越来越多的投资者放弃了幻想，争相抛售股票，市场出现恐慌式踩踏。这一阶段持续时间相当长，从 2000 年 9 月持续到 2001 年 4 月初，纳斯达克指数跌幅在 60% 左右，其间虽然也伴随着抵抗式反弹，但持续时间很短。

第九阶段，绝望。市场情绪从恐慌陷入绝望，纳斯达克指数持续下跌但速度放缓，估值水平与道琼斯工业平均指数和标普 500 指数的差距缩小。由于经济周期顶点的确立，上市公司业绩出现拐点，市场进入“戴维斯双杀”，这一阶段持续了 14 个月。

每一场泡沫都有各自的演变方式，虽然不会与纳斯达克泡沫这 9 个阶段完全相同，但大致的轨迹和过程是类似的。投资者可以用相同的方法分析历史上每一场大的金融泡沫的演变过程，为将来可能到来的泡沫做好准备。在投资世界，每隔几年都会有一场泡沫酝酿、膨胀、破灭，投资人需要学会与泡沫共舞，因为这是财富增长最快速的时期，但不要忘记泡沫终归是泡沫，一定要在泡沫破灭之前离场，否则再多的财富终究也是一场幻境。

警惕黑天鹅事件

莫言下岭便无难，
赚得行人空喜欢。
——（南宋）杨万里

黑天鹅常用来代指罕见的、出乎人们意料的重大风险。但一直以来鲜有人对此进行特别系统的论述，直到纳西姆·塔勒布的著作《黑天鹅》面世之后，这一概念才快速普及。如图2－6所示，黑天鹅事件的风险是个体投资者无法承受的，不管它发生的概率有多低，都应该被纳入投资风险体系。对于尾部风险事件，无论怎么谨慎，都不过分。

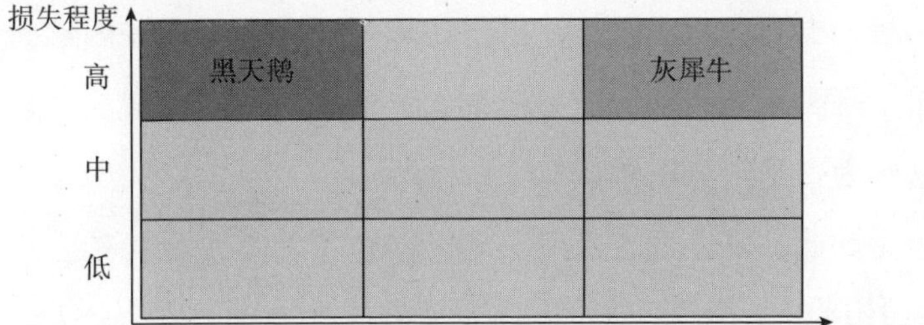

图2－6　黑天鹅事件与灰犀牛事件[①]风险矩阵

① 近年来，人们把太过于常见以至于容易被忽视，但影响巨大的潜在危机称为灰犀牛事件。

黑天鹅事件的源头

黑天鹅事件主要来源于两个方面：自然风险和人为风险。

对金融投资而言，自然风险也并不是完全无法管理的。当然，对自然风险的管理不是为了避免风险事件的发生，而是在重大自然风险发生时，力求自身的损失可控。首要的一点是投资地域要分散，重大自然灾害往往发生在某个特定的地点，在多个地点同时发生的概率极低。所以投资即使不进行跨国别的分散，也务必要保证投资标的未集中在同一个区域。

由人为因素引发的黑天鹅事件，如战争、动乱、重大政策或者法律的变化等，往往更为复杂，更难以预料和判断。

黑天鹅事件越来越多了吗?

自从黑天鹅的概念普及以后，每隔一段时间就有关于黑天鹅事件的报道，最近十年黑天鹅事件真的变多了吗?

其实不然。真正称得上黑天鹅的事件屈指可数，市场或者投资人很多时候把黑天鹅理解得过于宽泛，不过是把原本由于自身考虑不周、准备不足、应对不善带来的损失归咎于黑天鹅罢了。例如，每隔一段时间，就会出现异于平均气温的严寒、酷暑或者严重的干旱、暴雨等极端天气，进而对农业、供暖、电力产生一定的冲击。如果投资者因为这些因素而遭受损失，这显然不是黑天鹅的错，因为极端天气每隔一段时间就会出现，投资者理应将这些因素纳入分析体系。

战争也是如此，可以说它是黑天鹅，但也不完全是黑天鹅。萨拉热窝事件发生于1914年6月28日，被认为是第一次世界大战的导火索，但直到同年7月底，奥匈帝国才向塞尔维亚宣战，接着德、俄、法、英等国投入战争，第一次世界大战正式爆发。对投资人而言，萨拉热窝事件难以提前预判，但事件发生至一战全面爆发的这一个月，是投资者可以进行分析判断并做好危机管理的阶段。况且，虽然战争难以提前预判，但是任何战争都不是临时起意打响的，战前的国际关系和紧张局势本应纳入投资者的分析框架。

普遍的黑天鹅与特定的黑天鹅

上文讨论的黑天鹅事件都是波及面特别广的事件，会影响所有的投资品种和上市公司，如突发公共事件和重大自然灾害，可以被称为普遍的黑天鹅。而对于投资者而言，遇到更多的还是针对特定上市公司的特定黑天鹅，比如重大负面舆情事件、产品或服务质量出现重大问题、业务连续性产生困难、面临知识产权风险或者涉及重大案件等影响公司生死存亡的危机事件。投资者无法预测上述危机事件是否会发生，也无法左右企业的危机管理，但有两点必须给予足够重视：

第一，投资者对企业潜在危机的大小和可能性要有一个基本判断。譬如，很多投资者理所当然地认为大众消费品行业是收益稳定、风险较低的投资方向，其实大错特错。大众消费品行业有一个基本的特征，即企业的产品与百姓密切相关，一旦产品质量出现问题，会对百姓的生命健康造成威胁或伤害，其潜在风险值得警惕。

第二，发生特定的黑天鹅事件后，投资者可通过观察企业的危机管理，评估企业的价值观、应急处理能力和日常管理水平。

危机往往在企业没有准备的情况下突然出现，留给管理层采取措施的时间非常有限。危机出现以后，有的企业在曝光之初遮遮掩掩，不想主动面对，诿过于人；有的企业想大事化小，首先看重自身的经济利益而非公众利益。危机是一面镜子，重大危机更是一面放大镜。平时隐藏在企业内部的问题被迅速曝光于大众，危机处理能力弱的企业，可能就此一蹶不振；而危机处理能力强、敢于承担、处理果断、社会责任感强的企业，品牌形象可能不降反升。可以说，危机管理既是企业管理能力特别重要的一个方面，也是观察企业创始人和高管层价值观的独特窗口。

特定的黑天鹅事件发生后，会迅速引发社会关注，降低该企业在消费者心中的地位，上市公司股价大幅下跌往往是不可避免的。对于重仓的投资者而言，首先要控制风险敞口和潜在损失。在关注股价的同时，投资者需要更加关注重大危机发生的原因以及公司应对是否及时得当。对于那些因平时管理松散、问题长期积累而引发的危机，投资者需要重新审视上市公司的投资价值；对于管理严格、流程规范，完全由外部意外事件引发的危机则另当别论。对于缺乏危机预案、信息披露不及时、不敢主动承担责任、置公众利益于不顾的上市公司，投资者今后应尽量避开；而对于处置及时、损失可控，宁可牺牲公司利益也要维护社会和公众利益的公司，则可反其道而行之，不必太过在意短期财务损失，并可将其作为长期投资的潜在标的。

总之，投资者的着力点要放在观察危机事件是否从根本上损害了这家公司的品牌形象和核心竞争力。如果投资者判断企业核心竞争力难以恢复，则需要及时撤出；但如果企业长期竞争力没有发生变化，危机造成的股价大幅下跌反而是逆向投资的绝佳机会。

风险管理十项守则

思危所以求安，
虑退所以能进。
——（唐）房玄龄

优秀的投资人一定是时刻充满风险与危机意识的。比尔·盖茨曾说“微软永远离破产只有18个月”；任正非在2001年初华为发展形势大好的时候写下了著名的《华为的冬天》。无论是企业管理还是金融投资，都需要居安思危、未雨绸缪。

风险意味着不确定性，风险管理要做的并不是消灭不确定性，而是运用定性、定量的方法进行分析、预判，以更好地应对未来的不确定性，降低不确定性带来的潜在负面影响。所有的投资者都会建立一套自身的风险管理体系，尽管具体的方法不同，但有一些大致相通的理念，归纳起来，有十条守则可供参考。

不要陷入全军覆没的境地

分散投资越来越成为绝大多数投资人的共识，它可以降低风险，是避免投资人遭受黑天鹅事件带来毁灭性打击最简单易行的方法。但近年来，也有观点认为，巴菲特的成功正是源于瞄准少数几家优秀的公司进行集中投资。这种说法当然是事实，集中投资建立在对公司的深刻认识上，通过长期持有实现高额收益。

然而，对于大多数普通投资者来说，其选股成功率原本就不高，对公司的了解和研究深度很难超过专业的投资机构，更难以望巴菲特之项背。再者，多数投资者投资的目的不过是改善生活，很难拿出一笔30年不用的资金投资一只股票。因此，集中投资只适用于极少数风险承受能力特别强的投资者，否则一旦这些股票遭遇不可测的黑天鹅事件，其个人和家庭是难以接受的。所以，分散投资对于绝大多数普通投资者而言仍然是最合适的。

巴菲特在一次演讲中打过一个再恰当不过的比方。他说，假设有人递给他一把枪，里面有1000个甚至100万个弹仓，其中只有一个弹仓里有一颗子弹，若有人把枪对准自己的太阳穴，扣一下扳机，就会得到一笔钱。那么巴菲特会不会接受这样的挑战呢？他说无论给多少钱他都不接受这样的挑战，因为一旦输了，损失是无法挽回的。但在金融市场，总会有非常激进冒险的投资者做这样的事。

投资是一场持久战，拼的是耐心和毅力，投资者试图通过短期的集中冒险来实现财富自由是不现实的。长期投资靠的是积小胜为大胜，孤注一掷、毕其功于一役的想法极为危险，任何时候都要保留实力以便东山再起。在投资世界，投资者买入的同时就要想好何时卖出，进攻的时候就要备好撤退之路，千万不要陷入破釜沉舟的绝境。在任何时候都要留有余地，保住本金才是保住了有生力量，这是在市场长期生存的首要法则。

不要陷入系统性风险无法自拔

投资者通过分散投资降低单一股票带来的冲击之后，另一个需要防范的就是系统性风险。

投资者必须有一个基本的判断：当前和未来一段时间，市场有无发生系统性风险的可能性。一些投资者会提出疑问，因为即使在 2015 年 A 股暴跌的时候，也有一些股票短期内实现了翻倍上涨，这容易让他们乐观地以为自己的选股能力超强，可以选到这些股票。

但事实一次又一次证明，这种盲目乐观的态度所付出的代价是十分惨痛的。一方面，投资者往往高估了自己的选股能力，即使在发生系统性风险的情况下，手中恰巧有一只股票成为黑马，但这只股票上涨带来的收益能否抵消其余股票下跌带来的损失要画一个大大的问号；另一方面，发生系统性风险后，全市场的估值普遍下跌，即便手中的股票暂时出现上涨，但由于其估值与市场的平均估值相比出现上升，股价吸引力也会下降，后续不排除有补跌的可能，这一点需要投资者警惕。

当然，在市场大幅下跌时能够保持不跌、小跌甚至上涨的股票，往往有资金的介入。按照技术分析的理论，这些强势股票待市场企稳后容易继续上涨，但这不是绝对的，后续这些强势股是补跌还是继续强势上涨，需要综合很多因素才能决定。因此，防范系统性风险最简单、适用的办法是降低风险资产的仓位或者完全撤出市场，等待市场风险的释放。

也有一部分投资者在面临系统性风险时选择一种类似的风险管理策略：卖出进攻型行业的股票，买入防御型行业的股票。在市场较为平稳的时期，这种策略是可行的，也是一种保持投资组合风险与收益平衡的办法。但在股票普遍大幅下跌的时期，这种策略往往是无效的。市场面临重大不确定性时，投资者一厢情愿地指望消费、医药等防御型行业逆指数而动，并不现实。即使在某个短暂的时间内，这一策略显示出有效性，系统性风险带来的杀跌幅度和持续时间也是难以预测的。在市场风险释放的末端，投资者反而从防御型行业逐步撤出，开始布局进攻型行业，从而导致出现补跌或者滞涨。初入股市的个人投资者很容易忽视这一点。

一言以蔽之，系统性风险，尤其是全球金融市场系统性风险来临的时候，往往是长期以来占主导地位的旧体系坍塌，而新体系尚未建立的混沌期。市场风险偏好大幅下降，以往屡试不爽的策略和方法统统失效，市场波动幅度大幅上升，在这样的市场环境下进行投资犹如火中取栗，事倍功半。

“摸到好牌”反而可能亏大钱

投资有时候像玩扑克牌，对于摸到一手烂牌的玩家而言，产生较大损失的概率是非常低的，因为理性的投资者此时会大幅降低收益预期，甚至根本不抱任何获胜的希望，所以投入的筹码会比较小，即使亏损也无关紧要。大的损失往往来自摸到一手好牌，玩家信心增强，预期高涨，希望一举把此前所有的损失弥补回来。这种心态是有合理成分的，牌不好的时候不下注，牌好的时候相对下重注，这是扑克牌合理的玩法。但是扑克牌的戏剧性也在于此，双方都觉得本局势在必得，但是终有一方会以大幅损失告终。

投资与此非常相似，但金融市场更为复杂。能否摸到好牌显而易见，但能否选到一只好股票，投资者判断起来可就难多了。每个投资者都有一套自己的选股标准，有时手中的股票只是部分满足选股条件，有时某只股票恰好完全符合选股体系的所有标准，在投资者心中，“好牌”出现了。于是，类似扑克牌玩家的心态开始重演，投资者开始加大仓位，即使市场大幅波动、股票已经出现大幅下跌也无所畏惧，甚至持续加仓。当然，不排除投资者确实是正确的，但从更普遍、更长期的视角来看，这种操作模式有待商榷。

投资者对自己的持仓股票拥有坚定的信念，这是大幅盈利的基础，无可厚非。但是任何时候不要忘记了，即使是自己心中最理想的股票，也不一定是真正的“好牌”。金融市场不可避免地会出现自己看错或者市场发生意外事件的时候，这时候投资者坚定看好而不懂得及时减仓或者止损往往会带来非常大的损失。在及时止损方面，巴菲特做得足够好。在其早年投资生涯中，巴菲特几乎不会购买科技股，但伯克希尔－哈撒韦在2011年宣布开始建仓IBM，并一跃成为该公司第一大股东。结果事与愿违，在随后的几年，IBM盈利屡屡不达预期，巴菲特最终逐步减仓并于2018年初彻底清仓IBM，止损出局。巴菲特都有选股失误的时候，更何况大多数普通投资者。

所以，大幅亏损往往来源于少数几只重仓的股票，而且往往是自己坚定看好、敢于重仓、趋势改变之后仍然没有及时退出的，但很多投资者始终没有认清这一点。

不要把字母和数字等同于风险

随着金融工程成为金融领域越来越重要的基础学科，仿佛一切皆可量化。风险量化的指标也越来越复杂，对普通投资者而言，有两个最常见的指标：贝塔（β）系数和收益率的标准差（ρ）。

β系数是一种统计指标，用于衡量股票、基金或其他特定资产组合相对总体市场的波动性，即个别资产或组合的波动相对于大盘波动的偏离程度。β系数绝对值越大，表示其收益变化幅度相对于大盘的变化幅度越大，股票的风险也就越大；β绝对值越小，表示其变化幅度相对于大盘越小，股票的风险也就越小。如果β是负值，则表示其股价变化的方向与大盘的变化方向相反，大盘涨的时候它跌，大盘跌的时候它涨。例如，$\beta=0.5$表示其风险仅为市场系统性风险的一半；$\beta=2$表示其风险是市场系统性风险的2倍。但$\beta=0$不代表股票无风险，而是股票价格波动与市场价格波动的相关系数为0。

另外一个常见指标是ρ，衡量股票、基金或其他特定投资组合的收益率相对于平均收益率偏差程度的大小，用于衡量收益的波动程度，标准差越大，相应的风险就越大。

在实际应用中，常常假定股票收益具有近似于正态分布的概率分布。一般来讲，约68%的数据集中在平均值1个标准差范围内，99.7%的数据集中在平均值3个标准差范围内（质量管理中6西格玛标准是指产品不合格率约为3.4ppm，ppm为百万分之一）。但在现实中，普通投资者很少依据这些指标进行风险分析或者构建投资组合。一方面，投资世界中，基本的加减乘除已经足够用了，过多复杂的运算无助于了解金融风险；另一方面，极端情况下，金融市场的波动性是混沌无序的，知道了一只股票的β系数，不代表就知道了这只股票的风险。

机构投资者防范重大市场风险都有自己的一套系统，有的采用压力测试的方式，假定在某种资产价格分别下跌20%、30%、50%的情形下，计算自身可能遭受的损失；或者采用情景模拟的方式，重现历史上几次大的危机期间金融市场的演变方式，评估自身可能遭受的损失；或者采用蒙特卡洛模拟的方式，评估可能遭受的损失。然而，每一次重大危机来临之后，历史的经验往往全部失效，按照此前的预案和基本假设，即使把历史上所有发生的事件都考虑到模型中，也不能准确计算未来，不管是采用压力测试、情景模拟还是蒙特卡洛模拟都无法预知风险的来临。在黑天鹅事件的冲击下，不要说6西格玛，即使是“16西格玛”的标准也完全丧失实际意义。

投资者需要谨记的是，股票投资风险本质上来源于企业经营的风险。金融市场的波动不过是企业经营优劣的镜像和放大器，数据根本不会解答股票的风险来源和风险高低。即使投资者掌握了所有的风险计量工具，也无法替代对企业经营状况的分析。

要确保钱能随时装进自己的口袋里

投资者能否随时把钱揣在自己口袋里，是评价流动性风险的本质。本章所说的流动性并不是上市公司财务报表中显示的流动性，而是投资者能否及时卖出股票的便利性。2015 年，A 股市场大幅下跌，很多股票丧失了流动性，投资者原本计划的卖出策略根本无法执行，尽管市场上大量股票同时丧失流动性的概率很低，但个股丧失流动性的情况还是很常见的。

评估流动性的核心指标有两个：一是每天的成交量，二是成交价格的折溢价程度。一般来讲，股票市值越高，流动性越好（市场上也存在市值很高但分时成交不活跃的股票，其中相当一部分是大资金控盘较高的股票或者流通盘比例非常低的股票）；市值越低，流动性越差。机构投资者非常重视投资组合的流动性，一般会规定最低市值的要求，只有市值高于一定数值的股票才能纳入股票池。因此，投资者在交易低市值股票的时候一定要留心，观察分时的成交量有多少，尽量少交易那些买入/卖出不超 100 手，或者几万元的交易就不能实时成交而要等待成交的股票。投资其他交易品种也是这样，相当一部分 LOF 基金（上市型开放式基金）买入和卖出五档交易的价格不连贯，每一档的价差较大，成交不活跃，买一到买五累计只有几百手委托交易，有时投资者要将持有的 3 万元基金卖出，都无法全部实时成交。

因为投资标的存在流动性风险，所以存在投资者想卖出而难以卖出的情况，由此衍生出第二个问题——流动性折价，也就是投资品交易价格低于实时价值的情况。最常见的莫过于大宗交易，绝大多数大宗交易是以折价的形式进行的，当然也有平价甚至是溢价的情况出现。但对急于想大量套现的投资者而言，牺牲一部分价格迅速回笼资金，往往会允许流动性折价的情况，甚至很多股票大宗交易折价率超过 15%。

LOF 基金也普遍存在这样的情况，由于投资者对 LOF 产品认知度不高，客观上造成很多 LOF 产品交易量较低，时不时出现折价的情况。

另外，有经验的投资者可能会清晰地记得，有一段时期，P2P（peer - to - peer）即个人对个人网络借款热度很高。在 P2P 交易模式中，债权人如果急需变现，可以选择将债权转让给其他人。然而，在现实交易中，难度非常大，因为出价买入的人不多。即使是部分大的 P2P 平台，产品转让也存在一定的流动性，所以普遍存在折价的问题，债权人如果急于变现，可能会立即损失债权总额的一部分折价。

因此，投资者在买入任何投资标的时都要清晰地了解，有一天想卖出时能否随时把钱装进自己的口袋里，因为一旦风险来临，很多小的市场和品种往往瞬间丧失流动性，即使是希望以跌停板成交都难以卖出。

风险的释放速度远远快于收益的累积速度

经济学家凯恩斯在《就业、利息和货币通论》“略论经济周期”中讲道：“要充分解释经济周期，则还有一个特征，不容忽略——这就是恐慌现象。换言之，我们要解释：为什么从向上趋势变为向下趋势时，转变得非常骤然、剧烈；但从向下趋势变为向上趋势时，却一般说来，并无尖锐转折点。”虽然凯恩斯分析的是经济周期，不是股票投资，但综观市场起起伏伏、涨涨落落，这一规律在股票市场同样适用。

股价总是经历数月甚至数年的缓慢上涨才到达市场的顶点。然而，股票一旦转势，将以非常快的速度从顶部坠落，稍不留意就会损失大部分利润甚至出现亏损。如图 2－7，以 2019 年 3 月—2020 年 9 月道琼斯工业平均指数日线图为例，从 26000 点左右震荡上行至接近 30000 点，用了近一年的时间。然而从 2020 年 2 月 12 日—3 月 23 日，仅仅 28 个交易日，指数几乎以垂直降落的方式大跌超 36%。此后的回升则相对缓慢，几乎用了近 5 个月的时间才重新回到 2 月的高点附近。

所以，投资者如果判断股价趋势发生逆转，撤退速度一定要快。正所谓，买入要稳、卖出要狠。初入股市的投资者往往意识不到这一点，进而造成其在牛市早期和中期积累了可观的利润，但在牛市后期很快化为乌有甚至被严重套牢。这一规律背后的原因较为复杂，但恐慌情绪无疑是非常重要的因素之一。

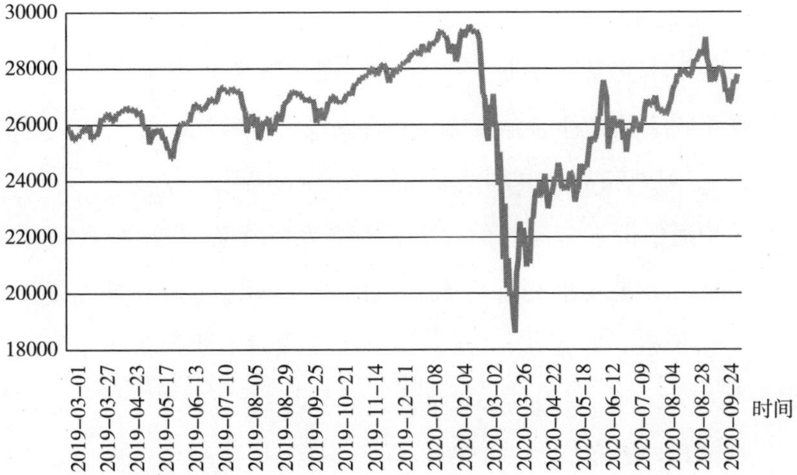

图 2-7　2019 年 3 月—2020 年 9 月道琼斯工业平均指数日线图

资料来源：Wind 资讯。

成功是失败之母

任正非在《北国之春》一文中写道：“高科技企业以往的成功，往往是失败之母，在这瞬息万变的信息社会，唯有惶者才能生存。”每当投资者信心满满，觉得终于找到了实现长期盈利的不二法门，正暗自窃喜的时候，危险就一步一步逼近了。在金融市场，因成功而失败的案例比比皆是，致使全球最古老的银行之一——英国巴林银行倒闭的恰恰是它的明星交易员尼克·李森，2012 年摩根大通“伦敦鲸”事件的原因之一也是其首席投资室此前良好的盈利纪录，但如果要说影响最大、最知名的当属 LTCM。

LTCM 之所以闻名世界、屡屡被提及，不仅是因为它的快速崛起，更是因为它的轰然陨落。LTCM 拥有史上最豪华的投资团队，1 位华尔街“债券套利之父”，1 位前美联储副主席，2 位诺贝尔经济学奖得主（罗伯特·默顿和迈伦·斯科尔斯因期权定价理论于 1997 年获得此奖），号称“梦之队”的阵容一开始就赢得了各界的信任，1994 年开始交易时便吸引了超过10亿美元的资本。

公司的基本交易方法是套利交易，通过计算机对大量历史数据的计算，发现不同交易品种的合理价差，若发现价差偏离历史均值（市场出现错误定价），则入市开展套利交易，待价差回归后平仓。

打一个通俗但不够准确的比方，倘若市场上有产于A地和B地的苹果，一般来讲A地苹果的价格比B地的贵20%，如果B地苹果5元/斤，则A地苹果价格一般为6元/斤。如果某一段时期水果价格上涨，A地苹果价格为10元/斤，B地苹果价格为9元/斤。看似都涨了4元，但涨幅不同，A地较B地的溢价约为11%。

倘若两地苹果均有期货市场的话，投资者此时买入A地苹果100元（10斤），同时卖空B地苹果100元（约11.11斤），多空相抵，总头寸为0元；若苹果价格继续上涨，且两地苹果溢价恢复到20%的水平，A地苹果价格为18元/斤，B地价格为15元/斤，则持有A地苹果多头市值为180元，盈利80元；持有B地苹果空头市值约为166.67元，亏损约66.67元。多头空头合计盈利约13.33元，这是在最初多头空头相抵总持仓为0元的情况下实现的。

换一种情况，倘若投资者买入后苹果价格转而下跌，两地苹果溢价恢复到20%的水平，A地苹果价格为8元/斤，B地苹果价格为约6.67元/斤，则持有A地苹果多头市值为80元，亏损20元；持有B地苹果空头市值约为74.11元，盈利约25.89元。多头空头合计盈利约为5.89元。

可见，假如这一套利模型有效，无论苹果价格是上涨还是下跌，组合都是盈利的。然而，在某些特定的时期，种种外部原因可能导致两地苹果的价差不仅没有恢复到20%的历史均值水平，反而继续偏离，则套利交易开始出现亏损。比如，两地苹果价格利差完全消除，如价格均为15元/斤或5元/斤，投资组合将分别亏损约16.67元、5.56元。具体如表2－2所示。

表 2-2 套利模型的应用

项目	初始状态		情景 1		情景 2		情景 3		情景 4	
	A 地苹果	B 地苹果	A 地苹果	B 地苹果	A 地苹果	B 地苹果	A 地苹果	B 地苹果	A 地苹果	B 地苹果
价格（元）	10	9	18	15	8	6.67	15	15	5	5
金额（元）	100	100	180	166.67	80	74.11	150	166.67	50	55.56
数量（斤）	10	11.11	10	11.11	10	11.11	10	11.11	10	11.11
持仓	多头	空头	多头	空头	多头	空头	多头	空头	多头	空头
盈利（元）	0	0	80	-66.67	-20	25.89	50.00	-66.67	-50.00	44.44
组合盈利（元）	0		13.33		5.89		-16.67		-5.56	

因此，这一策略有效的前提是两种资产的价差向均值回归，一旦价差进一步偏离预定的比价关系，则风险将变得非常大，甚至会出现多头空头同时亏损的最坏情形。

回到 LTCM。受 1997 年亚洲金融危机影响，1998 年全球金融市场发生了显著变化，市场波动性显著加大，信用利差扩大。LTCM 判断当时的高波动率和信用利差对其历史平均的偏离将回归历史均值。基于这种判断，LTCM 建立了多个类别的投资组合，其中就包括买入价格较低的意大利国债，卖空价格较高的德国国债。然而，1998 年 8 月，俄罗斯宣布卢布贬值和暂停外债偿还，引发市场剧烈动荡，资金纷纷抛售各类风险债权，转而购买安全性更高的美国国债和德国国债。原本被高估的债券价格继续上涨，原本被低估的债券价格继续下跌，两者的利差不仅没有缩小，反而进一步扩大。由此，LTCM 的上述组合多头和空头同时陷入亏损，叠加其巨大杠杆，引发重大损失。再加上 LTCM 的其他套利组合多数陷入重大亏损，为避免引发美国金融体系的动荡，最终只能由美联储出面收拾残局。

罗杰·洛温斯坦在《拯救华尔街》一书中详细记录了 LTCM 的兴衰史，带给投资人很多启示。不论看起来多么万无一失的交易，不论经过多少次成功验证的策略，在变幻莫测的市场面前，永远都是充满未知的。

2020 年初，著名的桥水基金因旗下产品业绩出现波动一度被各大媒体广泛报道，其风险平价策略也因此受到质疑。风险平价策略的核心是根据一系列资产的波动性分配投资组合，一方面，通过组合实现资产分散化，避免在某类资产中暴露过高风险；另一方面，组合中的风险资产与避险资产保持负相关，降低非系统性风险。但由于新冠肺炎疫情的冲击，全球金融市场进入危机模式，股票、债券、黄金、商品市场全面下跌，原本负相关的资产价格变为正相关，进而造成风险平价策略的失效和组合收益的下滑。所以，任何一种交易策略都会有局限性，投资者一定要谨记在心。

迷恋做空是加速破产的最好方式之一

做空是投资者先卖出手中的股票、期货或者其他产品，待价格下跌后再买回来平仓的一种交易机制。通俗地讲，做多是先买后卖，做空是先卖后买。做空是期货市场的正常机制，但股票是否被允许做空在不同的金融市场政策不一。

股票做空总体来讲分为两种类型：一种是允许“裸卖空”，即投资者没有借入股票而直接在市场上卖出根本不持有的股票，在股价进一步下跌时再买回股票以获取利润；另一种是禁止“裸卖空”，想做空的投资者必须先借入股票才可以做空。

A 股市场，除了通过衍生品如三大金融期货合约或期权产品进行做空之外，个股做空的主要途径是融券。需要注意的是，并非所有上市交易的股票都可以融券，可供融券卖出的证券品种由交易所根据多种因素确定。

做空本质上是做多的反方向交易，但从技术上而言，做空要比做多更难。

首先，做空在空间上受到限制，因此“收益有限，风险无限”，风险与收益是不对称的。对于做多而言，风险在于股价的下跌。按照目前的机制，股价最低为零（或者退市），最大亏损即买入金额，而股价的上涨是没有限制的，因此做多“亏损有限，收益无限”。对于做空而言，其风险在于股价的上涨，亏损空间是无限大的，但最高的收益就是做空的价格乘以股票数量，如果再扣除借入股票带来的利息成本，潜在收益更低。

其次，做空在时间上也受到限制。一方面，作为经济的晴雨表，股票价格平均来看会随着时间的推移而上升，这是公认的事实。所以长期而言，做空者是与经济发展的趋势相对抗的，做空永远是战术层面的，而做多是战略层面的。另一方面，被做空的标的非理性上涨的时间，可能超出市场预期，比做空者保持不破产的时间要长，甚至长得多。比如早在 2015 年、2016 年，很多金融大佬就判断美股出现了比较大的泡沫并建立了大量空头头寸，但美股的上涨趋势并没有改变，直到 2020 年新冠肺炎疫情出现才有了明显的回调。

做空者持有做空仓位如此长的时间是非常困难的，不仅浮亏越来越大，需要不断追加保证金，还要支付借入股票的利息成本。所以即使股票确实被高估了很多，做空者也不得不半途退出。可以说，时间是价值投资者的朋友，但不是做空者的朋友。

关于做空，投资者在建立空头仓位前，以下几个概念要做到心中有数。第一，了解卖空流通百分比，即卖空股份占流通股份（在公开市场交易的股份总数）的比重。即使在欧美市场，大多数股票的该比例也不足 10%，如果卖空流通百分比达到 10% 或以上，一般被认为是机构严重不看好该股的信号。第二，逼空（Short Squeeze）风险。关于逼空其实没有标准的定义，主要是空头仓位比例较高，但是由于股价飙涨，空头被迫买入平仓（甚至出现多头仓位被少数机构持有而空头无法买入标的进行平仓的情况），推动股价进一步上涨。

比如，某公司共发行股票 100 万股，大股东 A 持有 90 万股，中小投资者持有 10 万股。在某个时间点，投资者 B 认为该公司股价将大幅下跌，于是从 A 处借入 20 万股卖空，由投资者 C 买入；投资者 C 又将这 20 万股借给投资者 D 进行卖空。可见，即使禁止“裸卖空”，通过连续的借入卖空，市场上的卖空数量是可以超过股票总发行量的。在本例中，倘若投资者 A 从投资者 D 处买入了这 20 万股，那此时卖空头寸 40 万股，多头 140 万股（投资者 A 共持有 110 万股，市场上其他投资者共持有多头仓位 30 万股），如表 2 - 3 所示。若投资者 B 和 D 希望平仓，即使将市场上所有小股东的多头仓位买回来，也仍然缺 10 万股，因此必须向投资者 A 买入股票进行平仓。大股东 A 如果想逼仓，那么投资者 B 和 D 将陷入被动局面。

表 2 - 3 仓位变化情况

初始状态			变动后状态		
投资者	多头仓位	空头仓位	投资者	多头仓位	空头仓位
A	90		A	110	
B			B		20
C			C	20	
D			D		20
其他	10		其他	10	

历史上，关于做空的传闻和案例总能激起人们无限的兴趣，成功与失败的案例都有很多。股票大作手利弗莫尔 1929 年靠股市做空赚到 1 亿美元，约翰·保尔森在 2008 年国际金融危机通过做空次级债和股票盈利超过 200 亿美元。历史上做空但被反击的实例也不在少数。2021 年初沸沸扬扬的游戏驿站公司（GME）股票交易事件中，美国一些著名的对冲基金在股票连续上涨的压力之下，最终放弃了股票的空头仓位，认亏出局。2008 年的保时捷逼空事件更是在对冲基金史上留下了难以磨灭的痕迹。

A 股市场在注册制推出之前，曾有一段时期热衷炒作重组股。如果投资者做空的恰好是某只重组股，停牌时间会很长（需要支付融券成本），而且一旦重组成功，复牌之后连续一字涨停板，融券者即使想平仓也难以买入，无疑将面临重大的亏损，这是融券做空不得不面对的一个现实问题。

既然做空的收益风险比是不对称的，投资者为什么还要选择做空呢？从证券市场本身来看，做空有其积极的意义，有助于制衡多头力量，避免单边上涨，抑制市场泡沫。但对于投资者而言，做空背后的原因可能在于人性。做多实现的盈利带来的满足感和成就感随着财富的增多而逐步减弱，而做空实现的盈利是普通投资者难以想象和体会的，因为他认为这是他战胜市场得来的，由此带来的成就感和荣耀感是难以比拟的。正是这种内心的骄傲甚至是虚荣引领他不停地参与到这种做空的游戏中。

过度杠杆是加速破产的另一种方式

古希腊科学家阿基米德有一句名言：“给我一个支点，我可以撬动整个地球。”这位伟大的科学家用一句话圆满地解释了杠杆原理。如今，杠杆原理在金融市场越来越普及，或许可以将这句话略微修改一下，“给我一个杠杆，我可以买下整个地球”。

所谓金融杠杆，是指在自有资金的基础上，通过使用负债来扩大可用资金规模。金融杠杆是放大器，如同杠杆可以用很小的力量撬动很大的物体一样；金融杠杆也能以小博大，用较少的本金撬动较大规模的资本。一般用杠杆比率（倍数）来衡量杠杆的高低，即资产总额与其权益资本的比值（倍数），杠杆比率 = 交易合约价值/自有资金。

杠杆的作用原理其实非常简单，假如投资者判断准确，投资实现正收益，会比单纯使用自有资金实现更多的盈利；相反，如果判断失误，投资出现损失，会比单纯使用自有资金损失更大。譬如用 10 元投资买进 100 元的资产（10 倍杠杆，负债 90 元），如果资产价格涨到 110 元，保证金就变为 20 元，也就是 10% 的涨幅通过杠杆交易变成了 100% 的盈利；如果资产价格下跌到 90 元，那么保证金将变成 0 元，也就是 10% 的跌幅通过杠杆交易变成了 100% 的亏损。

如果投资者使用证券公司提供的融资服务购买股票，证券公司会以投资者持有的股票作为抵押物。倘若股价上涨，抵押物价值上涨，投资者的保证金比例提高，其可以支配的资金会增多；倘若股价下跌，抵押物价值下跌，保证金比例也会相应下降，一旦到达强制平仓线而没有多余的资金补充保证金的话，股票将被强制平仓，即使股价确实在未来实现了大幅上涨，也与投资者无关了。

因此，杠杆交易和自有资金对于股价向下波动的承受能力是不同的。A 股市场股票存在涨跌停限制，尽管很多股票的涨跌停板从 10% 扩大到了 20%、30%，但与美国等地的机制相比，波动幅度相对较小；在没有涨跌幅限制的市场，个股单日可以下跌 90% 以上，这对于杠杆交易的投资者而言简直是毁灭性的打击，即使股票被错杀，第二天股价完全恢复，但投资者早已经被强制平仓了。

可见，杠杆是一把双刃剑，它放大了盈利和亏损的幅度，却改变不了盈利和亏损的方向。何况在背负债务的情况下做投资，大多数投资者的心态会发生变化，对市场的任何风吹草动都更为敏感。除此之外，杠杆交易还有一点需要留意，凡是通过融资获取的资金都会有额外的利息成本，投资者必须保证有足够的现金流来偿还债务的利息，以防被强制平仓。

杠杆的运用其实非常普遍，企业经营会有负债，自然也就产生了杠杆；期货、外汇等市场天然就是用保证金交易，杠杆比例甚至可以高达几十倍。分级基金曾辉煌一时，受到很多投资者的喜爱，主要源于其自带的杠杆属性。分级基金的主要特点是将一只普通的基金产品（下文称为母基金）拆分为两类份额：A 类份额和 B 类份额。A 类份额代表优先级，B 类份额代表进取级。A 类份额和 B 类份额的资产作为一个整体进行投资，其中 B 类份额向 A 类份额支付约定利息，支付利息后的总体盈亏由 B 类份额承担。当母基金的整体净值上升时，B 类份额将实现更快的增值；当母基金的整体净值下跌时，B 类份额的净值跌幅更大。可见，A 类份额可视同一笔债券，收取固定利息，B 类份额通过向 A 类份额融资实现杠杆投资，即 B 类份额使用的资金规模为母基金的总资金规模。

举例来讲，倘若母基金净值为 1 元，将 100 份母基金按 50∶50 的比例拆分 A 类份额和 B 类份额。A 类份额和 B 类份额的净值均为 1 元，此时 B 类份额使用了 2 倍杠杆（假如 A 类份额和 B 类份额的比例为 40∶60，B 类份额的杠杆为 1.67 倍），约定不论母基金是否盈利，A 类份额每年都将获得 5% 的固定回报，剩余盈利（亏损）都由 B 类份额承担。下面分三种情形进行讨论，具体见表 2－4。

表 2－4　三种情形下 A 类份额和 B 类份额的净值

分类	年初			年末								
				情形 1			情形 2			情形 3		
	份额	净值（元）	总净值（元）	净值（元）	总净值（元）	涨幅（%）	净值（元）	总净值（元）	涨幅（%）	净值（元）	总净值（元）	涨幅（%）
母基金	100	1	100	1.1	110	10.0	1.525	152.5	52.5	0.525	52.5	－47.5
A 类	50	1	50	1.05	52.5	5.0	1.05	52.5	5.0	1.05	52.5	5.0
B 类	50	1	50	1.15	57.5	15.0	2	100	100.0	0	0	－100.0

第一种情形，假设一年后母基金净值上涨 10%，达到 1.1 元，母基金总净值达到 110 元。此时，A 类份额取得 5% 的固定收益，净值为 1.05 元，总净值为 52.5 元；B 类份额总净值为 57.5（110－52.5）元，净值为 1.15（57.5÷50）元，净值涨幅为 15%。

第二种情形，假设一年后母基金净值上涨 52.5%，达到 1.525 元，总净值达到 152.5 元。此时，A 类份额取得 5% 的固定收益，净值为 1.05 元，总净值为 52.5 元；B 类份额总净值为 100（152.5－52.5）元，净值为 2（100÷50）元，净值涨幅为 100%。

第三种情形，假设一年后母基金净值下跌 47.5%，为 0.525 元，总净值为 52.5 元。此时，A 类份额取得 5% 的固定收益，净值为 1.05 元，总净值为 52.5 元；B 类份额总净值为 0（52.5－52.5）元，净值为 0 元，净值跌幅为 100%。

在 2 倍初始杠杆的情况下，母基金净值上涨 52.5%，B 类份额净值实现翻倍；母基金净值下跌 47.5%，B 类份额净值下跌为零。由此可见，使用杠杆的风险和收益是不完全对称的，其中的原因在于杠杆需要支付利息。

其实，上述案例类似于投资者 B 投资 50 万元成立一家企业，又向投资者 A 借款 50 万元进行生产，年利率为 5%，每年的利息为 2.5 万元。此时企业总资产为 100 万元，无论企业经营状况好与坏，投资者 B 都需要每年向投资者 A 支付 2.5 万元的利息，其余无论是盈利还是亏损都由投资者 B 承担。

分级基金推出后，在 2014—2015 年的牛市中大放异彩，但很多不明所以的投资者只看到 B 类份额遥遥领先的涨幅，却根本不了解分级基金背后的杠杆原理以及其他交易机制（如份额折算），最终在市场的快速下跌中损失惨重。例如，证券 B（150172），在 2015 年 6—8 月不到 3 个月的时间，最高跌幅为 77%。如今，分级基金已经基本退出历史舞台，但这段经历足以警醒很多投资者，使用杠杆或者投资杠杆类金融产品一定要慎之又慎。如果以杠杆率来衡量，大多数分级基金的杠杆率远远低于金融期货等衍生产品。此前提到的长期资本管理公司巨亏的原因有很多，高杠杆也是非常重要的原因之一。

对于个人投资者而言，杠杆本身没有绝对的好与坏，杠杆也不会改变原本的收益或亏损的方向。进攻时以小博大，四两拨千斤，但用不好极容易伤害自己，试图依靠高杠杆一举实现财富自由的想法极其危险。

对未知的未知是风险的本源

投资的本质是对未来的探索，是在无限的不确定性中把握有限的确定性，在绝对的不确定性中把握相对的确定性。所以尽管风险有千万种，根源都在于对未来不确定性的认知和把握出现错误。

按照风险管理理论，根据客观规律以及投资者对客观规律的认识，存在以下四种情况：对已知的已知、对已知的未知、对未知的已知以及对未知的未知。投资过程中的风险主要源于对未知的未知，对已知的未知，其风险是可控的。因此，投资方法有很多，说一千道一万，归结起来就是四个字：知己知彼。

知己，就是要清醒地认识自己的特长和不足，找准自己的能力圈，承认自己在能力和性格等方面存在天然的不足，然后把精力集中在自己擅长的领域和方向，构建适合自身的投资体系。然而，很多投资者历经多年仍然没有发现自己的相对优势，更不愿意承认自己的短板，无法做到有所为、有所不为。

知彼，内涵要广阔得多，不仅要了解上市公司、行业发展，还要了解市场估值，以及其他投资者的情绪等，只要对其中一个小环节的认知和理解出现错误，就可能全盘皆输，造成无法挽回的损失。譬如坚守了不该坚守的企业，导致价值的灭失，并损耗了大量的时间成本；譬如在 1969 年买入“漂亮 50”的股票，在随后的五年接近腰斩；譬如介入了超出自身理解力和掌控力的衍生品（巴菲特称之为“大规模杀伤性武器”），损失殆尽。

第三章

投资之法

与优秀企业同行

投资之法，即投资的战略问题，是从全局、长远、大势上做出的判断和决策，往往事关重大选择。从长期来看，投资盈利主要来源于大类资产的配置，其中股票盈利最主要的来源不是估值的波动和择时交易，而是企业盈利的增长。正因如此，本章把资产配置、行业研究和企业研究等问题作为投资的战略问题，投资者应该将主要精力投入对上述定性问题的研究中，挑选优秀企业一同成长。

学会资产配置

敌则能战之，少则能逃之，
不若则能避之。
——（春秋）孙武

资产配置的重要性

在莎士比亚的戏剧中，精明的威尼斯商人安东尼奥说过："不，相信我；感谢我的命运，我的买卖的成败并不完全寄托在一艘船上，更不是倚赖着一处地方；我的全部财产，也不会因为这一年的盈亏而受到影响，所以我的货物并不能使我忧愁。"可见，成功的商人很早就知道商业经营中分散风险的重要性。正如上一章讲到的，为了避免全军覆没，一定要分散投资，做好资产配置。

以上是从风险防范的角度出发考虑的，很多投资者可能会担心，分散投资会不会降低收益率呢？1986 年，一篇名为《投资组合表现的决定性因素》文章，彻底打消了机构投资者的顾虑，加速了全市场资产配置时代的到来。这篇文章指出，从长期来看，投资组合收益中有 93.6% 取决于如何进行资产配置，择股能力只影响 4.2%，而择机能力仅占 1.7%。这篇文章产生的影响是巨大的，无论是机构投资者还是个人投资者都开始重视资产配置和分散投资。

资产配置的有效性

资产配置的有效性取决于两个关键要素：第一，不同资产类别、不同地区的资产相关性较低，甚至呈现负相关，资产价格不会同时朝着同一个方向运动或者同向运动的幅度差异较大；第二，均值趋于回归，不会出现长期连续的强者恒强、弱者恒弱的问题，所有资产价格都存在周期性的波动。

首先，关于相关性的问题。如果两种资产完全同涨同跌，那么资产配置就完全丧失了意义，但完全负相关的资产类别也是极其少见的。因此，相关性是一个相对的概念，在不同的经济环境、市场周期中，两种资产的相关性会发生显著变化，甚至在某些极端情况下，会出现原本负相关的资产变成正相关的情况，导致分散风险的功能失效。

此外，相关性与时间长度密切相关，两种资产一个月的相关性与一年、五年、十年的相关性肯定会有所差异。毕竟相关性是一个统计概念，是对历史经验的总结，在外部环境发生变化后，相关性也必然随之调整，所以不要迷信相关性的准确性。从2011—2020年这十年的数据来看，美元指数与原油、黄金、白银价格呈显著的负相关，中证全债与A股小盘指数的相关性明显低于与A股大盘指数的相关性（见表3－1）。而如果仅从2020年的数据来看，美元指数与黄金、白银价格的负相关性明显增强，与原油价格的负相关性减弱，中证全债与A股大、中、小盘指数均呈负相关（见表3－2）。可见，大类资产的相关性并非一成不变，而是在不同的时期呈现不同的特点。因此，在进行资产配置的时候，投资者需要明确自己投资组合的持有周期有多长，然后把历史数据对应时间周期中不同资产类别的相关性作为资产配置的参考。

表 3-1 2011—2020 年主要大类资产相关性矩阵

类别	大盘指数（申万）	中盘指数（申万）	小盘指数（申万）	中证全债	恒生指数	标普 500 指数	纳斯达克指数	道琼斯工业指数	日经 225	美元指数	CRB 商品指数	ICE WTI 原油连续	COMEX 黄金连续	COMEX 白银连续
大盘指数（申万）	1	0.794	0.583	0.767	0.657	0.797	0.822	0.77	0.791	0.661	-0.736	-0.721	0.097	-0.371
中盘指数（申万）	0.794	1	0.945	0.475	0.409	0.469	0.457	0.408	0.607	0.629	-0.589	-0.693	-0.277	-0.43
小盘指数（申万）	0.583	0.945	1	0.342	0.246	0.296	0.253	0.232	0.483	0.617	-0.524	-0.655	-0.461	-0.481
中证全债	0.767	0.475	0.342	1	0.592	0.948	0.933	0.933	0.885	0.85	-0.937	-0.812	-0.005	-0.666
恒生指数	0.657	0.409	0.246	0.592	1	0.728	0.664	0.774	0.773	0.467	-0.499	-0.334	-0.223	-0.516
标普 500 指数	0.797	0.469	0.296	0.948	0.728	1	0.983	0.99	0.944	0.747	-0.849	-0.681	-0.004	-0.637
纳斯达克指数	0.822	0.457	0.253	0.933	0.664	0.983	1	0.963	0.894	0.682	-0.818	-0.664	0.144	-0.527
道琼斯工业指数	0.77	0.408	0.232	0.933	0.774	0.99	0.963	1	0.934	0.727	-0.821	-0.633	-0.017	-0.632
日经 225	0.791	0.607	0.483	0.885	0.773	0.944	0.894	0.934	1	0.816	-0.862	-0.718	-0.283	-0.78
美元指数	0.661	0.629	0.617	0.85	0.467	0.747	0.682	0.727	0.816	1	-0.934	-0.898	-0.38	-0.81
CRB 商品指数	-0.736	-0.589	-0.524	-0.937	-0.499	-0.849	-0.818	-0.821	-0.862	-0.934	1	0.931	0.186	0.763

续表

类别	大盘指数（申万）	中盘指数（申万）	小盘指数（申万）	中证全债	恒生指数	标普500指数	纳斯达克指数	道琼斯工业指数	日经225	美元指数	CRB商品指数	ICE WTI原油连续	COMEX黄金连续	COMEX白银连续
ICE WTI原油连续	-0.721	-0.693	-0.655	-0.812	-0.334	-0.681	-0.664	-0.633	-0.718	-0.898	0.931	1	0.186	0.64
COMEX黄金连续	0.097	-0.277	-0.461	-0.005	-0.223	-0.004	0.144	-0.017	-0.283	-0.38	0.186	0.186	1	0.682
COMEX白银连续	-0.371	-0.43	-0.481	-0.666	-0.516	-0.637	-0.527	-0.632	-0.78	-0.81	0.763	0.64	0.682	1

表3-2　2020年1—12月主要大类资产相关性矩阵

类别	大盘指数（申万）	中盘指数（申万）	小盘指数（申万）	中证全债	恒生指数	标普500指数	纳斯达克指数	道琼斯工业指数	日经225	美元指数	CRB商品指数	ICE WTI原油连续	COMEX黄金连续	COMEX白银连续
大盘指数（申万）	1	0.941	0.886	-0.317	0.259	0.849	0.946	0.716	0.802	-0.94	0.379	0.4	0.805	0.889
中盘指数（申万）	0.941	1	0.989	-0.328	0.141	0.747	0.863	0.605	0.656	-0.863	0.281	0.353	0.868	0.897
小盘指数（申万）	0.886	0.989	1	-0.323	0.077	0.672	0.794	0.53	0.565	-0.805	0.224	0.31	0.867	0.868
中证全债	-0.317	-0.328	-0.323	1	-0.615	-0.465	-0.28	-0.572	-0.482	0.334	-0.808	-0.815	0.001	-0.37
恒生指数	0.259	0.141	0.077	-0.615	1	0.562	0.278	0.717	0.627	-0.224	0.862	0.798	-0.208	0.203

续表

类别	大盘指数（申万）	中盘指数（申万）	小盘指数（申万）	中证全债	恒生指数	标普 500 指数	纳斯达克指数	道琼斯工业指数	日经 225	美元指数	CRB 商品指数	ICE WTI 原油连续	COMEX 黄金连续	COMEX 白银连续
标普 500 指数	0.849	0.747	0.672	-0.465	0.562	1	0.93	0.965	0.956	-0.842	0.655	0.671	0.575	0.834
纳斯达克指数	0.946	0.863	0.794	-0.28	0.278	0.93	1	0.804	0.877	-0.923	0.387	0.438	0.782	0.891
道琼斯工业指数	0.716	0.605	0.53	-0.572	0.717	0.965	0.804	1	0.943	-0.718	0.795	0.789	0.374	0.733
日经 225	0.802	0.656	0.565	-0.482	0.627	0.956	0.877	0.943	1	-0.792	0.687	0.703	0.45	0.725
美元指数	-0.94	-0.863	-0.805	0.334	-0.224	-0.842	-0.923	-0.718	-0.792	1	-0.403	-0.407	-0.779	-0.914
CRB 商品指数	0.379	0.281	0.224	-0.808	0.862	0.655	0.387	0.795	0.687	-0.403	1	0.942	-0.079	0.406
ICE WTI 原油连续	0.4	0.353	0.31	-0.815	0.798	0.671	0.438	0.789	0.703	-0.407	0.942	1	0.003	0.426
COMEX 黄金连续	0.805	0.868	0.867	0.001	-0.208	0.575	0.782	0.374	0.45	-0.779	-0.079	0.003	1	0.896
COMEX 白银连续	0.889	0.897	0.868	-0.37	0.203	0.834	0.891	0.733	0.725	-0.914	0.406	0.426	0.896	1

其次，关于均值回归的问题。在某个特定时期，一种资产的表现会优于其他资产，而到下一个阶段，这种资产的表现可能会大幅劣于其他资产。这既是经济运行和金融市场发展的普遍规律，也是均值回归的基本假设。面对一种资产价格的持续上涨和其他资产价格的持续低迷甚至屡创新低，到底是保持现有资产配置不变，还是将表现较差的资产比重调低、转换到表现好的资产？抑或是将表现较好的资产比重调低、转换到表现差的资产？从长期来看，均值回归是有效的，只不过到底需要多久才能实现均值回归，这个周期没有定论。在资产配置方面，有的机构投资者会做出强制性的规定，定期将净值增长较快、资产比重过高的资产转换到其他资产类别，实现资产再平衡。关于均值回归的问题，后文还会专门分析。

大类资产配置

大类资产配置是资产配置的核心，即将资金在各类资产间进行合理分配，通过不同资产间的弱相关性和负相关性抵消部分风险，从而改善投资组合的风险收益特征。总体来讲，资产可以分为实物资产和金融资产两类。实物资产主要包括房产、贵金属、商品、能源、艺术品；金融资产主要包括股票、债券、外汇、私募股权基金等类别（贵金属、商品、能源上市交易后也可纳入金融资产）。

上述每一种资产又可以细分为多种具体的资产类别。例如，房产可以细分为住宅、商业地产、写字楼等；商品可以细分为农产品和工业品，农产品包括小麦、玉米、大豆等粮食类农产品和糖、可可、咖啡等经济作物，工业品大致分为黑色系工业品（钢、铁等）和有色系工业品（铜、铝、镍、锰、钴等）；贵金属主要包括黄金和白银；能源主要包括石油和天然气；外汇主要是指外币，如美元、欧元、日元等。而债券的分类更复杂一些，按发行主体可以划分为国债、地方政府债、金融债、公司债（企业债），按利率确定方式可划分为固定利率债和浮动利率债，按偿还期限可划分为长期债券（10年以上）、中期债券（包括1～10年）和短期债券(1年以下)，还有可转债等特殊的债券品种。

其中，债券是资产配置非常重要的组成部分，是大多数长期投资者必备的投资品种。但是债券投资的门槛很高，其专业性足以让绝大多数个人投资者望而却步，因此大街小巷谈论股票的随处可见，围坐在一起讨论债券的则少之又少。投资债券除了要考虑债券的供求关系外，更多的是研究经济环境、利率环境和企业偿债能力；债券定价的模型比股票定价的模型更单一，但对数学功底甚至是金融工程的知识要求很高。

那么问题来了，债券是非常重要的资产配置品种，但其专业性太强，投资者该怎么办呢？基金的作用便显现出来了。对于希望自己做投资的投资者来讲，可以将资产配置中投资股票、黄金、外汇的资金由自己主动打理，把配置给债券的那部分资金交给专业机构（如基金公司），通过债券基金的形式完成这部分资金的配置需求。当然，虽然是购买债券基金，投资者也要对债券基金有一个基本了解，比如是选择纯粹的债券基金，还是选择能够投资可转债、打新股或者二级市场股票的债券基金等。

资产配置也是专业投资者投资策略研究中非常重要的一个组成部分。2004年，美林证券根据此前30年的历史数据，提出了一个基于经济周期的资产配置理论——投资时钟理论，此后便被投资界奉为经典的资产配置方法进行广泛使用。其核心思想是根据经济增长（GDP）趋势和通货膨胀（CPI）趋势，将一个完整的经济周期划分为四个阶段：衰退期、复苏期、过热期、滞胀期。其中，衰退期呈现“低GDP+低CPI”，复苏期呈现“高GDP+低CPI”，过热期呈现“高GDP+高CPI”，滞胀期呈现“低GDP+高CPI”，每个阶段都给出了最优的大类资产配置顺序。具体如下：

衰退期。此阶段需求不足，产能过剩，经济增长乏力，商品价格低迷，通货膨胀率低，甚至出现通缩；企业盈利较差，股票业绩下滑；央行通常会实施宽松的货币政策来刺激经济，收益率曲线快速下行，因此债券表现最好。这一阶段大类资产配置的优先顺序为债券 > 现金 > 股票 > 大宗商品。

复苏期。企业盈利开始改善，经济上行，产出缺口好转，但由于需求处于缓慢增长状态，没有出现大规模的供不应求，商品价格上涨动能缺乏，通胀率延续下行趋势。股价开始对企业盈利改善做出反应，且由于通胀率较低，央行仍然会保持市场较低的利率，股票表现最好；债券在低利率环境下仍然具有一定的投资价值，但潜力已不如股票。这一阶段大类资产配置的优先顺序为股票 > 债券 > 现金 > 大宗商品。

过热期。人们对经济的预期过于乐观导致经济出现过热，需求强劲，供应不足，经济上行的同时通胀率上升，商品受益于通胀率的上行，明显走牛。企业盈利继续改善，但货币政策收紧压制了股票估值水平。通胀率的上行提高了现金的持有成本，而货币政策收紧大幅降低了债券的吸引力。这一阶段大类资产配置的优先顺序为大宗商品 > 股票 > 现金 > 债券。

滞胀期。由于经济产能遭受负面的供给冲击（如石油危机造成原油价格上涨）或者不当的经济政策，商品价格上升，经济增速放缓。经济下行对企业盈利产生影响，企业盈利变差，前景悲观。尽管通胀率高，但商品的基本面缺少持续的支撑，商品价格受通胀影响上涨后很可能快速下跌，配置商品的安全性大大降低；由于高通胀，货币政策难以放松，但基于长期配置需求，债券的吸引力提升。总体而言，此时现金为王，货币基金和现金理财类产品是最优选择。这一阶段大类资产配置的优先顺序为现金 > 债券 > 大宗商品 > 股票。

摩根士丹利全球资产管理首席策略师戴维·达斯特以通胀率为主要因素，研究了自1871年至21世纪初，超过130年的数据，得出的结论与美林投资时钟类似。在其经典著作《资产配置的艺术》一书中，他做出了十分精炼的总结：在通货紧缩的环境下，重视现金等价物和债券；在价格稳定时期，重视权益资产；在反通胀及温和通胀期间，同样最重视权益资产；在高速通胀时期，重视有形资产，如金银和住宅。

跨境资产配置

同一个经济体内很多资产的相关性是非常高的，容易同涨同跌，同时投资多个地区的资产可以更好地分散风险。更重要的是，当投资者觉得本土资产估值过高出现泡沫时，可以加大境外资产的配置比重，实现更高的投资回报。在可投资品种上，不同地区的房产等非贸易品的价格相关性很低，但贸易品价格的相关性非常高，尤其是像贵金属、原油等大宗商品基本上是全球统一定价，在不同地区购买黄金产品以分散风险的实际意义不大。但在股票、债券以及其他衍生品等方面，放眼全球，可以找到更多种类的可选投资品。

然而，投资者在进行跨境投资时，有一个至关重要的问题：每个国家和地区的法律法规、交易制度、信息披露等规则差异很大，将 A 股适用的规律用于美股，有效性可能不高，跨境投资对专业程度和风险控制提出了非常高的要求，对于精力和专业知识有限的投资者，同时进行 A 股、美股、港股投资挑战非常大、难度非常高。就算是专业的投资机构，2007 年首批出海的 QDII 也出现了较大幅度的下跌，所以并不建议普通个人投资者同时进行两地甚至三地的股票投资。跨境金融资产配置总体还是应该交给专业的机构投资者进行管理，投资者要做的是确定这部分资产的规模，选择合适的管理人和投资方向。

在跨境资产配置有效性方面，随着全球经济联系日益紧密、跨境资本关联性日益加强，全球股票市场越来越频繁地出现美国股市、欧洲股市和亚洲股市同涨同跌的情况。特别是在危机状态下，金融危机的“传染性”越来越强，在个别市场出现流动性危机的时候，机构投资者为了迅速降低仓位，选择快速将流动性相对较强的其他地区的资产抛售，再叠加全球避险情绪的升温，很容易造成全球金融市场同时出现大幅波动，进而造成跨境股票市场与本土市场高度的相关性，导致资产配置分散风险的有效性大大降低。这与十几年前的金融市场有很大的不同，投资者尤其需要注意。

股票资产配置

投资者确定了股票资产的配置资金后，更关键的便是股票资产内部如何进行配置。总体来讲，主要考虑四方面因素：市值因素、风格因素、行业因素、地区因素。

市值因素

按照市值大小或者流通股本分类，股票可以分为大盘股、中盘股、小盘股三类。一般来讲，如果以市值划分，总市值大于500亿元的股票为大盘股（大于1000亿元的可称为超大盘股），总市值小于200亿元的股票为小盘股（小于50亿元的称为微盘股），总市值在200亿～500亿元的股票称为中盘股。如果以流通股本分类的话，一般把流通股本超过10亿股的股票归入大盘股，流通股本小于5亿股的称为小盘股，5亿～10亿股的是中盘股。

随着证券市场的发展和上市公司数量的增多，分类标准也一直在变化，投资者完全可以根据资金量的大小和自身的经验进行灵活分类。之所以区分大、中、小盘股，主要基于两个方面的考虑：第一，波动性有差异；第二，流动性有差异。从长期来看，大盘股的波动性较低，小盘股的波动性较高，中盘股介于中间。不同的投资者对于波动性的承受能力不同，尤其是很多中小盘股可以在短期内经历50%左右的上下波动，对投资者心理承受能力的考验非常之大。而以上证50成分股为代表的超大盘股的波动性低很多，可能连续几年股价稳定在上下不足15%的空间，如果想通过大盘股的上涨实现大幅盈利，必须长期持股，对投资者毅力的考验非常之大。

不同投资者的性格特征不同，有的可以长期持股，前提是股价不能波动太大；有的偏爱波动大的股票（如频繁涨停、跌停），但是持股时间往往较短。因此，投资者要根据自己的特长来构建组合，尽量在大盘、中盘、小盘股中构建一个组合，寻求波动性和持股时间之间的平衡，以便在自身的心理承受能力和毅力耗尽之前能够等到所持股票的上涨。同时，小盘股，尤其是一些市值只有几十亿元的小盘股，流动性不高，在投资者希望卖出的时候可能出现连续跌停难以卖出的情况，必须通过持有一部分流动性更强的大市值股票进行对冲，以便在市场出现系统性风险时能够回笼部分资金，及时降低仓位。

风格因素

按照股票风格特征，可以将股票分为价值股和成长股，对于价值与成长区分不够明显的，可以称为平衡风格的股票。一般来讲，价值股是已经步入稳步发展时期，规模较大，产品、技术较为成熟，在所处行业具有一定优势和影响力的公司；成长股是未来一段时期成长速度较快，所处行业发展空间巨大，有独特竞争优势、发展潜力较大的公司。大多数情况下，价值股市净率（PB）较低、股息率较高，成长股市净率较高、股息率较低。价值股一般存在于发展成熟的行业，市场格局基本确立，行业龙头的盈利能力和市场份额基本保持稳定；成长股所在行业一般属于新兴行业，发展速度快，发展潜力和想象空间巨大，同时也伴随较高的不确定性，市场竞争格局处于快速变化中。为了避免投资组合风格过于单一，投资者应在价值股和成长股之间做好平衡，根据市场某个特定阶段的风格和自身偏好，合理分配价值股和成长股的权重，避免过度集中于某一风格。

在按照风格因素和市值因素配置股票资产时，两种分类存在一定的交叉和重叠，比如很多大盘股和价值股重叠，很多中小盘股和成长股重叠，这并不冲突。基金评级公司晨星基金研究中心在其公布的《晨星（中国）投资风格箱概要说明》中介绍了其九宫格投资风格箱的研究方法，可以为个人投资者进行股票分类提供借鉴。晨星以基金持有的股票市值为基础，把基金投资股票的规模风格定义为大盘、中盘和小盘；以基金持有的股票价值和成长特性为基础，把基金投资股票的价值—成长风格定义为价值型、平衡型和成长型[①]。2020 年 A 股股票风格分布如图 3 - 1 所示。

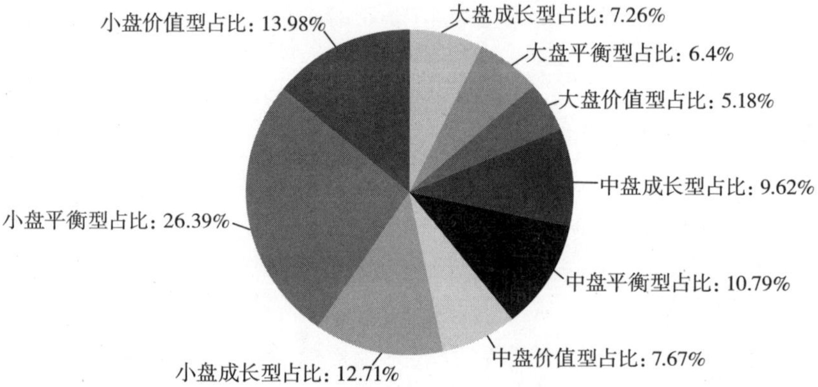

图 3 - 1　2020 年 A 股股票风格分布

资料来源：Wind 资讯。

当然，不同的机构分类标准不同。对于个人投资者而言，并不需要非常精确的数字来划分股票种类，但可以借鉴上述方法，采用自己熟悉的指标并赋予灵活的权重，将股票进行大致合理的分类，以便更好地构建投资组合，实现更均衡、合理的配置。

行业因素

行业是股票资产配置的第三个重要因素。有的投资者在市值、风格等方面进行了合理的配置，但是资金过度集中于某一个特定行业，必然造成组合较高的波动性。尽管在该行业普遍上涨的时期，这类行业集中的投资

---

① 按照总市值规模进行股票分类方面，将股票按照其总市值进行降序排列，计算各股票对应的累计市值占全部股票累计总市值的百分比，累计市值百分比小于或等于 70% 的股票为大盘股，累计市值百分比在 70% ~90% 的股票为中盘股，累计市值百分比大于 90% 的股票为小盘股。在股票风格方面，采用“10 因子分析”法，其中 5 个因子分析价值因素，包括预期每股收益价格比、预期每股净资产价格比、预期每股收入价格比、预期每股现金流价格比、预期每股红利价格比；5 个因子分析成长因素，分别是预期每股收益增长率、每股收益历史增长率、每股收入历史增长率、每股现金流历史增长率、每股净资产历史增长率。

组合的表现会大幅领先市场，但一旦该行业受黑天鹅事件、政策调整或者估值中枢下移等因素影响，投资组合会出现较明显的下跌。比如，白酒行业限制“三公”消费、光伏行业补贴滑坡，以及2021年初基金“抱团股”的大幅回调。这一点在公募基金的历史业绩中较为明显，从长期来看，多行业配置的均衡基金收益更为稳定，受某些特定行业负面冲击的影响相对较小，在熊市中有较好的防御能力，当然收益率的上限也受到一定影响。

至于行业分散的程度如何确定，要因人而异。对于风险承受能力较低、风格稳健的投资者，尽量分散至三到五个行业以上；对于风险承受能力较强，能够承受短期较高波动、对收益要求更高的投资者，可将行业控制在三个以内。对于研究覆盖面比较广的投资者而言，可以覆盖更多的行业，根据经济周期和市场环境对行业配置进行灵活调整，在总行业配置数量不变的前提下，通过调入新的行业、调出旧的行业争取获得更高的阿尔法收益，不过这对投资者的择时能力提出了更高的要求。2020年1—12月A股28个主要行业的相关性矩阵如表3－3所示。

地区因素

上文就跨境资产配置做过介绍，从本质上讲，跨境资产配置也属于地区配置的一个类型。这里所讲的地区配置主要是投资国内上市公司时，确保所持有的股票不能集中于一两个地区。比如，2013年，有的投资者钟情上海自贸区板块，其持有的股票全部都是上海地区的股票；京津冀协同发展战略公布后，有的投资者持有的股票全部都是河北地区的股票。这种区域特别集中的方式在一定情况下确实可以为投资者带来比较高的收益，但黑天鹅事件不容忽视，尤其是地震、特大暴雨等重大自然灾害往往都局限在特定的地区。为了有效避免这种风险，在配置股票时，投资者要尽量将投资的上市公司分布在不同的省份。

表3-3 2020年1—12月A股主要行业的相关性矩阵

行业名称	农林牧渔	采掘	化工	钢铁	有色金属	电子	家用电器	食品饮料	纺织服装	轻工制造	医药生物	公用事业	交通运输	房地产	商业贸易	休闲服务	综合	建筑材料	建筑装饰	电气设备	国防军工	计算机	传媒	通信	银行	非银金融	汽车	机械设备
农林牧渔	1.000	0.088	0.530	0.231	0.421	0.599	0.275	0.562	0.216	0.651	0.772	0.671	0.508	0.559	0.787	0.674	0.804	0.832	0.674	0.428	0.689	0.700	0.718	0.223	-0.137	0.496	0.292	0.562
采掘	0.088	1.000	0.651	0.841	0.799	0.527	0.693	0.465	0.439	0.610	0.250	0.696	0.783	0.555	0.093	0.470	0.450	0.307	0.384	0.561	0.548	0.009	0.344	-0.285	0.895	0.785	0.669	0.606
化工	0.530	0.651	1.000	0.837	0.929	0.900	0.934	0.946	0.256	0.956	0.839	0.841	0.863	0.478	0.483	0.918	0.788	0.857	0.394	0.960	0.949	0.309	0.691	-0.410	0.500	0.864	0.953	0.992
钢铁	0.231	0.841	0.837	1.000	0.888	0.660	0.897	0.740	0.269	0.759	0.498	0.717	0.805	0.433	0.218	0.659	0.518	0.580	0.339	0.792	0.703	-0.004	0.397	-0.403	0.755	0.769	0.880	0.811
有色金属	0.421	0.799	0.929	0.888	1.000	0.844	0.913	0.846	0.195	0.858	0.710	0.784	0.840	0.476	0.379	0.833	0.723	0.708	0.306	0.896	0.875	0.226	0.572	-0.396	0.629	0.851	0.897	0.902
电子	0.599	0.527	0.900	0.660	0.844	1.000	0.803	0.839	0.300	0.913	0.863	0.808	0.805	0.608	0.657	0.882	0.903	0.812	0.418	0.835	0.880	0.625	0.848	-0.106	0.383	0.861	0.812	0.900
家用电器	0.275	0.693	0.934	0.897	0.913	0.803	1.000	0.884	0.145	0.850	0.689	0.701	0.803	0.354	0.317	0.799	0.607	0.698	0.207	0.921	0.816	0.087	0.521	-0.529	0.635	0.783	0.971	0.917
食品饮料	0.562	0.465	0.946	0.740	0.846	0.839	0.884	1.000	0.043	0.893	0.902	0.726	0.765	0.340	0.524	0.944	0.715	0.875	0.250	0.960	0.910	0.250	0.648	-0.496	0.347	0.749	0.893	0.963
纺织服装	0.216	0.439	0.256	0.269	0.195	0.300	0.145	0.043	1.000	0.388	0.106	0.542	0.451	0.657	0.290	0.141	0.460	0.176	0.704	0.082	0.219	0.441	0.457	0.397	0.379	0.509	0.208	0.250
轻工制造	0.651	0.610	0.956	0.759	0.858	0.913	0.850	0.893	0.388	1.000	0.866	0.922	0.915	0.656	0.663	0.920	0.880	0.897	0.582	0.858	0.931	0.473	0.838	-0.244	0.453	0.897	0.863	0.957
医药生物	0.772	0.250	0.839	0.498	0.710	0.863	0.689	0.902	0.106	0.866	1.000	0.718	0.680	0.446	0.773	0.942	0.851	0.924	0.364	0.815	0.882	0.554	0.815	-0.224	0.081	0.691	0.692	0.865
公用事业	0.671	0.696	0.841	0.717	0.784	0.808	0.701	0.726	0.542	0.922	0.718	1.000	0.936	0.812	0.642	0.814	0.871	0.799	0.765	0.704	0.844	0.517	0.825	-0.071	0.524	0.915	0.713	0.839
交通运输	0.508	0.783	0.863	0.805	0.840	0.805	0.803	0.765	0.451	0.915	0.680	0.936	1.000	0.765	0.583	0.809	0.777	0.722	0.607	0.736	0.815	0.375	0.780	-0.232	0.691	0.934	0.778	0.857
房地产	0.559	0.555	0.478	0.433	0.476	0.608	0.354	0.340	0.657	0.656	0.446	0.812	0.765	1.000	0.718	0.519	0.752	0.512	0.831	0.278	0.502	0.676	0.801	0.322	0.482	0.786	0.337	0.487
商业贸易	0.787	0.093	0.483	0.218	0.379	0.657	0.317	0.524	0.290	0.663	0.773	0.642	0.583	0.718	1.000	0.682	0.807	0.719	0.598	0.358	0.572	0.778	0.883	0.246	-0.004	0.575	0.278	0.523
休闲服务	0.674	0.470	0.918	0.659	0.833	0.882	0.799	0.944	0.141	0.920	0.942	0.814	0.809	0.519	0.682	1.000	0.829	0.902	0.389	0.900	0.938	0.434	0.788	-0.339	0.295	0.818	0.805	0.938
综合	0.804	0.450	0.788	0.518	0.723	0.903	0.607	0.715	0.460	0.880	0.851	0.871	0.777	0.752	0.807	0.829	1.000	0.839	0.664	0.668	0.851	0.782	0.912	0.124	0.261	0.836	0.619	0.791
建筑材料	0.832	0.307	0.857	0.580	0.708	0.812	0.698	0.875	0.176	0.897	0.924	0.799	0.722	0.512	0.719	0.902	0.839	1.000	0.563	0.793	0.905	0.511	0.761	-0.170	0.124	0.700	0.716	0.881
建筑装饰	0.674	0.384	0.394	0.339	0.306	0.418	0.207	0.250	0.704	0.582	0.364	0.765	0.607	0.831	0.598	0.389	0.664	0.563	1.000	0.186	0.466	0.586	0.634	0.404	0.249	0.591	0.240	0.406
电气设备	0.428	0.561	0.960	0.792	0.896	0.835	0.921	0.960	0.082	0.858	0.815	0.704	0.736	0.278	0.358	0.900	0.668	0.793	0.186	1.000	0.910	0.173	0.551	-0.529	0.424	0.758	0.950	0.962
国防军工	0.689	0.548	0.949	0.703	0.875	0.880	0.816	0.910	0.219	0.931	0.882	0.844	0.815	0.502	0.572	0.938	0.851	0.905	0.466	0.910	1.000	0.421	0.723	-0.303	0.350	0.832	0.841	0.950
计算机	0.700	0.009	0.309	-0.004	0.226	0.625	0.087	0.250	0.441	0.473	0.554	0.517	0.375	0.676	0.778	0.434	0.782	0.511	0.586	0.173	0.421	1.000	0.804	0.603	-0.115	0.474	0.109	0.332
传媒	0.718	0.344	0.691	0.397	0.572	0.848	0.521	0.648	0.457	0.838	0.815	0.825	0.780	0.801	0.883	0.788	0.912	0.761	0.634	0.551	0.723	0.804	1.000	0.129	0.224	0.791	0.517	0.712
通信	0.223	-0.285	-0.410	-0.403	-0.396	-0.106	-0.529	-0.496	0.397	-0.244	-0.224	-0.071	-0.232	0.322	0.246	-0.339	0.124	-0.170	0.404	-0.529	-0.303	0.603	0.129	1.000	-0.298	-0.148	-0.513	-0.392
银行	-0.137	0.895	0.500	0.755	0.629	0.383	0.635	0.347	0.379	0.453	0.081	0.524	0.691	0.482	-0.004	0.295	0.261	0.124	0.249	0.424	0.350	-0.115	0.224	-0.298	1.000	0.687	0.588	0.467
非银金融	0.496	0.785	0.864	0.769	0.851	0.861	0.783	0.749	0.509	0.897	0.691	0.915	0.934	0.786	0.575	0.818	0.836	0.700	0.591	0.758	0.832	0.474	0.791	-0.148	0.687	1.000	0.793	0.859
汽车	0.292	0.669	0.953	0.880	0.897	0.812	0.971	0.893	0.208	0.863	0.692	0.713	0.778	0.337	0.278	0.805	0.619	0.716	0.240	0.950	0.841	0.109	0.517	-0.513	0.588	0.793	1.000	0.940
机械设备	0.562	0.606	0.992	0.811	0.902	0.900	0.917	0.963	0.250	0.957	0.865	0.839	0.857	0.487	0.523	0.938	0.791	0.881	0.406	0.962	0.950	0.332	0.712	-0.392	0.467	0.859	0.940	1.000

资料来源：Wind资讯。

资产配置的合理限度

通俗地讲，资产配置就是不要把100个鸡蛋放在同一个篮子里，这一点大多数人并无异议。然而，为了分散风险，若是把100个鸡蛋放在100个篮子里则更为滑稽可笑。那么，这100个鸡蛋到底要放在多少个篮子里才合理呢？主要取决于三个方面：资金规模、风险承受能力、研究能力。

首先，用于股票投资的资金必须是一定时期内闲置不用的资金。如果这部分资金的规模相对于个人其他资产比重很低，则投资股票时股票数量可以相对少一些，比如可以持有3～5只；随着资金量的逐步增加，持有股票数量也相应增加。其次，风险承受能力高、对短期大幅下跌承受能力强的投资者，可以相对集中持股，如持有3～5只；风险承受能力弱、对市场短期波动较为敏感的投资者，可以增加持股数量，比如10只甚至是20只均可。最后，研究能力和覆盖面也非常关键，有的投资者酷爱研究且善于研究，其覆盖的行业和股票数量可适当增加；而对于不擅长研究、覆盖行业相对较窄的投资者，则不宜同时持有20多只股票，应尽量控制在15只以内。总体来讲，股票持有数量因人而异，一般不少于3只，不多于30只。

在分散配置时，为了更全面地了解市场环境和行业轮动，可设立三个股票池。第一个股票池为“核心池”，即当前持有的股票池。第二个股票池为“重点候选池”，即根据市场变化可以随时买入的股票，数量控制在30只以内。第三个股票池是“备选股票池”，数量也尽量控制在30只以内，属于质地良好、可以考虑买入的股票，待充分研究后，可以调入“重点候选池”。三个池子的股票累计数量不超过90只，股票应长期在三个池子之间流动。比如“核心池”的股票卖出，有的是因为股票质地发生了根本变化，故将其剔除；有的是因为估值过高或短期面临不确定性因素，故卖出后调入“重点候选池”，待相关因素明朗或者价格进入合理区间后重新买入。有的已经列入“重点候选池”的股票，经过一段时间的跟踪和深度研究之后，若发现没有达到预期的标准，可以将其移回“备选股票池”或直接将其剔除。

资产配置策略

总体来讲，根据投资者的不同特征和偏好，资产配置策略可以分为买入—持有策略、恒定权重混合策略、投资组合保险策略。这些在专业的投资学教科书里面会有比较详细的介绍，这里只是大致介绍一下基本概念和原理。

买入—持有策略

买入—持有策略是最容易理解的一种投资策略，核心是进行长期投资，通过买入股票组合并持有足够长的时间来获取高额收益。这种策略看似简单，其实是最难的一种策略，适用于真正能够坚持长期投资的少数人。既然是长期投资，投资者首先要思考，10 年、20 年之后，投资的这家公司还会存在吗？还会继续保持当前的竞争力吗？还会继续受到客户的喜爱吗？做出这样的判断和选择非常考验投资人的选股能力，很多时候，投资者坚定看好的、备受市场瞩目的明星公司往往是昙花一现，能够长期为投资者创造价值的股票毕竟是凤毛麟角。

可以说，买入—持有策略的核心是择股能力，但是拥有一流的择股能力就一定能够通过该策略获利吗？也不尽然，买入价格同样重要，以过高的价格买入一流的公司，可能需要十年以上的时间才能把高估值缓慢消化掉。同时，在公司股价大幅波动的情况下，在公司出现负面舆情的情况下，在公司年度或季度业绩大幅低于市场预期的情况下，投资者能否一如既往地坚持自己的选择呢？这些都是影响买入—持有策略真实效果的重要因素。

恒定权重混合策略

恒定权重混合策略是指投资组合中各类资产保持固定比例。比如经典的60/40组合策略是指以60%的股票和40%的债券及现金构建的相对平衡的资产组合，该组合策略既是传统大类资产配置的经典版本，也是美国金融市场最成功的策略之一。它的成功有其内在合理性，但也有偶然性。

由于股票和债券在一定阶段存在负相关性，股票市场下跌时，债券的上涨对冲了一部分股市下跌；而在股票市场上涨阶段，债券的下跌幅度总体有限，使得投资组合整体保持稳健上涨。更关键的是，自20世纪80年代以来，美国的高通胀受到控制，利率逐步走低，债券市场走出了罕见的40年的大牛市（见图3－2）；股票市场虽中途经历过多次大的波动，但整体上呈持续上涨的态势，所以股债双牛的市场是这一时期60/40组合策略业绩亮眼的重要原因。未来10年，这种策略还会继续有效吗？未必，全球面临的滞胀风险越来越高，对股票和债券市场都是不利的，尤其是债券市场经历了长达40年的上涨之后，未来能否保持稳健的增长，需要画一个大大的问号。

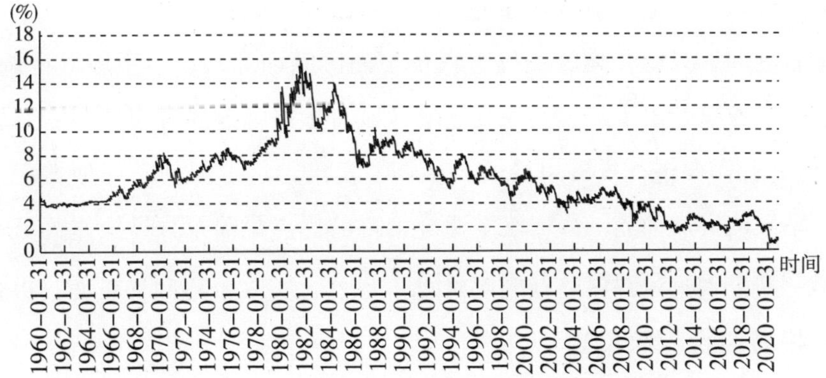

图3－2　1960—2020年美国10年期国债收益率

资料来源：Wind资讯。

对于国内投资者而言，选用恒定权重混合策略进行资产配置，一定要综合考虑经济所处阶段、长期利率趋势和股票市场估值等多种因素，并不宜严格限定股债配置比例，而只需大致确定股票、债券、商品等大类资产的浮动配置区间即可。相对保守的投资者可以调低股票资产配置的上限，调高债券资产配置的上限；积极进取的投资者可以调高股票资产配置的上限，调低债券资产配置的下限。一旦某一类或两类资产涨幅或跌幅明显高于其他资产，导致权重超出了预定区间之后，就进行资产的再配置，确保各类资产均保持在预先设定的区间之内。例如，相对积极进取的投资者可以制定如表3－4所示的大类资产配置上限和下限（仅为举例说明，不同投资者应根据自身特点制定各类资产的配置上限和下限）。

表3－4　大类资产配置下限和上限

资产种类	配置下限	配置上限
股票	50%	75%
债券	20%	45%
商品、外汇等其他资产	5%	10%

以上是运用恒定权重混合策略来进行大类资产配置，其实在股票资产内部也可以采用同样的配置策略，如价值股与成长股分别确定一定的配置区间，大盘、中盘、小盘股分别确定一定的配置区间，不同行业给予一定的配置区间。只要各类股票权重在预定的区间内浮动，则不用进行调整，一旦部分权重超出了配置上限或下限（或者按照既定的时间周期定期进行调整），就需要进行投资组合的再平衡，卖出超过上限的资产种类，买入低于下限的资产种类。恒定权重混合策略的优点是简单、易操作，对难以主动判断市场风格的投资者较为适用。

投资组合保险策略

投资组合保险策略在保险产品、避险策略基金中应用较多，对于个人投资者而言，并不需要严格按照理论模型进行操作，但了解其基本原理对于加深对投资的理解非常有帮助，故在此做简要介绍。

投资组合保险策略的出现，是为了将资产风险控制在一定范围的前提下获取资产增值的收益，也就是在保证投资组合的价值不低于事先设定值（价值底线）的同时，力争从股价的上涨中获得收益。其本质就是通过牺牲一小部分风险资产上涨的收益，来大幅减少市场下跌带来的损失，确保低风险资产的收益大于高风险资产的损失。最常见的投资组合保险策略包括固定比例投资组合保险（CPPI）策略和时间不变性投资组合保险（TIPP）策略。

CPPI 策略最简单，其投资组合包括两个部分：一部分为进攻型资产，风险和预期回报较高；另一部分为防御型资产（严格来讲为无风险资产），风险和预期回报较低。对个人投资者而言，可将存款、理财、债券等作为防御型资产，将股票作为进攻型资产。假如投资者的投资期限为 3 年，初始投资 100 万元，3 年之后这笔投资要力争在不实现亏损（或允许极少亏损）的前提下获取收益。将 100 万元初始投资按照一定的利率折现（假如年利率为 3%），现值为 91.51 万元，购入 91.51 万元、年化收益率为 3% 的低风险理财和债券即可保证 3 年后组合的净值在 100 万元左右，此时安全垫为 8.49（100 - 91.51）万元，可将相当于安全垫特定倍数（风险乘数 M）的资金投资于风险资产，其余资金继续投资于防御型资产，如股票资产为 8.49（8.49 × M，M = 1）万元，现金、理财、债券等资产 91.51（100 - 8.49）万元。

由于各类资产的价值一直处于变动之中，股票与债券资产的比重也要不断调整。当股市上涨时，投资组合价值上涨，风险承受能力提高，投资股票的比例增大；反之，当股市下跌时，投资组合价值下跌，风险承受能力降低，投资股票的比例也将调低。如果半年后，股票资产上涨至 10 万元，债券等防御型资产价值为 93 万元（由于理财产品和债券的净值同样处于波动之中，此处并未严格按标准的 CPPI 模型来计算其净值），安全垫上升为 10.12 万元，此时对组合进行调整，股票资产调整为 10.12（10.12 ×1）万元，债券等资产调整为 92.88（10 + 93 - 10.12）万元；如果又过了半年，股票资产下跌至 5 万元，债券等资产涨至 95 万元，安全垫降至 5.74 万元，此时对组合进行调整，股票资产调整为 5.74 万元，债券等资产调整为94.26万元（见表3－5）。

表3－5 安全垫特定倍数为1时资产组合调整情况 单位：万元

时间	当前总资产		目标日期资产设定值的现值（年利率3%）	安全垫	M＝1	
	股票	存款、债券、理财			股票	债券
T	100		91.51	8.49	8.49	91.51
T＋0.5	10	93	92.88	10.12	10.12	92.88
T＋1	5	95	94.26	5.74	5.74	94.26

CPPI策略有两个关键点：一是安全垫特定倍数。安全垫特定倍数越大，在股票出现下跌时，投资组合价值逼近设定值底线的速度越快，需要动态调整的频率也就越高，若风险资产调整不够及时，组合价值很可能跌穿设定的最低值；倍数越小，在股票上涨的时候，组合资产能够分享到股票上涨收益的比例越低，风险也会相应降低（见表3－6）。二是组合调整频率的问题。由于进攻型和防御型资产的价值始终处于变化之中，投资者需要不断地调整两类资产的头寸，交易成本比较高。

表3－6 安全垫特定倍数为2时资产组合调整情况 单位：万元

时间	当前总资产		目标日期资产设定值的现值（年利率3%）	安全垫	M＝2	
	股票	存款、债券、理财			股票	债券
T	100		91.51	8.49	16.97	83.03
T＋0.5	20	84.38	92.88	11.50	23.00	81.38
T＋1	11.36	83.24	94.26	0.34	0.67	93.92

TIPP策略与CIPP策略的原理基本相同，差别在于其设定的目标价值底线并不固定，而是根据资产组合的波动将价值底线设置为一段时间内组合资产的最高值，即当投资组合价值上涨时，价值底线也会随之上涨；若组合总价值下跌，价值底线则维持原来的水平，这类似于技术分析中随着股价的上涨而提高止盈止损点的设置方法。

寻找投资向导

问我去何之，
君行到自知。
——（北宋）黄庭坚

明确了资产配置的方法之后，接下来便是更为关键的个股选择。在任何一个经济体系、任何一个行业和领域，总有少数的企业领先于行业平均水平，也必然有大多数较为平庸的企业。选股的目的便在于找到那些领先于同业的企业，及时剔除落后于行业平均水平的平庸企业。可是，随着注册制的推进，股票数量越来越多，面对数千只股票，对于非专业的个人投资者，到底从哪里切入选择股票呢？其实，参考彼得·林奇选股的方法，大有裨益，总体来讲，可以借助三个投资向导来选择股票或者行业。

在所见所闻中发现优质消费股

彼得·林奇说，寻找10倍股的最佳地方就是从你家附近开始，在那里找不到，就到大型购物中心去找。这真的是至理名言，尤其是对于消费股而言，更是如此。今天的中国，正是消费行业快速壮大的时期，随着人均GDP突破1万美元，老百姓消费能力提升，大量的消费品公司开始迈入从

1 到 100 的发展阶段，未来几十年将会有越来越多的公司跻身全球领先的消费品公司行列。

消费行业本质上就是与老百姓衣食住行娱相关的行业，上市公司发展如何，就看其产品受欢迎程度、产品渗透率、市场占有率、口碑、消费者体验、价格、竞争对手竞品等因素。消费行业的研究门槛很低，投资者只要在生活中做一个有心人，便可以先于所谓的投资专家发现消费趋势的转变，发掘潜在的大牛股，也可以发现那些知名消费品公司行将衰落的蛛丝马迹。消费品行业分布广泛，市场空间巨大，足以让个人投资者分享消费品成长的果实。

个人投资者对消费股的挖掘主要从两个层面进行：

第一，发现即将崛起的新兴行业。一个行业从无到有、从 0 到 1，是具有突破性的，投资者一旦较早地介入新兴行业，意味着拥有巨大的获利空间，可能有十倍甚至是几十倍的成长空间。

以大家最熟悉的广告牌为例，大约十五年前，即使你穿行在北京最繁华的街道，看到的也是传统的硬纸板喷墨式广告牌，偶尔可见霓虹灯闪烁的广告，而到了 2007 年前后，在北京一些繁华区域已经树立起崭新的 LED 广告屏。与此同时，苹果采用触摸屏拉开了智能手机的大幕，人类开始进入电子屏幕的时代。假如你只是醉心于这些绚烂的广告，而不能进一步深入思考，那就错过了一个绝佳的投资机会。电子屏幕时代的到来，给 A 股市场上的相关公司带来了巨大的发展机遇，一批公司乘着行业的东风快速发展，部分公司在短短 2 年的时间实现了 30 多倍的涨幅。所以，投资者不要借口因为不了解科技行业而错过这些上市公司，它们其实属于消费股的范畴。

第二，发现新的生活方式或消费习惯的兴起。随着互联网技术的飞速发展，生活和工作节奏加快，喝咖啡日益成为很多年轻人的生活方式，每天保证 1 ~ 2 杯咖啡，不仅催生了咖啡外卖，还促进了办公场所自助咖啡机的迅速发展，极大地满足了年轻人对咖啡便利性和低价格的需求。

假如你是个爱喝咖啡的投资者，或者尽管不爱喝咖啡但是办公室有很多喝自助咖啡的同事，却没有投资相关上市公司的股票，那你一定不是善于发现日常投资机会的投资者。2018 年以来，尽管面临中美经贸摩擦，但有一家生产咖啡机的龙头企业抓住了咖啡机在国内渗透率快速提高的机会，在短短 2 年涨幅超过 5 倍。

“生活并不缺少美，只是缺少发现美的眼睛”。这样的例子不胜枚举，化妆品、服装、餐饮、乳制品、调味品等都与我们的日常生活紧密相关，蕴藏着大量的投资机会。

投资误区：消费行业的品类众多，隔几年就会产生一些看似新兴的行业、新奇的概念，但大多数是新瓶装旧酒，对消费者而言并无太多实质性的改变和帮助。所以投资消费行业看似简单，但很容易掉进各种各样“伪创新”的陷阱，尤其是新产品推出时，依靠大量、密集地投放广告，新概念一时间铺天盖地，很容易让投资者产生新奇的体验感。但纯粹靠营销推出的品牌很难持久，大多数公司都是昙花一现，在此不再列举负面案例。

除此之外，有一些新兴行业确实是新的产品和物种，但很多只是过渡的行业和产品，是技术进步的中间阶段，虽然可以满足一部分消费者的需求，但随着技术的进步终究是要被淘汰的。比如，历史上的 BP 机、大哥大以及马路边上的电话亭，都是在手机大规模普及之前的过渡产品，它的出现在一定程度上推动了社会的进步，为百姓的生活提供便利，但随着技术的升级，这些产品很快落伍。如今，平板电脑也深受人们喜爱，但其在使用的便捷性和功能性方面同样还有很大的提升空间。从长期来看，这很可能也是一种过渡性产品。

运用自己的工作和专业来选股

投资者的研究深度很大程度上决定了选股的成败，在自己从事的领域选股，在专业性方面有得天独厚的优势。当市场上散播各种传闻时，这类投资者便能够掌握大量普通投资者无法获得的第一手信息。正是出于这方面的考虑，机构在招聘分析师时都会优先选择本专业的人员。投资者如果从事的工作恰好属于当前的新兴行业，则能够发挥专业特长的空间更为广阔。

2012 年，特斯拉推出了 Model S 汽车，当时在国内，了解特斯拉和 Model S 的人非常少，而新能源汽车行业的人则普遍对特斯拉给予了非常高的关注度。自那时起，新能源汽车行业作为一个潜在的、拥有巨大爆发力的行业已经正式登上 A 股的舞台，但是新闻媒体和普通大众普遍在半年之后才对这一事件给予重视。新能源汽车行业的从业者如果受特斯拉发布 Model S 的影响从而加大对 A 股相关上市公司的投资，那么接下来几年，大概率将实现巨大的收益。

也有投资者抱怨，别人学的专业是 TMT、新能源、医药等热门行业，而自己学的是煤炭、钢铁、建筑、造纸等传统行业，是不是就没有太大的优势了呢？其实不然，任何行业都有挖掘个股的机会。无论是朝阳行业还是夕阳行业，只要行业不消失，本专业的投资者一定会比市场上大多数人对行业、周期的波动，对相关上市公司有更深入的了解；选择本行业作为重点投资对象，可以发挥自己的比较优势，用自己的长处与其他投资者进行比拼，从而能够在长期的投资生涯中取得领先的投资业绩。比如，2015 年底供给侧结构性改革的大幕正式拉开，起初市场并未很快意识到这一重大政策对传统周期性行业产生的影响，但随着去产能、去库存的深入推进，煤炭、钢铁等行业的上市公司普遍实现了大幅上涨。投资者如果恰好从事的是该行业，那么肯定会对行业的供给变化和价格波动有更直观、快速的觉察。

投资误区：投资者虽然在自己的专业领域进行投资有巨大的优势，但正是因为太熟悉，最容易犯的一个错误便是拿着显微镜找问题。投资者在本行业待的时间越久，越容易看到所处行业的缺点和问题，看到外行人看不到的细节上的缺陷。正所谓同一屋檐下没有英雄和美女，很多腾讯、阿里巴巴的员工投资股票时，会选择互联网行业其他上市公司，却没有投资腾讯和阿里巴巴，多半出于这个原因。因此，投资者研究自身行业的上市公司，一定要把重点放在长远发展趋势上，不应拘泥于细枝末节，被无关大局的细节问题蒙蔽了双眼。

根据自己的兴趣爱好选股

兴趣是最好的老师。人们除了工作之外，花在生活、娱乐等领域的时间，多半是围绕自己的兴趣爱好开展，可以称作自身职业外的第二个专业。所以，投资者若将与兴趣爱好相关的行业作为投资的重要方向，往往在研究方面取得事半功倍的效果。

2019 年，TWS 主题成为资金的宠儿，部分公司在一年左右的时间股价涨幅达到 8 倍，但为何大多数投资者没有分享到其中的盛宴呢？很大程度上是因为他们并没有购买 TWS 耳机，对这一新生事物没有直观的了解；而那些对电子产品感兴趣的人，早在第一时间就入手了最新款的电子产品，这往往有助于其抓住这些新的投资机会。同样是 2019 年，电子不停车收费（ETC）相关上市公司业绩大爆发，股价也呈翻倍增长，每天开车的投资者如果稍有留意，就可以观察到周围有车的朋友和家庭都在安装 ETC，各家银行也在采取各种手段积极推动车主的 ETC 绑定本行银行卡。这种从无到有、短时间内实现渗透率大幅提升的产品，必定会推动相关上市公司的业绩实现大幅增长。投资者如果把兴趣、特长与投资联系起来，往往会取得意想不到的效果。

投资误区：兴趣爱好有助于投资，但千万不要把兴趣爱好等同于投资。爱好体育的投资者如果把视野局限于体育行业，爱好旅行的投资者如果把研究局限于旅游行业，显然是错误的。毕竟，任何行业都有周期性波动，投资者如果只盯着一个局部的行业而忽视市场整体，往往会忽略宏观环境的变化，而一味地看多自身感兴趣的行业，最终会因丧失客观性而导致投资失败，这一点需要特别警惕。

总体来讲，寻找投资机会的切入点有很多，以上三个向导对绝大多数个人投资者都适用。很多潜在的投资机会都隐藏在这三个向导中，但这只是投资的第一步，发现一个行业、一家公司之后，需要对其进行更深入的研究，才能确定其是否值得投资。

读懂行业

自古名家岂偶然，

虽游于艺必精专。

——（南宋）刘克庄

做好行业研究

行业研究是股票投资的重要基石。强大的行业研究分析能力是每个投资者应该掌握的基本功，也是区分普通投资者和优秀投资者的重要标准。其实，从企业管理者和从业者的角度来讲，也需要做好本行业的分析，了解市场发展的最新趋势；而从投资的角度来看，企业的命运总是与它所在的行业息息相关，行业分析是为企业分析做准备的，没有透彻的行业研究作为前提，企业分析便是空谈。投资者只有力争成为行业的专家，才能对行业的本质、行业的变化有深入的了解，才有可能真正发掘好的投资机会。

行业分析的本质是通过对行业历史与现状的研究，掌握行业的基本特征，寻找影响行业未来生存与发展的因素，判断行业增长的潜力，为寻找潜在的投资标的奠定基础。不同行业间有共性，也有差异，行业分析首先要把握各个行业的基本规律和研究分析方法。

个人投资者无须担心专业程度不够，专业并非不可突破的壁垒。即使是专业化程度相对较高的行业如医药、化工等，投资者也可以通过持续学习弥补相关知识的欠缺。一般而言，行业研究主要遵循以下步骤。

了解行业发展脉络，判断行业所处阶段

行业生命周期与投资机会

投资者要大致了解行业的发展历史。行业的发展都是历史上各种必然因素和偶然因素相互影响造就的，分析一个行业首先要大致梳理行业形成、发展的基本脉络，从其历史发展过程中总结行业发展的规律和主要阶段。

接下来，投资者需要判断该行业正处于其生命周期的哪个阶段。一般而言，行业生命周期包括四个阶段，分别是导入期、成长期、成熟期和衰退期。识别和判断的标准主要包括市场增长率、产品品种、竞争者数量、技术进步、进入及退出壁垒等因素，这些在经典的教科书里面都会提及。

行业导入期。本阶段，新技术、新材料、新服务刚刚出现，带动市场需求快速增长，但技术及商业模式尚不成熟。市场往往存在较为领先的探索者，快速抢占市场、提高占有率，但能否取得最终的成功存在较大的不确定性。本阶段企业的研发和推广费用高昂，必须长期依靠外部投资资金的支持，甚至连续多年处于亏损状态，按照传统的 PE、PB 估值方法对企业进行估值存在难度。

行业导入期的投资大多数是风险投资，上市的企业相对较少，可选择的标的其实不多，关键是要盯紧领军企业，紧密跟踪相关技术的成熟程度和市场渗透率的提升情况。

行业成长期。本阶段，技术、服务和产品质量趋于稳定，产品认知度快速提高，市场需求急剧增加，大量企业和资金进入该行业，产品的种类

和数量大幅增加，呈现百花齐放、百舸争流的格局。随着商业模式的逐步成熟，行业壁垒逐步提高。这一阶段，品牌塑造能力强、客户满意度高的企业逐步脱颖而出，其市场占有率逐步提高，但尚不足以占据行业主导地位；实力较强的跟随企业可通过模仿迅速开拓市场，甚至形成后发优势；而产品难以满足客户需求、管理落后于同业的公司开始显露疲态，市场占有率见顶后开始回落。

处于成长期的行业，市场空间日益打开，多数企业的盈利能力开始增强，大量相关企业已经上市，投资者可选择的投资标的很多，可以运用传统的分析方法对各家上市公司进行比较分析。比如当前的新能源、半导体等行业已经成功渡过了导入期，进入快速成长期，大量社会资金涌入，推动行业快速发展。

投资者如果要投资该阶段的上市公司，应着重选择管理能力强、成长能力突出、发展潜力大、具备一定领先优势的公司；同时，鹿死谁手还有很大变数，对于具有一定挑战能力和特色优势的后起之秀要保持高度关注。

行业成熟期。本阶段，产品和服务模式已经成熟，行业标准已经形成，技术稳定，新的革命性产品难以推出，行业进入壁垒很高，市场趋于饱和，行业增长率开始下降。经过成长期的竞争，处于劣势的公司开始退出或被收购，新的企业难以进入，行业内企业数量减少。企业规模增大，一般只剩少数几家实力强的企业，强者恒强的格局开始形成。此阶段行业集中度较高，企业以巩固市场地位为主，少数大企业分享高额利润，品牌溢价效益突出；部分领先企业开始加强纵向收购，延伸产业链，逐步控制资源和渠道，通过产业链的协同效应开展竞争。

该阶段一个重要特点是企业收入增速放缓，但利润增幅超越收入增幅，主要体现在利润率的稳步提升。总体而言，市场给予上市公司的估值开始降低，但头部公司反而享受估值溢价，如当前的电视、手机制造等行业。

投资者投资该阶段的上市公司，应降低收益率预期，着重投资行业内综合实力居前三位、品牌突出、领先优势已经确立的公司。此阶段，行业不确定性和波动性减少，投资者需保持耐心，坚持长期持股；对于行业的追赶者要保持审慎的态度，在特定时期，追赶型公司依靠个别的产品和亮点可能会取得阶段性的领先优势，但公司竞争比拼的是综合实力，短期、个别领域的优势往往难以持久。

行业衰退期。衰退是客观规律，经过长期发展，市场需求从高峰下降，产能过剩，行业呈现负增长；行业重新出现价格竞争，产品价格下降，利润率降低，大量企业逐步退出，只剩少数几家企业满足市场需求，企业战略逐步从加大投入、开拓市场转变为降低成本。更重要的是，技术更先进、体验更好的替代产品开始出现，原有行业遭受釜底抽薪式打击，但由于行业的发展惯性以及一部分稳定的市场需求，行业不会彻底消失。比如高铁出现以后，虽然人们对普通列车的需求量大幅减少，但普通列车仍然会在特定区域和线路长期存在。当前的造纸、钢铁、纺织等行业都处于这一阶段。

投资者投资该阶段的上市公司，也应降低收益率预期，着重从周期的角度在行业低谷时介入，恢复到高点时卖出，获取波动性利润，尽量避免长期持股。

如何判断行业生命周期

对行业生命周期的判断，大多数情况下是一目了然的，并不用投入很多的精力即可做出判断。但是，有时因为外部环境的巨大变化，可能对原有行业所处阶段造成巨大冲击。比如，汽车制造行业在全球原本是成熟行业，但新能源汽车的出现改变了汽车产业的格局，把一个成熟行业重新拉回到成长期阶段，而新能源汽车与自动驾驶相结合后，更是直接将其发展阶段拉回导入期阶段。

了解行业属性，尤其是周期性的高低

周期性行业与非周期性行业

行业分类的标准有很多，以申万行业分类为例，划分为三个级别，分别为一级行业、二级行业和三级行业。其中一级行业细分为若干个二级行业，二级行业细分为若干个三级行业，共有一级行业 31 个、二级行业 134 个、三级行业 346 个。按照经济周期产生影响的不同，可以将行业划分为周期性行业和非周期性行业。很多机构将行业进一步细分为四大类：大金融（银行、保险、证券、信托等）、地产周期类（地产、有色金属、钢铁、建材等）、科技及制造类（电子、计算机、电气设备等）、消费及稳定类（食品饮料、纺织服装、医药生物、公用事业等）。

周期性行业是指行业的景气度与外部宏观经济环境高度相关、呈现周期性循环的行业。其主要特点是产品价格、需求以及产能呈现周期性波动，行业景气度高时产品需求上升、价格大涨、产能大幅扩张，而萧条期时则刚好相反。判断一个行业是否属于强周期性行业，最简单的办法就是观察这个行业连续多年的利润是不是呈现周期性的剧烈变动。非周期性行业则顾名思义，属于周期性较弱的行业，主要包括公用事业和提供生活必需品的行业，这里不作具体分析。

按照商业模式和服务对象的不同，周期性行业又可以分为工业类周期性行业和消费类周期性行业。

工业类周期性行业主要是指和工业制造紧密相关的行业，包括有色金属、钢铁、化工、水泥、电力、煤炭、石化、工程机械、航运、装备制造等。这些行业与宏观经济相关度很高，产品价格波幅巨大，基本属于重资产型行业。行业投入产出周期长，景气时大量资本支出带来庞大的折旧和摊销，利润对产量的变化极为敏感；低谷时规模调整弹性小，影响盈利的不可测因素众多，所以盈利呈现高度的波动性，判断周期拐点的难度也较高。

工业类周期性行业根据产业链分布可以分为上游、中游和下游行业。一般而言，行业繁荣—衰退的循环是沿着整个产业链条的上下游依次发生的。衰退一般始于机械、装备制造、汽车、房地产等下游行业，然后向上延伸到零配件、化纤化工、矿石冶炼、石油化工、金属加工等中游制造业，最后传导至石油开采、煤炭挖掘等上游行业；复苏同样遵循这一产业链路径展开。

尽管同属于周期性行业，但产业链上游、中游和下游的周期波动程度是不完全相同的。越靠近上游原材料，周期属性越强；中游产业的周期属性会弱很多；而到汽车等下游行业周期性就会更弱一点。因为越靠近下游，离终端客户越近，需求越稳定；越靠近上游，离终端客户越远，需求传导时间更长，更难以准确掌握需求的波动。制造业存在生产周期和库存，终端1%的需求增加，传导至中游可能导致2%的供给和产能的增加，而到上游可能造成更大的供给波动，这也在很大程度上解释了在行业衰退时，上游和中游会出现大量产能过剩的原因。

消费类周期性行业主要是指非必需的消费品行业，如房地产、汽车、航空、旅游、高档服装等。消费类周期性行业兼具周期性行业和消费品行业的特性，除汽车、航空行业外，基本属于轻资产型行业。由于规模弹性较大，其周期性要弱于工业类周期性行业，但强于普通的消费品行业。主要原因是随着经济的波动，人们的收入及预期发生变化，会直接影响对这类非必需商品的消费需求。

分析行业周期

在分析行业的周期性时，投资者有以下三点需要注意。

首先，所有的行业都有周期，只不过是周期波动强与弱的区别，平时所讲的周期性行业一般特指那些强周期性行业。上述分类只是根据一级行业进行的大致划分，即使是同一个一级行业内部的二级行业，其周期性也会有很大的差异。比如，保险行业属于金融业，但其周期性弱于银行、证券和信托行业；交通运输行业属于周期性行业，但高速公路行业的周期性要明显弱于航运和航空业；医药行业属于消费行业，相对稳定，但原料药行业类似于化学品行业，波动性要强于医药零售、医疗器械等行业；家电行业属于消费行业，但电视、空调等大家电与房地产周期紧密相关，而电饭煲、扫地机器人等小家电则更为稳定。与之类似，公用事业属于非周期性行业，但水务、燃气的稳定性要强于电力，因为电力的成本受经济波动影响较大，而在其输出端，工业用电的稳定性要弱于生活用电。

其次，行业的周期性与行业所处的生命周期阶段也有很大关系。比如美国的钢铁、纺织等传统行业早已进入衰退阶段，而国内的很多周期性行业，尽管最近十几年也有周期波动，但总体波动是向上的，即使并未进行周期性的高点卖出、低点买入，长期持有也可以获得不错的收益。因此，行业周期的分类并不是绝对的，应根据经济发展阶段、行业发展周期和行业的具体特点进行针对性分析。

最后，行业的周期性和股票的周期性不能画等号，股票的周期性只有与货币政策、行业集中度、国际化等多个因素相结合才能做出更合理的分析。比如，工程机械属于典型的周期性行业，与房地产、基建行业密切相关，但观察前几年某些工程机械龙头股的走势，很难看出其属于周期性行业，相反却类似于成长股。最重要的原因便是经历行业低迷期的整合后，经营不善的企业要么直接退出行业，要么被收购兼并，只剩下几家实力强的公司；而且随着国内企业竞争力的增强，不仅抢夺了国际巨头在国内的市场份额，还走出国门，在国际市场攻城略地，成为全球性企业。投资的复杂性正在于此，行业的周期性本身就难以把握，即使准确把握行业的周期波动，个股的走势也与周期波动不完全一致。

总之，分析周期是一项难度非常大、非常专业的工作，投资者如果缺乏专业基础和浓厚的兴趣，尽量不要在周期股投入太多的资金和精力。

周期性行业的基本特征

投资者若要潜心研究周期性行业，就必须搞清楚它的基本特征，主要有以下三个方面。

第一，周期性行业与非周期性行业非常重要的差别在于供给层面。周期性行业最典型的特征是产品需求波动大，供给反应周期长，造成供给经常远大于需求或者远小于需求，进而造成产品价格和利润率的波动。非周期性行业，尤其是日常消费行业，关注的重点是需求层面，轻资产行业如果发生周期波动，链条传导非常快，供给端可以很快进行调整，及时提高或减少产量，所以一般不会造成大的产能过剩；但周期性行业一般属于重资产行业，投资金额较大，产能扩张和收缩的周期长，一旦需求下滑、产品价格下降，整个行业的盈利能力将逆转。此外，重资产行业的产能一旦投产可能几年都无法退出，所以在行业低迷期需要较长的时间才能实现产能的出清。

当然，不同的周期性行业产能建设周期不同，使得其波动特征差异很大。例如，铜矿项目投资门槛高，从勘探到建设投产周期需 5 ~7 年，供需错配使得铜价呈现较强的周期性，且相比其他金属价格弹性更大；养殖业也属于周期性行业，各种畜禽生长发育、繁殖、培育的时间长短同样有差异，猪周期要明显长于鸡周期。所以，投资相关行业首先必须对行业供给情况有非常准确的理解。

第二，周期性行业产品趋于同质化，产品价格由行业供给和需求决定，产品创新不是决定成败的因素。标准化程度越高的产品，越容易形成规模效应。例如，尽管建筑和建材是两个紧密相关的行业，但投资属性差别较大。建材行业的标准化程度很高，容易形成规模效应，集中度可以不断提升；而建筑行业是非标准化行业，或者说是人力密集型行业，规模化程度远低于建材行业。而煤炭、钢铁行业的产品基本属于完全标准化产品，实行行业统一定价，决定盈利能力的主要是其成本控制和规模，寄希望于通过某一款受欢迎的产品实现差异定价几乎不可能（除非是特定的高端制造业，如特种钢材）。

第三，产品价格波动大，利润和利润率大起大落。供给和需求的错配容易导致产品价格的大幅波动，周期品的需求可能只降低了20%，但价格可能下跌40%甚至更多。比如，原油价格2020年初尚维持在40美元/桶，但4月底已经跌至10美元/桶左右。

此外，周期性行业的企业盈利波动幅度远大于产品价格变化幅度。比如产品价格只上涨了50%，但企业利润可以上涨几倍。之所以出现这样的情况，主要是周期性行业往往都是重资产行业，固定成本占比高，变动成本占比较低。

举例来讲，假设A企业的固定成本保持不变，为700元，变动成本与产品价格和销量同比例变化，当产品价格由10元上涨50%时，利润由100元大幅增长至500元，是之前的5倍，利润率也从10%提升到约33.3%。A企业的利润率变化情况如表3－7所示。

表3－7　A企业的利润率变化情况

产品价格（元）	销量（个）	销售收入（元）	固定成本（元）	变动成本（元）	利润（元）	利润率（%）
10	100	1000	700	200	100	10
15	100	1500	700	300	500	33.3
15	200	3000	700	600	1700	56.7

假设另有一家同行业的B企业，它的成本控制能力比A企业差，利润率比A企业低，在行业低迷期，同样的销量情况下，只能取得30元的利润，利润率只有3%。行业复苏后，产品价格同样上涨50%至15元，企业利润将大幅增长至420元，是之前的14倍，利润率约为之前的9.3倍，利润和利润率的变化幅度均远大于A企业的变化幅度。可见，在行业景气度大幅向好时，此前利润率低甚至是大幅亏损的股票反而弹性更大；反之，在行业景气度下降时，利润低的企业利润下降幅度也会更大。B企业利润

率变化情况如表 3 – 8 所示。

表 3 – 8 B 企业利润率变化情况

产品价格（元）	销量（个）	销售收入（元）	固定成本（元）	变动成本（元）	利润（元）	利润率（%）
10	100	1000	750	220	30	3
15	100	1500	750	330	420	28
15	200	3000	750	660	1590	53

在真实的经济周期中，价格的变化与销量的变化往往是同步的，一般是繁荣期价升量涨、衰退期价降量跌，造成企业的利润往往呈现几百倍的增长或下跌。A 和 B 两家企业在产品价格上涨至 15 元、销量同时翻倍的情况下，利润将分别增长至 1700 元、1590 元，利润增长倍数更是远大于产品价格涨幅和销量增幅，背后的原因也是大量固定资产的存在，导致利润变动高于销售收入变动的幅度。这被称为经营杠杆（Operating Leverage），即在一定产销量范围内，产销量的增加一般不会影响固定成本总额，但会使单位固定成本降低，从而提高单位产品利润，从而使得利润增长率大于产销量增长率；反之，产销量减少，单位固定成本升高，从而减少单位产品利润，进而导致利润下降幅度大于产销量的下降幅度。

利润高弹性有利有弊，好处是在行业景气阶段股价涨幅巨大，但依靠产品价格上涨和产能一次性扩张带来的上涨，其持续性需要给予高度的关注。一旦市场预期和业绩同步释放，后续产能难以继续增加，产品价格在高位盘整之后，股价的风险就渐行渐近了。投资周期股，从长期来看，选择行业龙头安全性更高，而非龙头企业很可能在黎明前的黑暗中倒下；但如果只是在行业景气度由低转高时进行博弈，也可以选择盈利能力较低的非龙头企业，以及在行业下行期产能扩张较多的公司，博取景气度提升带来的利润高弹性。

投资周期股

周期性行业的上述特征在很大程度上决定了周期股的特征：股价波动

大，趋势持续时间较长。正因如此，投资周期股的关键之一就是对于时机的准确把握。投资者如果能在周期触底反转前后介入，在周期见顶前后及时卖出，就会获得丰厚的投资回报；而一旦时机选择错误，如在周期顶端附近买入，不仅亏损幅度惊人，而且可能需要 5 年甚至 10 年的漫长等待，才能迎来下一轮周期的复苏和上涨。不熟悉周期股的投资者，在看到股票下跌了 30% 甚至 50% 之后，觉得可以抄底了，殊不知很多周期股会在腰斩后经历短暂的反弹，之后再腰斩一次。即使股价下跌空间已经非常小了，真正实现反转也需要很多年的时间，投资者如果介入太早，时间成本高昂，是难以坚持到股价逆转的。投资周期股要顺应大的周期，辨别当前正处于周期波浪形曲线的哪一个位置，千万不要试图逆大周期趋势而抓住短期的反向波动。

另外，很多初入股市的投资者习惯用市盈率来判断股票估值，将市盈率从低到高进行排序，然后比较企业的业绩增长速度，很容易就把处于高点的周期股筛选出来，然而这种适用于成长股的方法对周期股具有误导作用。由于周期股业绩的大幅波动，用市盈率来衡量股票估值，其稳定性和可靠性不够。相对而言，市净率由于对利润波动不敏感，用来衡量重资产的周期股更合适。当股价低于净资产，即市净率低于 1 时，存在一定的安全边际，但周期股市净率跌至 0.8 甚至 0.5 的情况也时有发生，因此，周期股的估值难度大，应结合行业景气指标等因素进行综合判断，毕竟一家公司市净率可能会长期保持在 1 以下。

但如何观察周期变化呢？最直观的方式是跟踪商品价格和商品期货市场价格的变化。期货的特点是前瞻性强，其价格变化领先于商品价格变化；而股价的反应速度居中，滞后于期货市场，但领先于商品价格。因此，周期股牛市的启动晚于商品期货价格拐点的发生，早于商品价格拐点的发生，周期股牛市和商品期货牛市的结束也早于商品价格见顶之时。

金融业是周期性行业中的另一个特殊类型，与工业品周期存在较大差异，若投资证券、银行、保险行业上市公司，需要额外做功课，本书不再介绍。

分析行业市场规模和发展空间

供给与需求

俗话说，“树不能长到天上”，任何事物的发展都有极限。行业的发展也是如此，如此多的细分行业，规模有大有小，存在天然的发展上限。

投资者选择行业，一般偏好空间广阔、潜力巨大的行业，这是驱动上市公司成为行业市值巨头的必要条件。问题的关键在于如何判断一个行业的发展规模，到底是什么决定了一个行业发展的天花板？这个问题仍然要从需求和供给两个角度分析。

总体来讲，按照供给有无限制，可以将所有行业分为三类：第一种，供应基本无限制的行业，如手机、电视等技术成熟的行业；第二种，供应存在一定限制的行业，如粮食和猪肉等农产品、黄金和稀土等矿产品、淡水；第三种，供应存在较大限制的行业，主要是由技术驱动但技术尚不成熟完善的行业，如元宇宙。

由此可见，分析供给很重要的一点是分析技术的发展与演进。技术创新永不止步，除了蒸汽机、电力、互联网等革命性的创新之外，各领域的细分创新层出不穷，这是很多行业产生并不断发展的根本推动力。新能源汽车、光伏发电等行业都是由技术驱动的，没有技术的持续进步，再大的潜在需求也无法转化成真实的市场。近年来，关于人工智能的创业和投资显著增多，尽管技术的奇点还未出现，但行业发展已驶入快车道，行业空间巨大。对于技术不成熟（产品体验不佳或者成本不够经济）的行业，仍然存在阶段性的炒作机会，但终究会受制于市场规模，如十几年前的光伏发电和当前的元宇宙。

需求方面，根本上是由人口数量推动的，此外消费结构（工业品的生产，最终链条也是消费）的改变也会对需求产生较大影响。首先，人口数量和经济发展水平决定了大多数产品的需求总量，国与国直接竞争的重要方面是劳动力的竞争，虽然人数多竞争力并不一定强，但缺乏足够数量的成熟劳动力一定不利于经济的发展和大多数行业的发展。比如房地产行业，其发展最终还是由人口数量决定的。其次，年龄结构、文化习惯、消费理念的变化，会推动消费结构发生比较大的改变。仍以房地产行业为例，当基本的住房需求得到满足以后，人们往往会对更大面积、更高质量的房屋提出新的需求，进而对房地产行业的发展产生非常直接的影响。年龄结构方面，随着老龄化时代的临近，对养老产业、医疗产业的正面影响是非常大的，这也是医疗行业容易诞生大牛股的重要原因。

此外，“消费升级”是近年来最流行的词汇之一，其本质上是人们收入提高、消费理念转变之后对消费品选择的一种改变，核心有三点：一是由纯粹的物质需求向精神需求转移；二是物质需求从满足基本需求向满足品质需求升级；三是选用适合自己的而不是仅选择贵的，尤其是年轻一代消费群体不盲从、追求个性的特征，带动了很多小众、轻奢品牌的崛起。这三方面的消费升级对相关行业的影响是重大而深远的。

可以说，供给和需求共同决定了一个行业的规模。对于供应基本无限制的行业而言，如果需求增长超过了产品供给，产能很快就会增加；如果需求下降，供给也可以在较短的时间内完成调整，供给和需求总体能够保持相对均衡，行业规模总体是由需求决定的。但对于供应存在制约（总量制约或者生产周期制约）的行业而言，供给弹性则小得多。比如由于新冠肺炎疫情等原因，猪肉、蔬菜的供应一旦低于需求，产品价格将迅速上涨，但这种由周期因素造成的供需失衡，长期而言都会得到解决，行业规模最终也是由需求决定的；而对于矿产等行业，供给弹性更小，从投入设备建厂到开采需要的时间比较长，而且地球上的矿产资源总体是有限的，最终决定了行业发展的天花板。

供给与需求的关系，并非经济学理论那样清晰明了。其实，关于是供给创造需求还是需求决定供给的问题要一分为二地看，对于绝大多数行业，基本上由需求决定供给，供给根据需求的变化而变化。但对于一些新生的行业和产品，尤其是一些新经济行业，起初是由供给创造了需求，开辟了一个全新的市场；在新产业诞生之初，往往体现出特别强的爆发力，比如扫地机器人、豆浆机、智能手机、AR/MR，但是一旦这个新的产品逐步被大众接受并真正成长为一个行业，最终其成长空间有多大仍由需求决定。

如何判断行业规模和发展空间

判断行业规模的方法主要有两种。最简单的算法就是销量乘以单价。但现实中计算的方式并没有那么简单，分析师预测一个行业的规模是3000亿元还是6000亿元，都是大致的概念。对于投资而言，行业空间不需要太精确的数字，只要建立一个框架，判断行业空间是大是小，数量级是百亿元、千亿元还是万亿元即可。这种判断不需要高深的知识，只需要一个简单的常识和逻辑。

另一种判断行业规模的方法，即与发达国家市场巨头对标，分析国内类似行业的发展潜力。比如对于飞机制造产业的规模，国际上主要是波音和空客两大巨头垄断，我国飞机制造产业的规模肯定要对标波音和空客上下游的规模。汽车行业也是如此，与发达经济体相比，我国人均汽车保有量还有继续提升的空间，虽然近几年汽车销量增速放缓，但从长远来看，汽车行业仍然有很大的发展空间。当然，与国际对标过程中，也不能简单地外推，毕竟每个国家的情况是不同的。

此外，判断一个行业的发展空间，要立足于一定的期限，不能笼统地概括为“长远来看”，要结合经济、技术、文化等要素，判断中期的发展趋势，一个被长期看好的行业必然受到技术、人口、环境、文化等各方面的制约。比如洗碗机这个行业，十年前就有人坚定看好，最近十年来虽然国内洗碗机渗透率有所提升，但总体发展速度不快，除了生活习惯的因素外，主要还是受住房面积的限制。而随着技术的进步和生活节奏的加快，洗碗机的渗透率已经呈加速提升趋势。可见，行业长期发展空间大，并不意味着近期会出现向上的拐点，需要行业加速发展的逻辑推动产品被市场接受。

总之，判断一个初生的行业或者处于发展初期的行业的增长空间相对简单，难的是经过多年的发展，行业巨头已经产生，甚至进入瓶颈期之后，站在一个新的起点去判断行业继续发展的空间有多大。比如，2013 年前后，产业界和投资者都开始担心空调行业稳步增长的阶段是否已经结束，但事实证明这种担心是多余的。当时空调的百户保有量远低于周边经济体，且中国的城市化进程还在继续，农村地区空调购置需求开始上升。还有一点当时可能无法预料，国内空调企业竞争力持续增强，抢占了原有国际品牌的市场份额并且走出国门，进入全球市场，打开了新的发展空间。可见，对行业规模的分析需要综合多种因素判断，不能依赖单一的标准，需要从多个角度进行多重验证。

分析行业长远发展的影响因素

行业发展都有其周期性，但每个阶段的时间长度是不同的，不同行业在周期性循环过程中是保持长期向上趋势还是保持向下趋势也是不同的。驱动行业变化的关键因素主要有四个方面。

产业政策和监管政策

任何一个国家和地区，都会根据自身的战略定位和资源禀赋实行一定的产业政策，作为干预或参与经济的一种形式。与此同时，所有行业都要面临监管，越是与国计民生相关的行业，监管政策越多且越严格。在分析行业时，投资者需要十分清楚地掌握影响行业发展的主要政策有哪些，这些政策出台的初衷是什么，是暂时性的、短期可能修改的，还是未来相当长一段时期内不会改变的。重大政策的改变往往会对行业发展产生巨大的影响，缺乏对政策深入了解的投资都是糊涂投资，比如药品集中采购对整个医药行业会产生哪些影响？2015 年中国人民银行等十部委发布《关于促进互联网金融健康发展的指导意见》会对互联网金融相关行业产生哪些影响？加强生态文明建设对环保、化工等行业产生哪些影响？投资者必须有非常深刻的理解。

总体来讲，观察政策对一个行业的影响主要观察国家总体上对行业的政策，如对半导体、钢铁、烟酒和奢侈品等行业的态度是截然不同的。但投资是否要尽量避开走向衰落的行业，重点关注新兴的、有发展前景的行业呢？也不尽然，还要根据市场特征、投资者自身偏好和特长来综合决定，并非所有的投资者都适合投资云计算、大数据、人工智能、电动汽车等新兴行业。

科技进步

科技进步是驱动行业发展的核心要素，它能催生一个新的行业，也能颠覆一个旧的行业。例如，移动电话大幅度替代了固定电话，智能手机替代了功能手机，液晶平板电视替代了显像管电视，电动汽车正在逐步替代燃油汽车等。颠覆性技术的出现，会促使拥有新技术、新生产力的企业脱颖而出，原有的行业被替代并走向衰落。投资者要想把握行业未来的发展方向，就必须对行业技术发展有清晰的认知，对行业发展可能产生深远影响的新技术进行密切跟踪。比如，潜在技术是否对现有行业产生巨大冲击？技术是否在短期内产生较大进步，是否能够大幅降低生产成本？技术广泛应用并快速规模化的可能性有多大？新技术是否只是过渡性的、不成熟的技术？这些问题看似简单，投资者判断起来其实非常困难，不仅需要对相关新技术有较为细致的了解，还要对技术的商业运用有深刻的理解。

人口和文化因素

人口和文化因素受到的关注度较低，并非因为它们对行业的影响力不大，而是因为这些因素都是缓慢变化、不易被察觉的，由此对行业的影响也是渐进温和的，直至到达一个临界点，大多数人才会感受到显性的冲击。人口因素主要包括人口数量和年龄结构等，这些因素对各行各业都有直接或间接的影响，进而逐步传导，从根本上影响一个经济体的发展潜力和活力。文化因素主要是指年轻一代的生活方式、文化观念和消费习惯与上一代人不同所产生的影响，如近年来兴起的二次元文化、美妆、医美、盲盒、奶茶、汉服等行业的渗透率快速提升。

文化因素对行业的影响力，有时甚至能够超越经济的周期性因素。1973—1974 年，美国经历了自大萧条以来最严重的经济衰退。按照传统的经济理论，在经济衰退期，旅游业作为非必需消费品行业会受到显著的影响，旅游人数和收入会出现明显下滑，然而事实却恰恰相反，旅游人数在此期间实现了快速增长。背后的原因正是人们生活方式的改变，在未来收入不确定的情况下，宁可压缩其他开支，也要坚持旅行。如今，国内的年轻群体对旅行也是类似的态度。文化现象往往表现为一种潮流，有时候会演变成一个年代的文化标志，如曾经的摇滚音乐、武侠小说；但有时也只是一阵风潮，在短暂的流行之后被下一个文化潮流替代。因此判断一种文化现象能否成为现象级、持续性强、影响范围广的文化标志，对投资者的分析判断能力是重要考验。

全球产业转移

经济全球化时代，资源配置扩大到全球范围，观察和分析行业趋势，必须立足于全球视野，观察国际分工和产业链的迁移。试看最近几十年美国与日本、亚洲四小龙以及拉美地区之间的产业转移历史，不难看出高、中、低端产业的分布及变迁，也能发现进口替代的方向往往是产业升级的方向。改革开放四十多年来，国内在进口替代相关行业取得了巨大的进步，从纺织到钢铁，从家电到手机，已经成为世界制造大国；甚至在一些原本不被看好、进口替代难度较大的行业，国内企业的竞争力也实现了大幅提升，如液晶显示屏已逐步实现对日韩产品的替代，半导体封测行业也实现了跨越式发展。当然，也有一些产业尚未取得实质性突破，是国内企业攻关的重点方向，一旦掌握核心技术，便可以实现产业的进口替代甚至国际转移。投资者需要密切关注这些行业的发展动向，如果某些企业在特定的细分行业攻克了核心技术，则其后续增长的爆发力是巨大的。

当然，投资者在分析进口替代行业的发展趋势时，要区分该行业所处的发展阶段，对于早期替代行业，往往在关键技术取得突破或者龙头企业取得国际订单后迎来快速增长时期，行业规模迅速扩大；而对于已经处于稳定期的行业来讲，更进一步替代国际企业的空间已经缩小，依靠替代进口所带来的行业增速将大幅降低，行业发展空间和速度主要取决于行业自身规律。此外，发展中国家都有产业升级、进口替代的需求，如亚洲四小虎也依赖富有竞争力的劳动力成本，争夺中低端制造业向其转移，这一点投资者也需要密切关注，留意是否在某些行业对国内企业形成冲击。

在分析上述行业发展的影响因素时，投资者很容易走进一个误区，混淆影响行业长期发展的因素与中短期因素。有些利好，可能五年甚至十年以后才能兑现；同样，相当长一段时间之后才会兑现的利空因素对当前的行业发展并不会很快地产生直接影响。投资者在看到媒体或者分析师关于某些行业的长期看好逻辑时，一定要擦亮眼睛，评估这些长期影响因素对行业的短期影响是否显著，进而判断该行业是否即将驶入快车道。

分析行业竞争格局

行业格局是指一个行业各个公司之间的竞争关系，与微观经济学中的市场结构非常类似。根据市场上竞争和垄断的关系，一个行业可以分为完全竞争市场、垄断竞争市场、寡头垄断市场、完全垄断市场，每一种格局下企业的盈利能力是各不相同的。换句话说，一个行业经过长期发展达到稳定成熟状态以后形成的格局，就是这个行业的市场结构。

评判一个行业属于哪种类型的市场格局，主要有四个方面的依据：厂商数量、产品差异性、行业进入和退出壁垒（一个行业的进入障碍越小，竞争程度越高）、企业对产品价格的影响力。一般来讲，市场集中度是衡量行业格局的重要指标，即排名靠前的几家企业的某一指标（通常是销售量或者销售额）占该行业总量的百分比，如 CR4、CR8 代表规模最大的前 4 家、8 家企业的市场占有率。

完全竞争市场

完全竞争市场是指市场上只有竞争因素、基本没有垄断因素的市场。这一市场厂商数量很多，不同厂商的产品没有差别，行业几乎没有壁垒，厂商进入和退出成本很低，只能被动接受市场竞争导致的价格结果。由于产品同质性太强、行业壁垒太低，企业只能通过价格战的方式占有市场，导致整个行业的利润率很低，甚至出现全行业整体亏损。

完全竞争的行业有利于消费者以更低的价格获得更好的产品和服务，但对于投资者而言，并不是很好的投资选择，行业中很少有竞争力特别强的公司，也很难诞生有影响力的品牌。比如我国的茶叶行业，基本处于完全竞争的状态，市场集中度较低，有影响力的茶叶品牌屈指可数，且市场占有率不高。究其原因，主要是行业的壁垒太低，家庭作坊式经营造成“小散弱”的格局，规模化程度不高，整个行业产值不敌立顿一家企业。是否国内茶叶行业的格局就此确立，再无更改的可能了呢？其实并没有，近年来国内已经有茶企开始品牌化经营，并在细分市场积累了一定的品牌认知度。未来如果有实力雄厚的资本愿意长期运营，茶叶行业的集中度将会明显提升，中国的茶叶品牌也会树立起来并走向世界，只不过作为个人投资者而言，投资相关企业的时机未到。

彼得·林奇曾提过一个问题，为何理发行业无法形成强大的品牌和全国性的连锁企业呢？首先，行业几乎无壁垒；其次，不同理发师的手艺参差不齐，理发店的品牌大多是由店内几个优秀理发师打造的，而在一个以学徒制为代表的行业中，理发师随时可以自立门户。有人会问，餐饮行业不也是如此吗？确实有类似之处，但餐饮业的进入壁垒要高于理发行业，其核心竞争力除大厨的厨艺以外，还包括原材料供应链管理、服务品质管理等众多因素，且餐饮业需要的资金周转量远大于理发店，一个厨艺精湛的大厨自己创业的难度要比优秀理发师的创业难度大得多，因此全国性的餐饮品牌并不罕见。

完全垄断市场

完全垄断市场是指由唯一的厂商垄断整个行业而没有其他厂商与其竞争的市场，主要集中在关系国计民生的公用事业，如电网、铁路、水务等。这类行业一般受政府管制，每个地区一般只有一家企业完全垄断，无替代产品，产品价格较为稳定，只有在经济大幅波动时才会出现明显的价格变化。尽管这类行业的周期性较弱，但也要关注行业上游，即成本端的变化，行业利润表现好的时期往往是成本端下降较快的时期；行业表现差的时期往往是成本端上升比较快的时期。

垄断竞争市场

垄断竞争市场在零售业较为普遍，厂商数量很多，进入和退出壁垒较低，最典型的特征是产品的差异性较大，企业间的竞争多属于非价格的差异化竞争，或者可以称为区分品牌的同质产品的竞争，前三名或者前五名企业的市场集中度不高。

服装行业是典型代表，国内外厂家众多，没有一家占据绝对的优势地位，产品差异很大，无法形成标准化的产品，同类产品的价格战不明显，品牌是影响竞争力的重要因素。纯粹靠密集投放广告打造的品牌可以在短时间内迅速崛起，但往往持续性不强。汽车行业也属于垄断竞争市场，很难形成寡头垄断的局面，尤其是在经济下行期，汽车行业的竞争更为激烈。再如家装行业，市场规模高达万亿元级别，但行业格局过于分散，市场集中度过低，工序很难标准化，进而难以实现规模化，没有形成全国性的优势品牌。可见，在垄断竞争行业中，能够长期保持领先优势的企业比较少见。

寡头垄断市场

寡头垄断市场是投资者需要给予最多关注的行业格局。寡头垄断的显著特点是少数几家厂商垄断市场，控制该行业大部分产品供给。从进入和退出壁垒来看，寡头垄断市场的进入和退出难度较大，需要雄厚的资金或者独特的技术。另外，寡头垄断企业之间存在很强的相互依存性，一个厂商的行为会影响对手的决策，进而影响整个市场，因此分析寡头垄断行业，博弈论是必需的分析工具。

寡头垄断市场形成之初，往往存在至少两三家大的优势企业，市场集中度一般超过 80%，但此时寡头之间的竞争十分激烈，从财务表现上来看，整个行业的利润状况比较差。比如快递行业，虽只剩几家巨头，各家快递公司收入增速也较高，但竞争十分激烈，利润率不稳定。

随着竞争的持续，市场竞争格局开始趋向稳定，有的行业逐步形成一家独大，有的行业龙头使尽招数也无法将第二名和第三名彻底击败，最终只能接受双寡头或者三寡头的局面。此时，龙头企业放弃通过价格战或其他方式快速占领市场的打算，开始与其他龙头企业和平共处，共同维护整个行业的稳定发展。从投资的角度讲，这一阶段行业利润率逐步上升，哪怕行业增速开始下降，龙头企业的利润情况反而更好。空调行业的利润率增速在 2005 年之前动辄 30% 以上，2005 年之后下降至 10% 左右，但行业龙头企业的地位进一步巩固，盈利也实现稳步增长。

从经验来看，寡头垄断行业多属于生产高度集中的行业，如钢铁、电信、石油、化工、航运等，或者高度技术壁垒的行业，如操作系统、数据库、光刻机等；也有一部分标准化和规模化水平很高的消费品行业，如大家熟知的可乐行业（双寡头）、连锁快餐（双寡头）、乳业（多寡头）。近年来，随着科技的进步尤其是互联网对各行各业的改造，越来越多的行业从垄断竞争状态走向寡头垄断状态，如共享出行、门户网站、娱乐视频、云平台、网络搜索、同城分类信息等。

从国际到国内，很多知名品牌和优势企业都产生于寡头垄断行业。那么，究竟是什么因素推动一个行业进入寡头垄断，而另一些行业进入垄断竞争格局呢？

第一，规模经济与网络效应。若扩大经营规模可以降低平均成本，从而提高利润水平，则称之为规模经济。一般而言，固定投入越多的行业，规模经济越明显。即使在零售业，规模经济也是普遍存在的。以沃尔玛为代表的连锁超市的出现，取代原本独立的家庭式便利店，规模经济是重要原因。规模经济的存在会淘汰规模小的企业，增强大企业的竞争力，也会促使企业主动收购兼并做大规模。但是规模经济会受到很多因素的制约，当规模达到一定程度后，可能出现规模不经济的情况。汽车厂商的制造往往分散在全球各地，足以证明汽车制造和销售的规模经济限定在一定范围；水泥等行业受到运输成本的制约，规模经济受到很大的限制，进而无法产生全球性的品牌。

但有一种特殊的规模经济，超越了传统规模经济所受的限制，即网络效应。例如，互联网、电信、虚拟产品、网络游戏等行业，由于边际成本极低，用户越多，其利润率越高，盈利能力就越强。很多人会把网络效应等同于互联网效应，其实网络效应由来已久，收音机的发明、电视的推广，都带来了极大的网络效应，促进了广告、消费行业的发展，加速了全国性品牌的建立。此后，电视、互联网直至移动互联网的出现更是把网络效应发挥到极致，也助推了超级互联网平台的产生。

第二，产品和服务趋向同质化。差异化竞争是一个流行词汇，意味着通过创新开展错位竞争。在完全竞争和垄断竞争行业中，差异化创新是十分必要的，每家企业都需要建立自己的护城河，以有别于竞争对手。但在很多行业，创新的收益与成本不对称，创新很容易被模仿，导致企业需要不停地加大投入；相反，差异化较低的产品或者完全同质化的产品更有利于优势企业持续扩大领先优势，最终形成寡头垄断的格局。

第三，高壁垒。网络效应的存在强化了现有企业的优势地位，新的进入者面临明显的后发劣势，造成赢家通吃的效应愈发明显。此外，资本在推动行业整合方面发挥的作用越来越大，大量的风险投资广泛参与行业内的多家公司，主观上更愿意推动行业的整合，降低行业内竞争，提高行业利润率，这一点与洛克菲勒时代炼油业、铁路业的兼并有相似之处。

但是一个行业的市场集中度如何，除了与行业本身的市场结构有关外，行业所处的发展阶段也是非常重要的影响因素。即使一个行业属于寡头垄断的市场结构，若行业尚处于发展初期，那么其市场集中度也不会很高。投资者要充分了解行业的市场结构和集中度，分析未来两到三年市场集中度是否会出现趋势性上升，进而判断行业整体利润率变化情况。若行业开始执行反垄断政策，必然不利于龙头企业进一步扩张；若是鼓励自由竞争，行业集中度一般呈上升趋势，特别是在经济下行期或者行业低迷期，更有助于提高市场集中度，优秀企业会逆流而上，低效率企业将被淘汰。

了解产业链

产业链的划分

任何一个行业或者细分行业，都与其上下游有着千丝万缕的关系，只关心特定行业而忽视对整个产业链的研究，结果必然是只见树木不见森林。所以投资者必须进行产业链分析，明晰上下游是谁，产业链的关键技术和核心竞争力掌握在哪个环节。

产业链可以划分为上游、中游和下游。上游处于整个产业链的起始端，主要提供原材料，以黑色产业链中的钢材为例，它的上游主要有焦炭、焦煤和铁矿石。中游主要是中间工业品，如一些核心零部件。下游处于整个产业链的末端，主要是制造产成品和从事服务的行业，直接面向消费者，因此品牌、渠道十分关键。

对于一条产业链来讲，各个环节所创造的价值是不同的，在产业链中的话语权差别相当显著。有的产业上游处于优势地位，议价能力强，利润率高，比如世界三大铁矿石生产公司；有的产业中游掌握核心技术，譬如高端芯片制造；有的产业下游整合能力强、品牌优势突出，如整车企业、飞机制造等。如果一条产业链中某个环节或者某家企业影响力巨大，足以影响甚至决定上下游产品的价格，那么投资者应该把该环节或者该企业作为整条产业链的核心来进行研究；有的产业链上游、中游、下游实力较为均衡，没有任何一个环节能够对其他环节产生大的制约或者影响。同时，产业链分工并不是一成不变的，上游、中游、下游的优势对比处于动态变化之中，企业为了在产业链中获得更大的话语权，往往实行纵向一体化战略。例如，中下游向上游进军以便控制关键原材料的成本和质量；或者上中游向下游进军以便增强对需求的敏感性，提高产品的市场适应性，这些都会改变企业在产业链中的地位。

产业链中的利润来源

20 世纪 90 年代，宏碁集团创始人施振荣提出了“微笑曲线”理论。按照该理论，一个经济体的产业升级方向是从中间（组装、制造等）向两端（技术、品牌、服务等）迁移，对于投资而言，两端的方向占据了产业链的大部分利润，如苹果手机产业链，大部分利润都由设计、研发和品牌获取，富士康以及相关零部件制造企业的利润占比较低，大部分投资者也将这一理论奉为圭臬。然而，2004 年日本索尼中村研究所所长中村末广，提出了截然不同的理论，被称为“武藏曲线”理论。他认为制造业的业务流程中，组装、制造阶段有较高的利润，而材料阶段以及销售、服务阶段的利润反而较低。

“武藏曲线”与“微笑曲线”并不矛盾，本质是物以稀为贵，谁不可或缺、谁更难以替代，谁就更容易实现高回报。再看近两年备受国人关注的芯片产业链，以往大家可能更关注芯片的设计，但显然阿斯麦（ASML）的光刻机设备和台积电的先进制程工艺技术是更为关键的环节。很多投资人容易把科技行业和制造业天然地割裂开来，事实上，高端制造业的科技属性非常强，没有先进的科技支持，制造业很难走向高端；没有强大的高端制造业，科技创新也会丧失依托。

总之，分析行业的核心是行业的发展逻辑，即观察一个行业未来会产生哪些趋势性的变化。关于行业研究，近年来呈现出几个新的特点。

首先，行业的界限越来越模糊。“互联网+”推动各个领域加速融合，即便是大家认知上最保守、最传统的金融行业也受到互联网行业的巨大冲击和改造，形成了“互联网+金融”的生态。再如汽车行业，经历了一百多年的发展已由成熟期进入新的大变革时期，电气化、智能化、网络化推动汽车行业发生巨大的变化，新的估值体系开始出现。跨行业的研究需求越来越多，投资者如果过度局限于一个特定行业，必然会影响研究的深度和成效，必须不断更新知识结构，加强对行业关联性的思考。

其次，全球化背景下，中国产业链不断升级，竞争力持续提升，从贸易、制造到金融、科技，与全球的联系会更紧密。投资者必须培养全球化视野和研究的前瞻性，及时掌握全球最新的发展动向和文化潮流。此外，在产业升级的大背景下，很多投资者存在一个误区，以为产业升级就是把从事内衣、鞋袜生产的企业升级为芯片制造和新能源汽车制造的企业。其实，只要根据自身的资源禀赋，沿着产业链从低附加值向高附加值迁移，就是成功的产业升级；只要品牌在提升、利润率在提升、全球占有率在提升，就是成功的产业升级。玩具、食品等各行各业都是如此，并非所有企业都要从事高精尖行业，这是不现实的。在全产业链体系中，任何一个行业都不可或缺，在投资的时候没有绝对的好行业和坏行业。

看透商业模式

谁挥鞭策驱四运？
万物兴歇皆自然。
——（唐）李白

商业模式不仅关乎一家新创立的企业能否生存下去，也关乎企业在步入常态化经营之后能否在复杂的商业竞争中持续占据优势。管理大师彼得·德鲁克曾说过："当今企业间的竞争，不是产品之间的竞争，而是商业模式之间的竞争。"研究企业必须首先研究企业的商业模式。

核心及特征

关于商业模式的构成，投资者不必细究。商业模式的核心是其商业逻辑，即企业通过明确目标客户，以难以替代的产品或服务在实现顾客价值的同时实现自身盈利。对于投资者而言，研究企业的商业模式，目的是分析企业得以有效运转的底层逻辑和商业基础，分析其商业模式中难以被模仿替代的要素，这些要素当前或者未来竞争力如何，进而分析企业的长期发展前景如何。

好的商业模式，通常具备三个特征：简单清晰、能够解决特定客群的痛点、可持续性强。首先，好的商业模式一定是最简单的，投资者如果花费半个小时都无法研究明白，甚至对各种专业词汇似懂非懂，则无须再花费更多时间在这家公司。其次，好的商业模式能够解决特定客群的痛点，满足用户当前被忽视的某些功能需求或情感需求，或者为现有功能、情感需求的满足带来突破性的体验。最后，商业模式必须可持续，若是不能有效降低成本，或长期无法实现盈利则难以持续。如谷歌 X 实验室曾推出高空气球互联网项目 Loon，通过热气球提供廉价的互联网服务，但由于无法有效降低成本，这一项目于 2021 年初被关闭。

发展历程

商业模式的演变一直在进行，没有长盛不衰的模式。商业模式也很难进行简单明了的分类，比如常见的 B2B 模式、B2C 模式、剃刀刀片模式、拍卖模式、品牌模式、广告模式、会员费模式、佣金模式、免费模式、平台模式等，由于划分的维度不一，各种模式相互交叉。如果以更加宽泛的标准进行划分，可以从生产模式、销售模式、盈利模式三个维度对商业模式的发展历程进行梳理和总结。

生产模式

从生产模式来看，人类经历了小作坊生产、大批量生产、柔性自动化、精益生产、敏捷制造、大规模定制、智能制造等阶段，而生产模式的演进与科技的发展是同步进行的。其中，大批量生产模式（福特模式）和精益生产模式（丰田模式）是最关键的两个跨越。

以福特汽车为代表的大批量生产模式是脱离小作坊式生产、进入现代工业的重要标志。大规模的生产流水线大幅降低了生产成本，提高了生产效率，把汽车从少数富有人群的休闲娱乐品变成了大众化的交通工具，也帮助福特从一个不知名的小企业成长为美国最大的汽车制造商。随着人们收入水平的提高，消费者对汽车种类的需求也越来越多，丰田汽车顺应这种时代需求，从消除企业内部一切浪费出发，创造出准时生产、自动化等概念，形成一种新型的生产模式，向多品种、小批量的方向发展，被美国学者称为精益生产模式，成为继福特模式之后人类现代生产方式的又一个里程碑。

精益生产有三个典型特征：拉动式生产、全面质量管理、消除浪费。其中，拉动式生产以最终用户的需求为生产起点，每一道工序、每一个车间分别向它的前一道工序或上游车间提出需求和工作指令，生产与销售基本同步，改变了根据库存进行生产的模式；全面质量管理强调要由生产中的质量管理来保证最终质量，生产过程中对质量的检验与控制在每一道工序都会进行；消除浪费是指对生产过程进行整体优化，消除无效劳动与浪费，达到用最少投入实现最大产出的目的。在制造业，精益生产取得了巨大成功，成为各类企业积极学习的管理典范。

每一次生产方式的大变革都推动了生产力的巨大提升，甚至影响国家竞争优势的确立。在此过程中，做出首创的企业都成为非常成功的国际企业，最早跟随这一趋势的企业，也都实现了快速发展。从精益生产到智能制造是生产模式的又一次大的跨越。对中国而言，尽管挑战巨大，但这是推动制造业升级、实现从制造大国到制造强国的关键，将对整个工业制造领域相关硬件和软件行业带来突破性的变革。在此过程中，蕴含的投资机会也将是史无前例的，会有不少企业成长为全球性企业，大量的配套公司也将因此获益。但这条路必定是曲折艰难的，投资者一定要有充分的心理准备。

销售模式

这里所讲的销售模式变革主要立足于客户端或者需求端，是渠道的变革。总体来讲，销售模式大体可以分为批发模式、经销商模式、直营模式、特许加盟商模式、直销模式、网络销售模式等。其中，网络销售模式是近二十年逐步兴起的，其他销售模式都受到了它的冲击，但不同行业受到的影响程度不同。虽然销售模式的种类很多，但除了网络销售模式的兴起可以称得上是一场巨大变革外，其他模式总体而言并没有产生革命性的变化。

盈利模式

盈利模式的种类繁多，数量远远多于生产模式和销售模式的数量。很多商业模式的创新其实都是盈利模式的创新，以至于很多人把盈利模式等同于商业模式。常见的盈利模式包括项目模式、服务模式、广告模式、平台（中介）模式、免费模式、会员模式、专利模式、剃刀刀片模式、租赁模式等，在此只进行简单的介绍。

项目模式是指企业的产品或服务需要按客户的特定需求实行项目管理，最常见的有环保类、园林类工程，多属于对 G（政府）端的业务。项目模式的特点是业务不够稳定、波动性大，不是最优的投资选项。电影制作和电子游戏本质上也属于项目模式，有两点共性：首先，它们都是先支付全部开发成本才能上市带来收入和现金流，存在非常大的不确定性；其次，对产品发行渠道的依赖性较强。但游戏有一点不同于电影，成功电影的后续可开发潜力是有限的，而爆款游戏通过后续的不断开发和完善，带来的现金流十分可观。

服务模式在软件行业最普遍，无论是消费类软件还是工业类软件，其本身也是一种特殊的产品。消费者使用这种产品之后，重新选择替代产品的隐性成本高昂，因此客户的黏性很强。尽管软件领域的国际巨头很多，尤其是操作系统、数据库等基础软件短期难以与 Windows、Oracle 抗衡，但软件市场的细分空间依然十分广阔，未来在软件服务领域必定会涌现更多的本土品牌。除软件行业外，养老、物业、咨询、在线教育、远程医疗等都可归属于服务模式，但每一种服务模式提供的核心价值有天壤之别，必须根据不同行业的具体需求进行分析，进而判断其投资价值。

广告模式其实并不能算作一种盈利模式，顶多是一种营销手段。广告一端连着目标用户，另一端连着产品供应方，中间则是渠道方。很多产品通过一段时间的集中广告宣传确实可以实现产品知名度的快速传播和品牌的建立，但如果产品本身缺乏竞争力，这种红极一时的广告带来的推动效应往往只是昙花一现，这样的例子不胜枚举。但广告可以作为一个切入点，既是发现行业异军突起者的良好途径，也是判断行业竞争格局的独特观测点。

平台（中介）模式是近几年最火的盈利模式。在平台模式下，企业不需要直接面向客户提供产品与服务，而是通过构建平台，吸引成千上万的商家共同参与。平台的功能是连接，其本质是一种中介模式，如同房地产中介、分类信息网站、招聘平台等，现在的平台服务范围更广、产品更丰富、功能更强大，特别是互联网经济赢者通吃的特征把平台模式的优势发挥到了极致。一个平台的诞生，首先源于好产品、好服务，平台存在的终极理由是能够赋能其用户，为了平台而刻意打造的平台往往很难真正符合市场的需求。当一家上市公司声称要将打造某个方面的平台上升为公司战略时，投资者一定要保持怀疑的态度，切莫盲目乐观。

免费模式是指借助免费手段销售产品或服务，以积累消费群体，塑造品牌形象，然后再通过配套的增值服务、广告费等方式取得收益的盈利模式。共享出行的补贴模式并不是免费模式，只是企业推广的权宜之计，一旦市场优势确立、用户习惯形成，补贴模式就会终止。而雅虎创始人杨致远开创的互联网内容免费、广告收费的模式才是免费模式的鼻祖。互联网服务免费往往只是针对个人用户，企业必须通过对其他特定客户进行收费来实现盈利。投资者观察这类企业时需要注意以下两点：企业是否可以通过做大客户总量降低边际成本，是否可以长期实现对其他客户或其他方式的收费。

会员模式在国外较为流行，在国内也有少数企业采用。这种模式的优点是只有认同企业现有产品和服务模式的客户才会加入会员；通过一定的前期会员费支出，可以把客户定位在中高端群体；其消费体验要比非会员制企业稍好一些。但这种模式的缺点也很明显：很多客户对这种模式非常反感，认为有歧视的嫌疑；通过会员费筛选客户的意愿可能很难达到预期。还有一种会员模式，可以称为半会员模式，即使不加入会员也可以享受企业的日常服务，但加入会员可以享受额外的增值服务。这种模式更为普遍，但并不能算作独立的盈利模式。

专利模式与特许经营模式有类似之处，都是支付费用以获得某种资源的使用权。最常见的是连锁经营模式，如肯德基、李宁、国美、海底捞、星巴克等都可以归入连锁经营模式，其突出特征是单店经营模式可以复制。判断连锁企业发展空间的两个核心点便是：单店的盈利增长潜力和开店数量潜力。连锁企业要想取得成功，关键既不在于市场的规模和空间，也不在于店面数量，而是单店的经营能力能否保持稳定，产品和服务能否得到客户持续的信赖和支持。

剃刀刀片模式由吉列公司首创，将剃须刀刀架作为礼物赠送客户，而后续的刀片需要购买，这一创新举措大获成功并成为一种独立的商业模式。这种模式中，基础产品通常以低于成本的价格廉价出售或是赠送，而与其配套使用的附属产品则以高价出售，成为企业主要的收入来源。这个模式的主要理念是通过降低购买基础产品的门槛以提高消费者的忠诚度。有两个经典的案例采用这种模式并取得了广泛成功，一是打印机—墨盒（硒鼓）模式，二是咖啡机—胶囊咖啡（绿山咖啡的 K 杯）模式。仔细观察，类似的模式并不少见，如 kindle 的盈利主要来源于电子书的销售；微软 Xbox、索尼 PS 本质上也一样，只是其机器本身的单价比较高；空气净化器、净水器的盈利也主要依靠持续的滤芯更换带来的收入。随着国产替代的持续，中国企业在这些行业中的竞争力越来越强，蕴含的投资机会可能会出现，需要持续给予关注。

回顾上述三种模式后不难发现，创新很多时候是相互交织的，生产模式的创新夹杂着销售模式的创新，销售模式的创新很多时候也与盈利模式的创新相交叉。戴尔的直销模式闻名遐迩，殊不知直销模式的背后也是生产模式的创新，若缺乏生产流程的变革，直销就变成了纯粹的概念。戴尔直接从用户手中获取订单，改变了传统行业层层代理的模式，大大降低了销售成本；其直销的产品是按单定制的，通过强大的生产流程管理，快速满足每个客户的需求。

三种商业模式中，生产模式的变革往往是颠覆性的，带来的影响是最为深远的，所以一般需要几十年甚至上百年才会有一次突破性的生产模式的跨越，开创和推动这些伟大跨越的企业往往会成长为全球企业的典范。因此，划时代的商业模式非常少，更多的优秀企业是依靠生产模式的改良来适应时代的需求，最终获得成功。盈利模式和销售模式的创新种类更丰富，带来的影响多是短期的，大多数企业只是抓住商业链条中的某一个关键点进行创新，风靡一时的贝塔斯曼书友会、金庸在报纸上连载武侠小说、旅游地产、共享租赁等，都分属不同的细分商业模式。

如何评估企业的商业模式

商业模式无法穷尽，投资者判断一家企业的商业模式能否成功，最关键的还是要理解商业模式背后的逻辑以及用户需求和痛点，其中的关键点包括：企业的目标客户是谁？企业能为客户提供哪些不可替代的价值？企业的核心竞争力是什么？

首先，企业的目标客户是谁？定位是商业模式的起点，尤其是面向个人客户的产品和服务，清晰、明确的定位是打造差异化品牌、增强客户认同感的重要途径。对于投资者而言，观察企业的定位，可以从侧面观察一家企业的成长空间、技术实力、在行业价值链所处的环节，以及企业的合作伙伴和竞争对手。

其次，企业能为客户提供哪些不可替代的价值？是既有产品的改良还是推出了全新产品？是降低了产品的价格还是提高了服务的可达性？是开辟了新的市场空间还是更好地满足了现有市场需求？以中文拼音输入法为例，十几年前，中文输入法还是微软、紫光、智能 ABC 等“诸侯割据”的时代，但搜狗拼音输入法出现之后，快速抢占了很大一部分市场份额。再反思卡片相机从风靡全球到走向消亡，究竟其商业模式出现了什么问题呢？智能手机更智能、更便捷的特征已经超过了卡片相机最初的优势，所以商业模式的根本逻辑发生变化之后，卡片相机的没落在意料之中。再往前追问一步，单反相机将来能否被替代呢？难度比较大，毕竟使用单反相机的更多是专业人士和摄影发烧友，其存在的逻辑基础尚比较牢固，然而其照片传输和处理的痛点仍没有解决，未来谁能提供更加便捷的无介质传输，且可以实现更专业的照片即时处理，谁便有机会在这一领域异军突起。

商业模式的最终落脚点在于一项产品和服务能否真正解决客户痛点，那些独辟蹊径、能更充分地解决客户痛点的企业将是最后的赢家。但没有永远领先的商业模式，这并非原有商业模式出现了问题，而是技术、文化、习惯的变化会不断催生新的适应时代要求的模式。所以全球最大企业的排名始终处于变化之中，当有一天，伟大企业提供的产品或服务被初出茅庐的企业替代的时候，往往意味着时代已经不属于这家企业了。

分析核心竞争力与护城河

冰雪林中著此身，
不同桃李混芳尘。
——（元）王冕

企业核心竞争力

投资理论千万条，最终都归结为一条，即寻找那些拥有独特竞争优势的企业。那么企业的核心竞争力体现在哪些方面？核心竞争力来源于哪里？现有核心竞争力能够长期持续吗？

谈到核心竞争力，首先需要明确一点，即每一家企业的竞争力是不同的，只有那些竞争力强的企业才能抵御外部环境的威胁，持续不断地为客户创造价值。因此，核心竞争力一定是独特的、稀缺的，一个行业只有一家或者少数几家企业拥有；核心竞争力是难以被轻易模仿和抄袭的，具有一定的持续性。至于如何分析企业的核心竞争力，“竞争战略之父”——美国学者迈克尔·波特早在其著名的“五力模型”理论中就给予了详尽的指导。对于个人投资者而言，完全可以大致遵循这样一套方法分析一家企业的核心竞争力。

分析行业内现有竞争者的竞争能力

很多机构投资者初次到上市公司调研时，一般都会问这些问题：公司所处行业有没有明确的领导者？公司最强有力的竞争对手有哪些？这些竞争者的优势和劣势是什么？公司现阶段对标国际上哪些一流企业？

假如上市公司董秘坦诚、客观地回答了这个问题，投资者便可以对这家公司的竞争能力做出初步的判断。如果公司在国内面临数家公司的竞争，且市场份额相差不大，没有绝对的大幅领先者，或者企业技术路线不同，几家公司都处于拼抢市场的阶段，那么投资者需要对公司进行更深层次的研究，研究公司有别于其他公司的独特之处是什么，在成本、技术、产品、品牌等方面哪些因素能够支撑企业在未来的竞争中胜出，如果没有的话，该企业很难称得上是好的投资标的。

假如企业已经自称国内的行业龙头，正对标国际最领先的企业，攻坚最先进的技术，或者某些工艺和专利是其独有的，甚至在个别领域独树一帜、领先国际同行，未来国内替代的空间十分广阔，那么该企业具备了进行战略投资的条件，需要列入重点考察对象。

假如企业已经成为国际领先企业，投资者需要研究其取得如此成就的原因有哪些，未来这些因素是否具备，领先于第二名、第三名的优势有多大，追赶者的实力能否在中短期内大幅提升，以便分析企业的竞争优势能否持续创造更大的价值。有的投资者擅长从各个行业或者细分行业的隐形冠军切入来选择投资标的，其内在逻辑正是如此。

分析潜在竞争者进入的能力

潜在竞争者威胁的大与小，反映了行业壁垒的高与低。行业壁垒高，则很难有新的竞争者加入，行业利润率有望得以保持；反之，随时会有新的企业加入进来分享行业的蛋糕。一般而言，有以下几种有效壁垒。

一是行政壁垒。一般而言，在能源、交通、水利、环保、市政等领域，很多业务都是特许经营的，金融、烟草、机场、免税店、疫苗等行业也是如此，由于是持证经营，行业供给很难发生大的变化。当然，政策也是动态调整的，如今基金公司的数量与十几年前的数量不可同日而语，其牌照的价值相对而言已经明显降低。

二是技术和专利壁垒。这一点在科技行业最为突出。技术研发周期长，领先者的优势一旦确立，后来者需要花费较长的时间才有可能追赶上。创新药也是类似，专利保护期内的专利保护强大，一旦保护期结束，仿制药推出，原有壁垒便荡然无存。

三是资源壁垒。在煤矿、铁矿、铜矿、锂矿、稀土矿、橡胶等自然资源采掘行业，企业不仅需要取得相应的开采权和资源，而且从生产设备投入到成功开采一般需要多年时间，所以供给在短期内无法很快释放。从广义上讲，各大景点、水电站也拥有资源壁垒，只有在特定的地点才能建成景点、才能建立水电站，这种地理位置上的壁垒，也是独一无二的资源。但景点能够接待的人流量存在上限，所以资源壁垒也是有限度的。

四是渠道壁垒。渠道在零售业起到了非常重要的作用，企业遍布全国的销售渠道是难以在短期内完成布局的。当然，渠道的优势地位也不是一成不变的，在移动支付普及以前，乳业、纺织服装、家电、饮料等行业都高度依赖线下渠道，因此传统的商超以及国美、苏宁等大型连锁巨头掌握着话语权；而在互联网时代，网络成为重要的销售渠道，原有渠道壁垒大幅弱化，京东、亚马逊、淘宝、拼多多等成为重要的销售渠道。未来还会有哪些渠道崛起，都充满未知，总之没有一种渠道可以保持永恒的优势地位。

也有观点认为，资本也是一种壁垒，尤其是动辄投资百亿元的行业。其实资本壁垒是靠不住的，假如行业前景看好、利润率高或者战略性地位突出，各行业巨头很快会不惜重金“杀”入卡位，尤其是现阶段企业在一二级市场的融资通道非常多元和畅通。市场永远不缺资金，缺的是好的项目，所以资金壁垒不是真正的壁垒。

分析替代品威胁

替代品威胁一般指两个不同的行业生产的产品或提供的服务可以互为替代，从而相互之间存在竞争行为，这与经济学的替代效应原理是相通的。总体来讲，替代品大致可以分为三种类型：

第一种替代品具有短期的替代效应。在猪肉价格大涨的情况下，作为替代品的鸡肉需求会上涨；花生油价格若大涨，菜籽油、大豆油等替代品的需求会上涨。这种替代往往是暂时性的、被动的，由此带来的投资机会也是相对短期的。

第二种替代品由技术的进步、消费观念的重大变化引发，会产生对原有产品和服务分庭抗礼式的替代。这种替代效用更强、更持久，但技术的进步尚不够颠覆或消费习惯未发生彻底扭转，尚未达到完全替代进而淘汰原有产品的程度。比如激光打印机的出现对喷墨打印机的替代效应非常突出，但二者又各具特点和优势，并未彻底替代喷墨打印机；高铁的出现和大规模普及对航空公司的冲击是巨大的，但不足以完全替代航空；互联网渠道蓬勃发展，移动支付渗透率大幅提升，线下实体零售店遭受的冲击最为明显，但经过连续多年的发展，线上业务也面临发展瓶颈。在这一类替代效应中，新的替代品刚刚出现以及渗透率快速提升、原有产品市场份额下降的时期，是投资者应该密切注意的阶段。

第三种替代品替代效应最强，往往是技术升级变革带来的新产品对旧产品的彻底替代或者新技术对旧技术的彻底颠覆，典型的如汽车淘汰马车、电灯取代煤油灯、彩色电视机替代黑白电视机等。事后来看，这种产品和技术的彻底替代是多么的显而易见。然而，对于当时的人而言，判断这种新生事物能否成为真正的替代品是极为困难的，而且真正革命性的替代品往往不是出自本行业，正如凯文·凯利所讲："你未来的敌人，一定不在你现在的名单中。"

一般而言，传统的行业被新技术、新产品彻底替代的可能性相对较低，而科技行业由于技术升级迭代速度非常快，产品的替代更为频繁和彻底。分析一家公司面临的替代品威胁，重点要分析潜在的替代品能否成为被市场接受的主流产品，以及这种替代品渗透率提升的速度。更关键的是要弄清楚这种替代品之所以出现，其背后的原因到底是成本、质量、功能、文化还是纯粹的技术升级，以及这种替代品相对于原有产品的优势与劣势到底在哪里。弄清楚了这些问题，就更容易理解近几年光伏、风电以及新能源汽车行业快速发展的根本逻辑，也就能把握住相关行业巨大的投资机会了。

分析买方力量的强弱

买方就是购买企业产品或服务的一方，既包括最终消费群体，也包括渠道的分销商。买方力量本质上就是客户在购买企业产品或服务过程中的话语权，包括购买价格及支付方式、对产品个性化和定制化的要求、产品交付的时限要求等。

一般而言，客户购买产品数量占企业产品销量的比重越大，企业越有话语权；若比重很低，则一般没有话语权，除非是品牌影响力巨大、未来合作潜力巨大的企业。比如，零售业直接面向个人客户，客户集中度一般不高，所以买方力量很弱；而有的行业，如电信设备、电力设备等下游客户非常集中，买方力量会很强。有些公司会在年报中披露前十大客户的集中度数据，投资者需要了解公司的客户主要有哪些，这些客户的资质、发展现状及市场品牌等基本情况。

分析买方力量时，一个非常重要的研究方向是大品牌企业的上游供应商，如华为、苹果、特斯拉产业链的零部件企业。以苹果公司产业链为例，作为十几年来美国最具竞争力的公司，能成为其供应商进入产业链，便证明了供应商的技术实力，其中很多优秀的公司都在中国，从切入苹果产业链开始驶入了发展快车道，逐步成长为市值数十亿元甚至数百亿元的公司。

投资这一类上市公司有两个关键点：一方面要分析买方本身的增长前景，当买方从高速增长转为低速增长后，上游供应商的发展速度必然会放缓；另一方面，买方的强势地位会对零部件供应企业的发展甚至生死存亡产生决定性影响。投资此类上市公司一定要把握好时机，对于高度依赖某一两个大客户的供应商尤其要保持高度警惕，除非其在短期内没有替代者。在线上购物大规模普及之前，沃尔玛的买方力量非常强大。如果一家名不见经传的小企业进入沃尔玛供应链，沃尔玛足以让这家公司在短短几年内实现几倍、几十倍的增长。然而，一旦沃尔玛下决心用新的供应商彻底替代这家公司，那么原有供应商可能会遭受灭顶之灾。

因此，在投资相关上市公司时，一定要关注和区分该公司进入产业链的时间和成长空间，对于刚刚切入产业链、拿到少量订单的企业，要给予高度重视，这很可能是公司实现大跨越的起点，对于该产业链的稳定、成熟客户，要高度关注同业竞争情况和技术路线的发展情况，避免公司脱离产业链带来重大损失。

分析卖方力量的强弱

卖方力量，即供应商的议价能力。对于同一个产业链，买方力量强，则卖方力量弱；卖方力量强，则买方力量弱。供应商竞争力量的强弱，主要取决于其产品对下游客户的重要程度。一般而言，供应商的产品独具特色或拥有同业尚不掌握的尖端技术，则卖方力量强、买方力量弱；产品整体处于供不应求阶段，买方数量众多，卖方力量便会偏强。

对零售业而言，大型零售商的买方力量很强，多数供应商若想进入渠道，在价格和付款条件等方面会对渠道商做出让步；汽车行业也是如此，整车企业作为买方掌握话语权，而多数汽车零部件企业只能按照整车企业的要求进行供货，不过随着一部分零部件企业掌握了核心技术，这些企业在与整车企业合作时也已经建立了一定的卖方力量。打一个不恰当的比方，卖方力量强，则类似“店大欺客”；买方力量强，则类似“客大欺店”。

波特五力模型是衡量企业竞争力的有效方法，但对于投资而言，以上竞争力的分析尚停留在表面。这五个方面的竞争力形成的原因到底是什么？持续性如何？这些问题更为关键。巴菲特在1993年致股东的信中，首次提出了“护城河”的概念，此概念反映了企业竞争力的来源。

企业护城河

企业护城河与行业壁垒类似，但不能混为一谈。行业壁垒主要分析行业供给会不会在未来一段时间明显扩大，或者始终存在供给扩大的隐患，进而导致行业整体利润率的下降。护城河的概念则更为宽泛，行业壁垒可以看作护城河的一个方面，而不是全部。帕特·多尔西在《巴菲特的护城河》一书中全面归纳了护城河的五项来源（无形资产、转换成本、网络效应、成本优势、规模优势），值得投资者学习借鉴。当然，关于护城河的指标没有统一的界定，不同的投资者理解不同，主要集中在以下五个方面。

科技实力

巴菲特对于科技类公司的投资比较谨慎，但自工业化时代以来，科技实力一直是企业护城河的核心之一。科技实力反映企业拥有的核心技术和持续进行技术创新的能力，在技术应用水平越高的行业，这一点体现得越直观和充分。巴菲特曾说，他投资苹果公司时把它看作黏性很高的消费品，但这种高黏性的来源是什么呢？本质还是领先的技术优势和不断创新的能力。品牌也是如此，高技术行业的品牌来源也是技术，一旦丧失持续领先的技术优势，品牌优势也将荡然无存。此外，技术优势也是推动成本优势和规模优势形成的重要因素。这一点在科技行业风险投资领域体现得淋漓尽致，投资者除了对创始人和管理团队进行甄别和评价之外，最重要的莫过于对其技术实力的评估。

产品和服务的竞争力

企业所有的活动和资源，最终都体现在产品和服务的交付上。产品竞争力是决定企业能否在行业竞争中胜出的直接因素。技术与产品高度相关，行业技术属性越强，技术在产品质量方面发挥的作用越大，所以很难把产品和技术完全割裂开来。只有最优秀的企业才能把技术与产品很好地融合，正如施乐公司最先开发出电脑图形界面，却被微软和苹果发扬光大。产品和服务的竞争力最终体现在能否更好地满足客户的“刚需”、能否大幅提升效率（如视频和图片更高效的处理、电网的智能管理）、能否大幅降低成本（如机器替代人工）、能否大幅提升客户体验（如移动支付）。

产品竞争力的构成要素中，品牌是非常重要的组成部分，以至于人们对品牌的作用过于迷信，似乎只要拥有品牌就能成为优秀的企业。是否果真如此呢？人们需要品牌、信赖品牌，是因为人们相信品牌代表的是产品和服务的一致性和持续性，品牌溢价代表的是产品质量，所以很多大众化产品尤其注重品牌的打造（如快消品、服装等）。与此同时，消费领域存在羊群效应，消费者和投资者一样乐于追逐潮流，很多品牌看似代表强大的护城河，一旦消费者的喜好发生转移，企业的兴与衰就在潮流转换的一瞬间。工业企业类的品牌更为持久，品牌积累的背后往往是技术、产品、价格、服务等综合竞争力的体现。有人会说，茅台的发展和资本市场的估值不正是说明了品牌的强大力量吗？确实如此，但茅台品牌的背后是茅台酒的异地难以复制性，品牌体现的是其产品的独特性和弱替代性。

组织能力

以“杨三角”理论著称的杨国安提出，企业要想持续成功主要依靠两个要素：战略和组织能力。战略关系到企业能否持续找到高获利、高成长的空间；组织能力关系到企业能否有效地把战略执行到位。组织能力就是把企业内部的各种资源要素、能力要素进行整合并形成合力的能力，体现在企业的组织架构、业务流程、考核激励、人才管理等多个维度。任正非说："人才不是华为的核心竞争力，对人才进行有效管理的能力，才是企业的核心竞争力。"所以华为在发展早期，技术尚在积累阶段，但以奋斗者为本的文化已经确立，一步步形成了良好的口碑，可见强大的组织能力才是企业市场地位的根本保障。

个人投资者对企业组织能力的关注往往不够，原因有三：一是投资者低估了组织能力对企业长期发展的重要性，二是组织能力很难进行量化评估，三是关于组织能力高低的信息往往是隐性的而不是显性的。对企业组织能力的判断，既体现出投资者对企业经营本质的认识，也体现出投资者搜集、分析、处理企业相关信息的能力。比如，投资者研究家电企业，可以从家电本身的质量、上门安装和售后服务、社交平台的评价等方面观察企业是否以客户为本；从与客服、安装人员的交流中可以观察一个企业对流程的控制力，是否存在较严重的官僚文化和推诿风气。总之，企业的组织能力体现在企业产品和服务的方方面面，把与企业相关的大量信息综合起来，便能对企业的组织能力做出大致的判断。

转换成本

转换成本是指客户从购买一家企业的产品或服务转向购买另一家企业的产品或服务时所增加的成本，如产品的适应性调整、对使用者进行再培训、配套软硬件的更换升级费用等，对个人客户而言，则是时间和精力的消耗带来的间接成本。

转换成本体现的是企业的先发优势，对于转换成本高的产品而言，一旦客户的使用习惯形成，后来者除非能够在产品质量或成本方面给客户带来巨大的差别体验，否则客户是难以下定决心进行产品转换的，那些具有高转换成本的产品或服务能够为企业构筑真正的护城河。Office 软件的转换成本非常高，即使有更好的文字和表格处理软件，普通人也不会花费额外的时间和精力重新学习。很多工业企业供应的机器设备转换成本也非常高，更换机器可能导致生产线的调整，相关技术工人需要重新接受培训。电信行业同样如此，大多数人长时间不更换手机号码，大概率不是因为对原有服务非常满意，而是转换成本过于高昂。

规模效应和网络效应

这一点上一节已经提到过，不再赘述。企业规模比较小的时候，规模效应的重要性不太明显；企业发展规模越大，规模经济的重要性越突出，包括管理成本等在内的各种成本能否随着规模的扩大而降低，将决定企业在扩张的过程中盈利能力能否提升。

一家企业可以有一个或多个护城河，但没有任何一个护城河是一成不变的，新技术、新模式、新政策都可能削弱或者增强原有的护城河，要永远对企业的护城河保持怀疑的态度，定期分析评估哪些潜在的变量会影响护城河的牢固程度。对那些原本被市场忽略但逐步建立起护城河的企业加大投入，对那些看似强大但护城河慢慢收窄的企业降低头寸，这是长期投资的简单逻辑。

评估创始人与企业文化

兴废由人事，
山川空地形。
——（唐）刘禹锡

评价创始人

风险投资界有一个说法，“投资就是投人”，宁愿选择一流的团队、二三流的创意，也不愿意选择一流的创意、二三流的团队。但在二级市场，很少有人专门研究企业创始人及企业文化。在企业初创阶段，创始人的情怀、格局和能力往往决定了企业的生死。对成功度过初创期并上市的企业而言，创始人及后继的核心高管层仍然决定着企业能否沿着既定的目标继续做大做强。对创始人或者高管团队的评价可重点放在以下三个方面。

是否具有非常清晰而伟大的使命和愿景

创始人提出的使命和愿景反映了创始人的格局和抱负，没有远大理想和宏大格局的人很难把企业做成百年老店。比尔·盖茨在创业之初就讲，他希望未来每个人桌子上都有一台电脑。但就算在今天，若放眼全球，这个愿景也没有完全实现，所以比尔·盖茨当初的这个梦想是足够伟大的。

投资者观察一个创始人或者企业家时，如果他的使命和愿景仅仅是为了夺取更高的市场份额或者建立一个庞大的商业帝国，而没有足够的家国情怀、没有为社会创造价值的信念、没有利他精神，那么企业可能在几年或者几十年内会取得成功，但放在更长的时间维度，这种成功或辉煌往往是难以持续的。

是否具有正确、坚定的价值观

一家企业的文化不可避免地会打上创始人的人格烙印，创始人的价值观在很大程度上也体现着企业的价值观。价值观与使命、愿景紧密关联，但内涵更广。

第一，是否利润至上。企业如果把短期财务指标看得过重，没有超越财务收益的理想，没有建立起长期的、可持续的企业文化，那么很难成为伟大的企业。杰克·韦尔奇在《赢》一书中提到安达信会计师事务所的悲剧。安达信原来是一家以勇敢说“不”为傲的审计公司，即使失去客户也在所不惜；而到了20世纪80年代，一些会计师被新的商业机会冲昏了头脑，开始放松对价值观的严格要求，其合伙人甚至为了公司利润分配而闹上法庭。

第二，是利他还是自私。企业在发展过程中，会与众多的利益相关者打交道，除了要对股东负责之外，也需要对客户、上下游合作伙伴、社会公众、政府、相关的中介机构等所有利益相关者负责。在商业社会，选择双赢或多赢是非常重要的品质，企业要避免过度挤压上下游的利润，从长远看，适度让利合作伙伴更有利于企业自身的发展，如果不能让供应商跟随企业一同发展，则很难保证供应商可以持续推进研发、改进工艺和升级技术；对于为了短期利益而坑害上游供应商和下游客户的企业，无论当前其盈利能力有多强，投资者对这样的企业都应该敬而远之。所以，当投资者观察到一家企业与上下游伙伴对簿公堂或者产生纠纷时，一定要认真分析个中缘由，观察企业如何处理与利益相关者的合作关系。

第三，是否拥有强烈的社会责任感。提到社会责任，很多投资者首先想到的是创始人或者企业在慈善、公益等方面的投入，但这只是其中一个方面。更直接的社会责任在于企业生产经营本身，如对食品质量、生产安全、污染治理、客户及职工健康等是否足够重视，相关事故发生后是否第一时间采取补救措施确保相关人员的健康和安全，是否担心引发负面舆情而刻意隐瞒信息等。社会责任还体现在特殊时期，尤其是面对重大突发公共危机，企业能否放弃短暂的商业目标做出自我牺牲，如新冠肺炎疫情暴发时，在商业利润前景不明朗的情况下，有生产条件的企业是否愿意响应政府号召毅然决然改建生产线，投入此前从未涉足的医疗物资生产中。

第四，是否正直诚信。巴菲特曾说："不正直的交易对手懂得更多邪门歪道，虽然他们最终可能会输光一切，但就单个交易来说，他们会赢，让你蒙受损失，所以我也劝大家不要在这种事上浪费生命。"正直诚信的最低标准是合法合规、杜绝财务造假、真实披露企业信息，如果连最低的标准都达不到，这样的企业无论如何是不能投资的。但是仅满足这个最低标准显然不足以筛选出优秀企业，有些创始人和高管容易夸大其词，也容不得别人的质疑和批评；有的喜欢往当前最新的热点靠拢，博取大众和投资者的眼球。对于谨慎型的投资者而言，这样的企业一般而言是不适合长期投资的。

是否具备以领导力为核心的高素质个人能力

关于能力的评判向来很难做到公平，但不论如何，领导力都是最核心的一点。蒙哥马利元帅曾说："领导力就是能召集人们为了同一个目标努力的能力和意志力，并能激发人们自信的品质和品格。"一个创始人如果无法将自己的想法推销给其他创始人或者团队的领导者，那么也无法吸引投资者和消费者。创始人是否具备高超的领导力，从企业核心团队的构成基本就能看出来。除此之外，创始人是否有高瞻远瞩的战略思维能力、脚踏实地的执行能力和广阔的胸襟，同样非常重要，但这些品质更难以观察和评价。

以上三点可以作为投资者考察评价企业创始人或者核心高管的标准，但个人投资者很难有机会与他们面对面接触、交流并做出判断。其实，信息社会为广大中小投资者提供了极大的便利，大量的媒体采访、专访，创始人或者核心高管的公开演讲、文章，以及在年报、半年报发布会上的表现等信息是观察创始人或者核心高管的最佳途径。投资者必须要做一个有心人，多维度全面了解创始人或者核心高管的信息，包括生活、学习和创业的经历，力争还原一个真实的人，进而对其志向追求、价值观、道德品质等有一个比较全面的了解和判断。

了解企业文化

投资者在对创始人或核心高管的价值观和能力做出初步的判断之后，接下来要对企业的文化进行更深入的了解。企业文化是企业的灵魂，没有灵魂的企业难以长久地发展。企业文化的内涵十分丰富，个人投资者全面深入了解一家公司内部的文化是十分困难甚至是不太可能的，只需要把握住几个关键点即可。

第一，企业价值观。吉姆·柯林斯在《基业长青》一书中说道："真正让企业长盛不衰的，是深深植根于员工心中的核心价值观。"企业价值观往往是创始人价值观的延伸，但很多企业在经历了代际传递之后，价值观会发生偏移，甚至与最初的价值观相去甚远。此时，观察企业的价值观，还需要更全面地了解企业的经营行为、品牌与口碑，甚至包括员工的言谈举止等。

第二，是否专注。多元化的企业就一定不专注吗？也不尽然。但纵观中外企业发展的历史，专注单一主业取得成功的企业远远多于多元化经营的企业。管理两个甚至多个主业，对公司管理层的挑战是巨大的，而且几个主业之间被寄予厚望的协同效应往往远低于预期，由于力量分散，企业很容易在专业领域的竞争中落败，所以投资者一定要睁大眼睛。除此之外，每隔一段时间，都会出现市场瞩目的焦点行业，总会有企业在原有主业之外，投入资金进入这些焦点行业。此时，投资者需要观察，这些企业是否真的下决心进入这些行业并将其作为公司主业，或者只是用一小部分资金进行尝试以吸引资本市场的目光，这是观察企业经营是否专注的最佳时机。

对于一家营业收入不超过100亿元的公司，假如其拥有多个主业，投资者往往对其多主业的必要性和合理性产生怀疑。但是，假如一家公司已经成长为本行业的龙头且市场集中度很高，全球市场份额也达到了比较高的程度，这个时候，企业是不是必须专注原有单一主业呢？没有标准答案。如果企业原有主业确实遇到瓶颈，再无大幅增长的可能，那么多元化经营不失为一条发展路径。此时企业的选择并非专注与否的反映，而是谋求更大发展的一种尝试。

考察公司治理结构

公司治理结构是投资者在考察候选企业时一个十分重要的关注点。但公司治理结构非常复杂，对普通的个人投资者而言，需要特别关注以下两点，而且这两点与企业文化有着千丝万缕的关系。

第一，企业有没有令人信服的掌舵人。在股权层面，需要有实际的控制人，投票权不宜太过分散。否则仅是提名董事长获得董事会通过就存在很大困难，不仅很容易造成董事长一职不够稳定，还会造成董事会和高管层内部的冲突，影响企业的决策效率，甚至引发外部的恶意收购。尤其是对于公司创始人来讲，如果没有足够的投票权，不仅公司的发展设想难以达成，当与其他股东意见产生冲突时，还存在被踢出董事会的风险。

投资者一旦发现公司的共同创始人或者高管层之间对外发出的声音出现不一致甚至是明显冲突的情况，一定要引起重视，这可能是公司高管团队甚至是共同创始人之间分裂的开始。因为在大多数情况下，他们如果对经营管理存在分歧，大概率是通过内部的交流协调解决的，只有在冲突不可调和的时候，才会通过外部媒体传递出来。

第二，公司是否存在严重损害小股东利益的情况。众所周知，公司所有权和经营权的分离是现代企业的重要标志，但也会导致“内部人控制”问题。公司如果不能有效地激励和监督，就会出现“内部人”侵害上市公司利益进而导致股东利益受损。与此同时，大股东相对小股东而言具有优势地位，也为其侵害上市公司利益进而损害小股东利益提供了可能。例如，利用关联企业转移公司资产，利用职务便利占用公司资产、成立同业竞争公司等，由于这些行为极为隐蔽，法律和财务知识不够丰富的投资者很难做出判断。但有利条件是，市场上投资者众多，一旦某些专业投资者或者媒体质疑或批评上市公司的某些关联交易或其他行为（如购买或出售资产的定价非常不合理），投资者就要引起足够的注意。

总之，对创始人以及企业文化的考察是投资者研究中不可或缺的重要一环。投资者仅通过深入研究公司的创始人、核心高管以及企业文化，虽不能得出公司一定值得投资的结论，但可以得出绝不能投资的结论。

第四章

投资之术

精准把握时机

投资之术，即投资的战术问题。在投资过程中，“法”与“术”的差别并不是谁更重要的问题，更多的是方向与策略的差别。战术问题同样十分重要，没有成功的战术运用，便无法达到预期的战略目标。无论是宏观分析、微观指标、估值高低，还是趋势投资、主题投资，乃至投资过程中与各类市场参与者的博弈，都属于战术问题。战略问题的关键在于对大方向的把控，而战术问题要求对细节尤为重视，绝大多数时候体现的是对时机的识别和把握。

多因子投资

直待自家都了得，
等闲拈出便超然。
——（宋）吴可

投资的重要问题之一是投资模型的搭建。这个模型并非数学意义上的模型，而是投资者在投资过程中需要考虑的关键因素，可称为多因子投资。

所谓“因子”就是影响股价表现的核心驱动因素。多因子模型就是通过分析收益率、回撤率等历史数据，确定哪些因子能够显著影响股价，然后用这些因子构建投资模型。市场上的量化因子模型众多，其中被广泛使用的因子包括宏观因子、基本面因子、技术因子、事件驱动因子等，基本面因子又包括估值因子、成长因子等细分因子，仅公司的财务指标就有多达数十种因子可以纳入模型。

本章所指的多因子投资，并非量化投资模型，而是指投资者在进行投资决策时应该考虑的核心因素。总体来讲，主要包括宏观因子、公司因子、情绪因子、技术因子四个方面。关于这四个因子，在本书的后续章节会作进一步介绍，这里只是介绍整体的框架。

宏观因子

宏观因子用来评判整个宏观经济环境对投资是否有利，主要包括利率、经济增速、货币供应量、人民币汇率、GDP、CPI、PPI、PMI、贸易顺差（逆差）、社会消费品零售总额、美元指数、黄金价格、石油价格等指标。企业的经营发展都是以宏观环境为基础的，美股长期的牛市似乎说明不用考虑宏观经济，只需考虑微观企业，但这都是以美国经济长期持续发展为基础的，在一个衰退的行业中选择具有高成长性的企业，成功概率微乎其微。无论是长期投资还是短期投资，宏观因素都是非常重要的研究变量。

公司因子

公司因子用来评判候选投资标的本身的质地如何，是选股的核心，是很多基本面多因子模型的关键因子。公司因子可以大致分为成长因子、质量因子、红利因子、估值因子和规模因子五类。

其中，成长因子衡量企业的成长性，也就是增长速度的快慢，主要指标包括营业收入增速、扣非净利润增速。高成长性是成长股的核心特征，是反映企业投资价值的核心指标。只有高成长性的企业才会使一家企业由小到大，成长为未来的行业巨头，所谓的 10 倍股正是成长股投资的宏伟目标。

质量因子衡量企业的经营质量及业绩的可持续性，主要体现在盈利能力、收益质量、现金流量、资本结构、营运效率、公司治理等方面，主要指标包括净资产收益率、总资产收益率、资产负债率、资产周转率、净利率、毛利率、资本收益率、股息率、经营现金流、应收账款周转率、存货周转率、杠杆比率、合规经营和受监管部门处罚等情况。一个企业有没有护城河，管理效率如何，在质量因子上体现得较为充分。

红利因子主要以股息率为选股标准，目的在于选取分红比例比较高的股票。这类公司往往具有稳定的业绩支撑，行业地位稳固，估值比较合理，股价的安全边际较高，尤其是当市场处于熊市时，分红率高的公司一般被视为防御型标的，整体优于市场表现。

估值因子根据上市公司的估值来判断股票当前价格是否合理，主要指标包括市盈率、市净率、市销率、市现率、PEG 等。

规模因子用来衡量上市公司的规模，主要指标包括总市值、流通市值、营业收入、净利润等。规模因子是市场中效应较为显著的因子之一，在历史上的不同交易周期内，市场对不同规模的股票呈现出较为明显的风格偏好，在特定阶段小市值公司享有更高风险偏好，而在某些时期，高市值公司享有更高的风险偏好。不同类型的投资者对规模因子有不同的偏好，有的投资者偏重高市值的公司，有的偏重中小市值的公司。

情绪因子

情绪因子是指风险偏好或者风险溢价，主要受政治、政策、制度、国际关系等因素影响，体现在市场的整体估值水平上，如重大的制度变革可以明显提振投资者信心，抬升市场整体估值。有的专业投资者会在情绪因子之外专门设置风险因子，反映市场的系统性风险。对于个人投资者而言，可以将二者纳入统一的考虑。

技术因子

技术因子主要根据市场行情中股价和换手率等指标反映市场行为，用以推断股价变动趋势。技术因子的本质是基于行为金融视角，利用市场定价机制的扭曲获取超额收益。

投资者可根据自身特点构建一套由核心因子构成的多因子模型，用于具体行业或个股的筛选。与此同时，多因子模型在评估市场整体投资机会与风险方面也可以发挥重要作用。鉴于股市表现一般由“两条腿”支撑，一个是盈利变化，另一个是估值变化，部分机构投资者会提取最看重的少数因子，如利率（流动性）、企业盈利、市场情绪等，作为判断市场整体投资机会的关键变量。若上述三个因子全部利多市场，则积极看涨；全部利空市场，则全面看跌；若有两个因子利多市场，一个因子利空或中性，则仍可期待结构性行情；若有两个因子利空市场，一个因子利多或中性，则投资机会很少。通过这种定性分析，可以帮助投资者建立宏观思维，过滤掉细枝末节的干扰，一览市场众山之小。

值得关注的十大宏观指标

宇之表无极，

宙之端无穷。

——（东汉）张衡

查理·芒格讲过，“宏观是我们要承受的，微观才是我们有所作为的地方”，很多人片面地将其理解为投资不需要考虑宏观因素。宏观因素确实难以把握，更难以左右，但在当今资本可以在全球范围快速流动的环境下，缺乏大的视野格局，无视自上而下的宏观分析可能会付出极高的代价，在金融危机、牛熊转换等特殊时期更是如此。个人投资者不喜欢讨论宏观因素，还有一个非常重要的原因是宏观思维需要进行系统的训练，否则投资者对宏观问题的理解往往浮于表面，对市场流行的观点缺乏辨别力，对投资不仅无益反而有害。本节作为一个引子，对与投资相关的10个核心宏观指标进行整体性介绍。

利率

利率是重要的宏观经济变量，也是影响投资决策最关键的因素之一。按照现金流贴现估值法，利率（贴现率）越高，股票估值越低；利率（贴现率）越低，股票估值越高。正因如此，投资者往往高度关注央行加息或降息的决定。

利率体系

利率体系是非常复杂的，非专业的个人投资者很难对利率体系有非常清晰的了解，但大致了解利率体系的构成和传导原理还是非常有必要的。总体来讲，现阶段中国利率体系可以划分为三个层次：政策利率、市场基准利率和市场利率。利率基本的传导机制是，央行通过货币政策工具调节银行体系流动性，引导市场基准利率以政策利率为中枢运行，并最终通过银行体系传导至贷款利率。

政策利率是指央行一系列货币政策工具的利率，是央行与银行间资金融通形成的利率，也是央行执行货币政策的主要渠道。政策利率主要包括公开市场操作（OMO）利率（逆回购利率）、中期借贷便利（MLF）利率、常备借贷便利（SLF）利率、再贷款和再贴现利率、法定和超额准备金利率等。其中，公开市场操作 7 天期逆回购利率是短期政策利率，MLF 利率是中期政策利率。

市场基准利率涵盖货币市场、信贷市场和债券市场，是市场化利率体系中主导的参照利率，目前主要包括存款类金融机构 7 天质押回购利率（DR007）、贷款市场报价利率（LPR）、国债收益率。

市场利率同样涵盖货币市场、信贷市场和债券市场，主要是指金融机构与金融机构之间，或者金融机构与实体客户之间的利率。货币市场利率主要包括银行间质押式回购利率（R）、上海银行间同业拆借利率（Shibor）等。债券市场利率主要包括利率债（地方政府债、政策性银行债）收益率、信用债（金融债、企业债、公司债、短期融资券、资产支持证券等）收益率、同业存单利率等。信贷市场收益率即贷款利率，存款利率主要包括定期存款利率、活期存款利率、大额存单利率等。其他市场也会有相应的利率（收益率），如理财产品收益率、非标资产收益率等。

对于二级市场投资而言，投资者大可不必对每一种利率都了如指掌，只要对其中的基本逻辑和重点的利率品种有一个基本概念即可。各种利率看似繁杂，其实有一个基本的传导逻辑：央行会根据经济形势和货币政策目标来确定政策利率，进而通过金融市场和金融机构逐步传导至企业和个人。例如，通过公开市场操作明确短期政策利率水平，引导以 DR007 为代表的市场基准利率围绕政策利率为中枢波动，进而影响国债收益率（无风险利率），逐步对各类债券收益率和其他金融市场利率产生影响；贷款方面，通过 MLF 操作明确中期政策利率水平并引导 LPR，可以实现政策利率向贷款利率的有效传导（LPR = MLF + 多家银行加点）；另外，贷款利率市场化后，贷款利率的变化也会传导至存款，间接影响存款利率的变化。

个人投资者如果觉得上述体系过于复杂，可以不用细究，只需要关注几个最具代表性的利率：10 年期国债到期收益率（YTM）、1 年期和 5 年期 LPR 及 MLF、一年期存款利率、DR007。之所以关注 10 年期国债收益率，是因为长期国债收益率可以看作无风险利率，很多资产的定价据此展开。如果我们观察美国自 1981 年以来 10 年期国债利率的变化趋势，不难发现，其与股票市场总体呈负相关关系（见图 4－1）。

图 4－1　美国 10 年期国债收益率与道琼斯工业指数走势

资料来源：Wind 资讯。

利率由什么决定

对利率体系有了大致的了解之后，接下来更关键的问题是，利率由什么来决定？表面上看，各国央行都通过收放货币来调节利率，所以很多人认为利率是由央行决定的，似乎是个外生变量。但如果把时间拉长，央行的利率决定是受实体经济约束的，长期利率基本属于内生变量，央行无法左右。

利率是资金的价格，长期来看由资金的供求决定，本质上是由实体经济的投资回报率和长期经济增长率的变化趋势来决定的。按照利率的“黄金法则”（Golden Rule），经通胀调整后的实际利率 r 应与实际经济增长率 g 相等。若 r 持续高于 g，会导致社会融资成本高企，不利于经济发展；若 r 低于 g，有利于债务可持续，但若持续明显低于 g，会扭曲资源配置，产生过度投资、通货膨胀和资产价格泡沫等问题。总体上 r 略低于 g 是较为合理的策略。当然，储蓄率的高低也会影响长期利率的高低，更高的国民储蓄率，意味更多的资金供应，容易导致利率水平相对更低。

长期利率可以分解为短期利率和期限利差两个部分。短期利率受央行利率政策的影响更明显，因此可预测性也更强。不同国家央行的政策目标不同，总体不外乎通过控制利率变动实现促进经济增长、价格稳定、充分就业、国际收支平衡等政策目标。市场上的分析人士也主要通过央行的政策目标与上述指标的变化来研究分析短期利率的变动趋势。

例如，通胀率和失业率一般存在此消彼长的负相关关系，美联储也一直根据通胀和失业情况进行调控。从 2012 年开始，美联储始终寻求实现中期充分就业和 2% 的通胀目标，但 2020 年 8 月底，美联储对其政策框架进行了比较大的调整，宣布实施平均通胀目标制。只要平均通胀率没有达到 2%，即便失业率已经降至新低，美联储可以不进行加息；而通胀率超过 2% 之后，如果没有对就业市场产生负面影响，美联储依然可以选择不加息。这一策略意味着，此前提前加息以抵御更高通胀的政策告一段落。投资者如果熟悉了美联储的这一政策转变，那么在预测美国短期利率变化时便有了比较可靠的依据。因此，投资者必须熟悉央行的政策框架和核心关注点，当其政策转变或者关注点发生了较大的变化时，往往意味着货币政策调整的时间临近了。

期限利差[①]是指同类同级别债券不同期限的利率差，通俗地讲，就是同一实体发行的不同期限债券的收益率之差，它体现的是持有较长期限债券的债权人要求的额外回报。

期限利差与哪些因素有关呢？期限利差对经济增速具有一定的领先性，当预期经济增速走弱时，收益率曲线趋向于平坦化，期限利差收窄。长期债券的持有者将通胀视为最大风险，市场预期通胀率上升，则长端收益率上行，期限利差扩大。此外，期限利差与流动性也有比较强的关联性，当货币政策宽松、流动性宽裕时，期限利差会扩大；而流动性紧张时，短期债券收益率上升幅度往往高于长期债券，导致期限利差缩小。

基于上述因素，一般而言，长期债券利率通常高于短期债券利率，国债收益率曲线一般向右上方倾斜，期限利差为正值；当长期债券利率低于短期债券利率时，通常称为期限利差倒挂。市场一般用 10 年期国债收益率和 1 年、2 年期国债收益率的差值作为期限利差的代表。纵观美国国债市场近五十年的历史，期限利差倒挂持续时间六个月以上的时期只有三次，分别是 1989 年、2000 年和 2007 年，这三次倒挂有一个共同特点，就是在经济繁荣时期的末端，市场已经对经济预期产生了悲观的看法，股票市场随后的表现往往也会比较差。中国市场上出现利差倒挂的次数比较少，即使出现持续时间一般也比较短，多数是由流动性超预期收紧造成的短端收益率快速上升造成的。一旦流动性得到缓解，则收益率曲线就会很快恢

① 除期限利差外，信用利差也是常见的金融词汇，是指除了信用等级不同，其他所有方面都相同的两种债券收益率之间的差额，或者某种债券收益率高于同期限无风险利率的差额，它代表了用于补偿信用风险而提高的收益率。

复，在此过程中，往往会伴随着股票市场的较大波动，但对于长期投资者而言，由于上述因素造成的股票市场短期大幅度下跌往往意味着会出现较大的投资机会。

从长期来看，利率变化是否有明确的趋势呢？20 世纪 80 年代以来，主要经济体的利率水平总体是下降的，甚至出现了负利率，但谁又能保证利率的蹿升不会在某个时点卷土重来？2021 年，美国通胀率达到 6.8%，创下近四十年来的新高，引发全球进入通胀时代的担忧，为了抑制通胀，这一次美国的利率水平又会出现何种程度的上升呢？悉尼·霍默在《利率史》中讲道："通过纵观利率史，我们可以动摇大部分先入为主的顽固看法，即有关什么是高利率、什么是低利率、什么是平均利率的看法。"假如未来某个时期，新一轮技术革命推动生产率明显提升、全球经济重回高增长，那么不排除利率水平较当前还会出现一定程度的上升。

投资者需要对利率有一个整体的认识，关注的重点不是利率的具体数值，而是利率中枢所处的阶段，其趋势是上升的还是下降的，利率趋势的拐点何时出现，这些可以通过对经济增长、就业、通胀等数据以及央行的表态等多方面信息进行综合分析、提前预判。

流动性总量

股票市场的表现除了与货币的价格（利率）紧密相关外，与货币的总量（流动性总量）同样存在密切的联系。但流动性是一个比较抽象的概念，涉及基础货币、信用创造和实体经济等不同的层次，其中基础货币取决于央行货币政策，信用创造通过金融机构来完成，最终传导至实体经济。最常用的流动性总量指标为货币供应量和社会融资规模。

货币供应量

货币供应量是全社会的货币存量，是某一时点承担流通和支付手段的金融工具总和。货币供应量的初始供给是中央银行提供的基础货币，这种基础货币经过商业银行的存款和贷款业务进行货币派生，实现多倍数的货币扩张。货币供应量与社会最终总需求呈正相关关系，中央银行把货币供应量作为货币政策的中介目标，最终可以影响其他社会经济目标。按照货币流动性的强弱，货币供应量可以划分为不同的层次，最常见的包括 M0、M1、M2。

M0 为流通中的现金。各国政府或中央银行发行的现金流动性最强，随时都可以作为支付的手段，但并非所有的现钞都可以计算在内，还要扣除金融机构的库存现金。在我国，它是指流通中的现金，即在银行体系之外流通的现金。随着移动支付的发展，M0 是货币供给量中增速最低的一种。

M1 被称为狭义的货币供应量，是指 M0 加上企业、机关、团体、部队、学校等单位在银行的活期存款。活期存款可以随时提取，流动性仅次于现金，是成本最低的交易媒介和支付手段。M1 代表了企业、机关等的现实购买力，反映的是交易性需求。由于 M1 中的单位活期存款比重较高，再加上 M0 的增速相对稳定，其增速主要由单位活期存款的增速决定。M1 的增速一般可以看作资金活性指标，代表企业扩大投资的准备资金，因此该项指标与经济走势息息相关。

M2 被称为广义的货币供应量，M2 = M1 + 准货币。其中，M1 = M0 + 单位活期存款，准货币 = 单位定期存款 + 个人存款 + 其他存款，其他存款包括外币存款、信托类存款、证券客户保证金存款、住房公积金存款等。M2 与 M1 的差额主要是单位定期存款和个人存款之和，通常称作准货币。M2 主要反映社会总需求的变化和未来通货膨胀的压力状况。

市场除了关注 M1、M2 各自的增速之外，M1 与 M2 增速的差值也备受关注。M1 与 M2 是货币供应量的不同维度，大概率为同向，只是变化幅度不同，M1 与 M2 剪刀差背后体现的是企业资金占比和其资金的活化程度，在一定程度上可看作信用周期、经济周期的先行指标。M1 主要执行交易媒介职能，因而流动性较强；M2 主要执行资产职能，因而流动性较差。一般来说，如果 M1 的上涨速度慢于 M2，说明个人对经济前景预期悲观，不愿意过多增加消费，所以个人存款增加较多，其通过消费转化为企业存款的力度不足；企业也没有投资意愿，更倾向于将存款定期化或者购买理财产品。如果 M1 增速大于 M2 增速，意味着企业活期存款增速大于定期存款增速，企业和居民交易活跃，微观主体盈利能力较强，经济景气度上升。

但 M1 与 M2 的剪刀差，很多时候是实体部门资产配置的结果，是事后的解释，在不同的经济环境下，会有非常多的特殊情形造成这种剪刀差，导致上述解释无法成立。比如经济低迷期，实体投资回报率下滑，叠加利率下行，短期利率与长期利率价差缩小，存款活期化的机会成本下降，也会造成 M1 的增速上升。另外，股票市场的表现与这种剪刀差有无明确的关联呢？货币政策宽松是有利于股票市场上涨的，但影响股价的因素众多，依靠货币增速这一单一指标难以进行判断；同样，仅通过观察 M1 与 M2 的剪刀差也难以做出准确的判断。

社会融资规模

市场除了高度关注货币供应量以外，近年来对社会融资规模的重视程度也越来越高。社会融资规模是指一定时期内实体经济从金融体系获得的资金总额，主要包括金融机构表内贷款、金融机构表外融资、直接融资以及其他融资。

从统计口径来看，并不是社会融资规模中的每一项指标变动都会引起 M2 水平的变动。社会融资规模包含的信息比 M2 更广泛，不仅能反映实体经济从金融体系获得的资金总额，还提供了行业结构、地域结构、融资结构等信息。社会融资规模对金融体系内部的资金往来做了扣除，纯粹反映金融体系对实体经济的资金支持；而 M2 既包括企业和个人的存款，也包括非存款类金融机构在存款类金融机构的存款，因此，相较于 M2，社会融资规模与实体经济的关系更加直接。社会融资规模是 2010 年才开始统计的指标，尽管出现时间不长，但已经成为资本市场密切关注的指标。

总体来讲，观察流动性，一方面要看货币的价格，市场利率是最直观的指标；另一方面，可观察流动性总量，但机构一般会用剩余流动性来替代。所谓剩余流动性是指 M2 增速与名义 GDP 增速的差值，或者社会融资规模增速与名义 GDP 增速的差值。

在第三章“学会资产配置”一节中，我们讨论了如何通过经济增长和通胀率两个核心要素构建美林时钟并进行资产配置，近年来，越来越多的研究机构开始采用“货币—信用”框架实现类似的资产配置建议。其中，“货币”可以理解为政策的意图，即央行通过货币政策工具进行操作，调控市场流动性，利率可以作为“货币”的代表；“信用”可以定义为通过货币政策进行操作形成的结果，由金融供给和市场需求同时决定，可以由社会融资规模或 M2 作为代表。

“货币”与“信用”的不同组合，反映经济周期的不同阶段。“宽货币 + 紧信用”，对应经济周期中的衰退期，实体经济融资需求较弱，信用持续紧缩，经济继续放缓，通胀下行，货币政策开始放松；“宽货币 + 宽信用”，对应经济周期中的复苏期，货币政策宽松，利率下行，实体融资需求回升，信用开始扩张，经济开始向好，但通胀继续下行；“紧货币 + 宽信用”，对应经济周期中的过热期，经济高速增长，通胀压力加大，货币政策开始收紧，利率上行，但实体融资需求依然旺盛，信用持续扩张；“紧货币 + 紧信用”，往往对应滞胀期，通货膨胀居高不下，货币政策收紧，利率上行，信用开始紧缩，实体经济需求不振，经济增长放缓。投资者可根据不同的“货币—信用”组合，配置相适应的大类资产。

通货膨胀

资本市场高度关注通货膨胀率，因为现代央行货币政策最主要的目标之一就是保持相对温和的通胀水平，通胀率将直接影响货币政策，进而对股票市场产生非常显著的影响。

CPI

一般而言，各国基本上采用消费者价格指数（居民消费价格指数，CPI）来反映通货膨胀，也就是居民生活成本的变化幅度。CPI =（一组固定商品当期价格计算的价值/一组固定商品按基期价格计算的价值 - 1）×100%，常用的基期主要是上年度同一月份或者上月份，分别代表 CPI 同比变化和环比变化幅度。

一般而言，CPI 为正值，称为通货膨胀；为负值，称为通货紧缩。从历史上看，经济总体是波动上行的，大多数时期是通货膨胀时期，仅有少数经济衰退时期会发生通货紧缩。发达国家一般将长期通胀目标定在 1% ~3%，新兴市场经济国家稍高于此，过高的通胀对实体经济的损害极大，但低于 1% 的通胀也表明经济缺乏活力。我们通常所担忧的通胀，一般是指高于目标通胀水平的通胀，历史上很多国家都发生过严重的通货膨胀，如一战之后的德国、津巴布韦等国家，美国在 20 世纪 70—80 年代也经历了较严重的通胀，个别月份 CPI 超过 13%。

编制 CPI 的初衷是为了反映一段时期内人们消费成本的变化，因而各商品和服务在居民消费支出中的占比，自然就成为 CPI 篮子商品权重的制定标准。一国的 CPI 篮子商品的权重会每隔几年调整一次。目前，我国 CPI 篮子商品中有八大类项目，权重最高的是食品烟酒类（28.19%）。因为农产品生产供给存在明显的周期性特征，食品价格的波动幅度较大，再加上食品在 CPI 构成中的权重较大，所以在特定时期食品会引发 CPI 的较大波动。因此，部分发达国家会将扣除食品的核心 CPI 作为主要关注对象。

PPI

除了 CPI 之外，PPI 也备受关注，并且与 CPI 有千丝万缕的联系。生产者价格指数（工业品出厂价格指数，PPI）用来衡量工业企业产品出厂价格变动趋势和变动程度，简单理解就是企业生产成本的变化幅度，计算公式与 CPI 类似，差别在于统计的品种不同。编制 PPI 是为了反映企业购买的一篮子物品和劳务成本的变化，主要包括生产资料和生活资料两类，其中生产资料占比约 3/4，生活资料占比约 1/4。计算机等行业虽然在 PPI 中权重比较高，但其产品价格总体波动相对较小，真正对 PPI 影响较大的是上游的重工业生产资料行业，如石油、黑色金属、有色金属、煤炭、化工等工业生产的基础原材料。可见，大宗商品价格在 PPI 变动中扮演核心角色。

通胀出现的原因

投资者关注物价指数或者通货膨胀时，重点可以放在对通胀趋势的判断上，明确通胀出现的原因，以及对相关行业产生的影响。

总体来讲，通胀可以分为成本推动型通胀和需求拉动型通胀两类。成本推动型通胀是指重要商品的短缺和价格上涨带来的通胀，即在需求相对稳定的情况下，供给的减少或收缩带来的价格上涨，或者供给端的增加跟不上需求端的扩张带来的价格上涨。需求拉动型通胀是指在供给稳定的情况下，由于需求的扩张带来的价格上涨，或者需求端的扩张大于供给端的增加带来的价格上涨，即“过多的钱追逐过少的商品”。

从历史经验来看，成本推动型通胀往往在 PPI 上表现得更充分。由于需求无法同幅度增长，上游初级产品价格的上涨难以有效传导至消费品领域，导致 CPI 的上涨压力是结构性的，而非全面性的，而且 PPI 的涨幅会远大于 CPI 的涨幅，出现明显的剪刀差。而需求拉动型的通胀演变过程中，需求扩张带来消费品价格上涨，进而对中游和上游产品的需求产生拉动，引发 PPI 上涨，CPI 和 PPI 同步性更强，剪刀差现象较弱。

例如，2020—2021 年，新冠肺炎疫情对海外供应链产生巨大冲击，矿产等资源类产品供给不足，再加上宽松的货币政策，大宗商品价格不断攀升，推动 PPI 增长；但由于各国实体经济增速明显下滑，需求不够稳定有力，CPI 难以上涨，便产生了 PPI－CPI 罕见的高剪刀差。这种现象对行业间的利润分配产生了巨大影响，上游资源品企业的利润实现了大幅增长，而中游制造业和下游消费品行业都受到成本上涨的巨大冲击，但由于 CPI 明显低于 PPI，中下游的成本难以继续转嫁，造成中下游行业利润的下滑。但从经验来看，这种由于供给导致的剪刀差不会长期持续，一旦剪刀差降低，CPI 慢慢回升，中下游企业的利润便可开始恢复增长。

在对 CPI 和 PPI 同比数据进行分析时，一般将产生的影响分为翘尾因素和新涨价因素两个部分。所谓翘尾因素，是指上年价格变化对本年同比价格指数的滞后影响，新涨价因素是指由于当年价格的上涨对 CPI 或者 PPI 上涨产生的影响。若翘尾因素大，新涨价因素小，则物价上涨势头临近尾声，物价的环比涨幅已经缩小。

假设某商品的价格变化情况如表 4－1 所示，2021 年 6 月该商品价格的同比上涨幅度为 20%，所以翘尾因素为 20%，新涨价因素为 0（商品价格在 2021 年上半年未上涨）。而到 2021 年 9 月，商品价格同比涨幅约为 13.6%，其中 2020 年 12 月的价格相较同年 9 月上涨约 9.1%，2021 年 9 月相较 2020 年 12 月上涨约 4.2%，也就是翘尾因素约为 9.3%［9.1%÷（9.1%＋4.2%）×13.6%］，新涨价因素约为 4.3%［4.2%÷（9.1%＋4.2%）×13.6%］，翘尾因素的影响程度达 68%。

表 4－1　某商品价格变化情况

	2020 年 6 月	2020 年 9 月	2020 年 12 月	2021 年 3 月	2021 年 6 月	2021 年 9 月	2021 年 12 月
价格（元）	10	11	12	12	12	12.5	12.5

汇率

汇率是整个经济体系中非常重要的组成部分，对市场的影响巨大，但二级市场上的个人投资者往往没有给予其足够的关注。

汇率产生的影响

汇率是指一国货币兑换另一国货币的比率，是以一种货币表示另一种货币的价格，所以其本质上也是资产的价格。汇率对股票市场的影响可以是直接的、全面的，假如一国汇率存在明显的升值预期，则很容易导致国外资金的快速流入，进而推动该国股票、房地产等资产价格的上升。假如该国本身的投资回报率也相对较高，那么国外资金进入便可以实现双重盈利，既可以获得该国资产本身价格的上涨，也可以获得汇率升值部分的收益，如过去十几年国外资金在中国的投资便实现了双重的收益。反之，如果一国汇率存在明显的贬值预期，则带来的结果正好相反，资金的外逃不可避免。这种预期往往是自我实现、自我强化的，升值预期带来海外资金流入，进而推升本币的价格，导致汇率升值，升值预期进一步强化；反之亦然。这种升值或者贬值的预期对股票市场的影响往往体现在市场估值水平的抬升或下降。

汇率会影响进出口企业的竞争力，进而影响企业的利润。一般而言，一国生产的商品都是按本国货币来计算成本的，汇率的高低直接影响该商品在国际市场上价格的高低，进而影响商品国际竞争力的强弱。假如一国的汇率高估，或者汇率升值，企业出口的产品若要保持原有国内价格，则其国际市场上的外币价格必然上涨，进而降低企业的竞争力；假如国际市场上的销售价格保持不变，那么换算成本国货币之后的利润率必定下降，所以汇率升值不利于出口企业，但有利于进口企业。相反，若汇率贬值，则有利于出口企业，但不利于进口企业，所以金融危机产生时，国家间往往会出现竞争性贬值的情况，目的就是增强本国企业的出口竞争力。

影响汇率的因素

既然汇率的影响如此广泛，那么汇率由什么决定呢？

第一，汇率与两国的物价或者通胀率有关。一国的物价水平反映了该国货币的国内购买力，国内物价水平的上升会降低该国货币的国内购买力，引起该国货币在外汇市场的贬值。按照购买力平价理论，两国货币的汇率等于两国价格水平之比，在一段时期内，两国货币汇率的变化幅度等于同一时期两国国内价格水平变化幅度的差值。假如某年度美国通胀率为5%，日本通胀率为3%，则当年美元对日元汇率将贬值2%。

第二，汇率与两国的利率差异有关。高利率的国家吸引国外资金的流入，汇率升值；低利率的国家资金流向他国，汇率贬值。这是利率与汇率关系的基本原理，但现实世界中利率与汇率的关系远比理论复杂得多。在比较利率水平高低时，一般使用10年期国债收益率指标，如果把中美两国近三十年的利率差异与汇率变化做统计回归，不难发现，其实二者并没有特别精确的规律。从长期来看，决定两国汇率走势的基础性因素还是两国经济发展的基本面。不过，如果分析短期汇率的变化，利率仍然是不可或缺的重要因素。

谈到利率与汇率，很多投资者会想到一种比较常见的交易策略：套息交易（Carry Trade），即在外汇市场卖空低息货币（称为融资货币），同时买入高息货币（称为投资货币）的策略。日元是套息交易中融资货币的典型代表，自1998年开始实施低利率政策以来，日元就具备了实施套息交易的基本条件。日本本国资金为了寻求更高的收益，纷纷出海寻求较高收益的资产，压低了日元的汇率，形成庞大的海外资产；一旦全球发生金融危机或其他不稳定事件，由于风险偏好的下降，这些投资者立即减持海外资产，引发资本回流，从而推升日元。同时，危机状态下，发生危机的国家往往采用宽松的货币政策，利率下调后与日本本国的利差收窄，也会导致出海资金回流本国。

大量的资金在短期回流，就产生了一个现象，当危机状态下大多数货币都在贬值时，日元汇率开始回升，这是避险货币的典型特征。而同样是避险货币，美元在危机状态下的强势表现与日元的强势原理则不同。美元的强势是由危机状态下，全球资金集中寻找避风港，抛售风险资产，回流美国，追逐美国国债造成的，所以会产生美债收益率下降、美元指数回升的现象。

第三，汇率与国际收支状况有关。汇率影响国际收支，反过来国际收支也会影响汇率的变化。国际收支是指一个国家或地区在一定时期内所有对外经济活动的货币计量。外汇管理部门会编制国际收支平衡表，记录该国与世界其他各国经济交往的情况，内容主要包括三个部分：经常账户、资本与金融账户、错误与遗漏账户。

经常账户反映一国与他国实际资源的转移，其中最重要的是商品、服务的出口和进口。经常项目出口大于进口为顺差，进口大于出口为逆差。

资本与金融账户反映国际资本的流动，分为金融账户和资本账户。其中资本账户主要包括土地和无形资产（专利、版权、商标等）的购买或出售，金融账户主要包括直接投资、证券投资、其他投资（国际信贷等）。资本净流入为顺差，净流出为逆差。统计原因会导致经常账户与资本和金融账户不平衡，形成净误差与遗漏。

国际收支差额带来储备资产的变化，包括外汇、黄金、特别提款权等。外汇储备增加会推动本币升值，外汇储备减少会导致本币贬值。但并非外汇储备越多就一定越好。

关注外汇市场的投资者一定听过“不可能三角”理论。这个理论论证起来其实并不是特别复杂，概括起来就一句话：货币政策独立性、资本自由流动和固定汇率不可兼得，只能三者取其二。举例来讲，英国与欧盟的经济联系非常紧密，若英国加息而欧盟未跟进，那么在资金自由流动的环境下，大量资金必然从欧盟流入英国，导致英镑汇率升值，欧元贬值；假如要实现英镑兑欧元基本稳定的目标，必须限制资金的自由流动；若无法限制资金的自由流动，却要实现英镑兑欧元基本稳定的目标，欧盟必须同等幅度进行加息。“不可能三角”理论是分析宏观经济的重要工具，尽管在不同的环境下理论有效性不同，但分析框架非常简洁。

总体来讲，影响汇率的因素有很多，包括国际关系、地缘政治、经济增长、通货膨胀等。每当汇率发生较大波动的时候，往往是背后某些因素发生了比较大的变化，汇率只不过是表征。

投资者需要关注的指标

A 股投资者需要关注的有关外汇市场的指标有两类：

第一类是双边汇率。在各类外币中，人民币兑美元的汇率是市场最密切关注的指标。其中，人民币汇率分为离岸汇率和在岸汇率两种。在境内交易的人民币称为在岸人民币（CNY），直接受人民币汇率中间价制约；在境外交易的人民币称为离岸人民币（CNH），其交易市场主要在中国香港，还有伦敦、新加坡等金融中心，汇率变动主要受市场供求的影响。在岸人民币与离岸人民币总体趋势一致，波动幅度会有变化，起到相互牵引的作用。

第二类是汇率指数，反映一种货币相对多种货币（一篮子货币）的价格水平及其变动趋势。当前，全球金融市场最关注的汇率指数仍然是美元指数。美元指数与股价指数本质上是类似的，其对应的一篮子货币主要包括欧元、日元、英镑、加拿大元、瑞典克朗和瑞士法郎。美元指数上升，代表美元相对上述一篮子货币升值；美元指数下跌，代表美元相对上述一篮子货币贬值。美元一直被看作全球资产定价体系的锚，美元指数的波动直接影响各地投资者对全球金融市场状态及走势的判断。但很多个人投资者在认识上存在误区，觉得美元指数上涨，人民币兑美元的汇率就会下跌，但由于美元指数对应的一篮子货币中没有人民币，人民币兑美元的走势与美元指数的走势并不同步。

2015 年，中国外汇交易中心发布 CFETS 人民币汇率指数（目前每周发布一次），成为反映人民币汇率变化的重要指标。它也是一种加权平均汇率，用于综合计算人民币对一篮子外国货币加权平均汇率的变动，能够全面反映人民币的价值变化，有助于引导市场改变主要关注人民币兑美元双边汇率的习惯。该指数的货币篮子目前包括24种外币，美元、欧元、日元、韩元的权重居前。2021年，在美元走强的情况下，CFETS人民币汇率指数上升了8%，显示人民币和美元相对其他主要货币都实现了升值。2015年11月30日—2021年11月30日CFETS人民币汇率指数如图4-2所示。

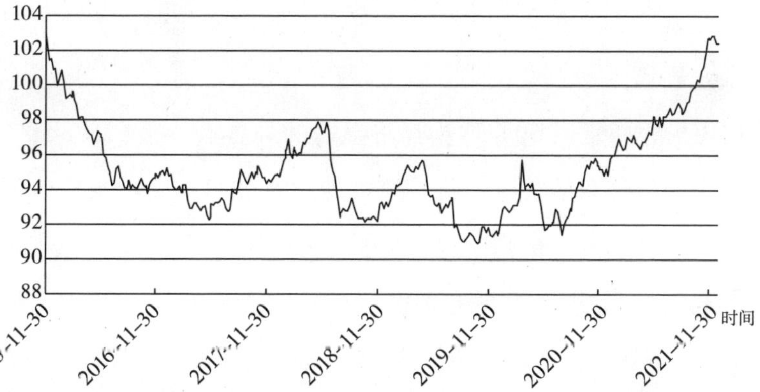

图4-2　2015年11月30日—2021年11月30日CFETS人民币汇率指数

资料来源：Wind资讯。

采购经理指数（PMI指数）

采购经理指数是指由企业采购经理的月度调查结果编制而成的指数，涵盖企业采购、生产、流通等各个环节，反映经济的变化趋势，具有较强的预测、预警作用。

月度调查采用问卷调查形式，要求填报人根据本企业的运行情况和外部市场环境做出综合判断，对比上月，在增加、持平或减少三种答案中选择一种，将调查数据进行综合汇总后统计出各选项的百分比，通过各指标的动态变化来反映经济活动所处的周期状态。

可以看出，PMI指数统计的是环比情况。计算公式：PMI指数=增加的比重+持平的比重×0.5=增加的比重+（1-增加的比重-减少的比重）×0.5＝50%＋（增加的比重－减少的比重）×0.5。例如，关于生产指标，共调查了3000家企业，有1200家选择“持平”，1000家选择“增加”，800家选择“减少”，则PMI指数约为53.3%。

PMI指数主要包括制造业PMI和非制造业PMI两个分类指数。其应用比较简单，投资者既要观察它的绝对值，又要分析其变化趋势；既可以观察综合指数，又可以分析行业各分类指数。一般而言，PMI指数单月的升或降不代表趋势的变化，连续三个月以上同向变化时，才可能反映经济运行的真实趋势。

PMI指数通常以50%作为经济强弱的分界点。当PMI＞50%且比上月高时，表明经济总体扩张，且扩张的速度加快；当PMI＞50%但比上月低时，表明经济仍处于扩张阶段，但扩张的节奏开始放缓；当PMI＜50%但比上月高时，表明经济虽然在收缩，但已逐步好转，经济正在复苏；当PMI＜50%且比上月低时，表明经济处于收缩状态，且收缩更为严重。

PMI指数是经济运行的先行指标，一般领先GDP运行一个季度，在每个月的第一天发布，值得投资者密切关注。

社会消费品零售总额

社会消费品零售总额是最常见也是最容易被个人投资者直接感知的宏观经济指标，是观察国内消费需求最直接的窗口。它是指企业（单位）通过交易直接销售给个人和社会集团非生产、非经营用的商品金额，以及提供餐饮服务取得的收入金额。值得注意的是，纳入社会消费品零售总额统计的商品，包括实物商品网上零售额，但不包括非实物（虚拟）商品网上零售额，也不包括企业和个体经营户用于生产经营和固定资产投资所使用的原材料、燃料和其他消耗品的价值量，以及居民用于购买商品房的支出和农民用于购买农业生产资料的支出。此外，居民日常消费中用于教育、文化、娱乐等方面的服务性消费也不包括在社会消费品零售总额中，所以社会消费品零售总额不等同于最终消费支出和城乡居民消费支出。

简单来讲，按消费类型划分，社会消费品零售总额主要包括商品零售和餐饮收入两部分。按照2020年的数据，商品零售总额占比约90%，餐饮收入总额占比约10%。国家统计局每月公布上月的社会消费品零售总额，时效性很强，投资者可以及时观察到消费需求的变动情况，所以社会消费品零售总额可以作为反映消费需求变动的核心指标。

投资者若关心某一具体行业，可以进行更细致的分析，掌握该行业更全面的信息。此外，多数行业都建立了行业协会，协会定期发布的数据也是投资消费行业上市公司的重要参考。还有一点尤其需要注意，随着网络购物的普及，线上销售额占销售总额的比重日益提高。投资者观察某一家公司或某一品类的消费品线上销售额变化趋势，基本上可以对其整体销售情况有一个大致的判断，这对其做出投资决策至关重要。

消费是拉动经济增长的“三驾马车”之一，在推动经济增长中的贡献越来越突出。影响居民消费的长期因素有很多，如居民收入、物价水平、分配状况、社会保障、居民预期收入等，短期内影响更大的主要是居民收入及收入预期。

大宗商品及相关指数

大宗商品是指同质化、可交易、被广泛作为工业基础原材料的大批量买卖的物质资料。很多投资者之所以关注大宗商品，是因为其投资了大宗商品或者与大宗商品挂钩的衍生品和基金。对于从来不参与大宗商品投资的个人投资者而言，是否还有必要关心大宗商品市场呢？答案是肯定的。作为二级市场的个人投资者，视野必须足够开阔。大宗商品作为重要的生产资料，其价格变化对经济发展、企业盈利，甚至股票市场的阶段性表现都有非常大的影响。投资者虽不必对所有大宗商品都了如指掌，但对其整体表现及重点品种的走势要有一个整体把握。

大宗商品的种类很多，分类方法不一，为了便于理解，可以简单分为能源（煤、石油、天然气等）、工业原料（金属、橡胶等）和农产品三类。市场上的投资品种如此丰富，为何会有投资者钟情于大宗商品呢？正如前文所讲到的，大宗商品是较为独特的资产类别，与股票、债券的相关性比较低，再加上流动性高的特征，成为大型机构的重要投资品种，尤其是很多宏观策略的对冲基金也把大宗商品作为重要的投资选择。但大宗商品投资也有缺点，价格波动较大、周期较长（高达 10 年以上），其收益比股票的收益低，并不适合长期持有。普通的个人投资者直接通过现货或者期货投资大宗商品市场的非常少，即使作为资产配置，也主要通过商品类上市公司股票或者持有 ETF 的形式间接进入市场。

大宗商品的种类繁多，每一类品种的价格都有其自身规律，很难找到统一的模式，但大多数品种的价格波动主要还是由供给和需求的对比变化以及整体的货币环境来决定的。由于需求的波动总体比供给的波动要缓慢，如果供给端发生比较大的变化，很容易引起大宗商品价格的巨大起伏。当然，需求的影响也是非常关键的，如近年来新能源产业的飞速发展对锂、镍、铜等金属的需求量大幅增长，进而推升了有色金属的价格；除此之外，还体现在经济周期的波动上，经济扩张期，能源和金属类商品的价格会水涨船高，而当经济下行甚至萧条的时候，这类商品的价格往往也会跟着下降。

跟踪众多大宗商品市场的供求及价格变化，超出了绝大多数个人投资者的能力范围，所以投资者只要将重点放在大宗商品指数的变化上即可。国际机构编制的大宗商品指数有很多，历史最悠久、应用范围最广的当属 CRB 商品指数（Thomson Reuters Commodity Research Bureau Index），但该指数的波动受原油市场影响过大。虽然国内商品指数起步相对较晚，但我国已经推出了多个商品指数，如中国大宗商品价格指数（CBMI）、南华商品指数、文华中国商品指数等。

在所有的大宗商品中，有两种是全球资本市场的焦点，即原油和黄金。因此投资者一定要对这两种商品有较全面的了解。

石油是经济发展的“血液”，油价的涨跌，尤其是暴涨暴跌，既关系到国家之间综合实力的对比，也关系到很多企业的生存与发展。中国是原油的净进口国，现阶段无法左右原油的价格，但原油价格究竟是如何决定的呢？决定因素主要有三个方面：供需关系、美元指数、国际政治。需求的分析预测相对容易，但供给端的变化是难以估计的，很多时候都是国际政治博弈的结果，大产油国的突发决定便可以使油价在短期内产生非常大的波动。此外，分析油价必须研究美元指数，毕竟现阶段绝大部分原油交易都是以美元结算的，而美元指数的复杂性本身就让大多数个人投资者望而却步了。尽管从一般规律而言，美元指数与油价呈负相关的关系，但二者同步上升或下降也时有发生。总之，油价从来都不是简单的供求关系的反映，也不是纯粹的经济问题。在中外原油市场的投资历史上，即使是专业的大型投资机构，也会因判断失误而遭遇非常大的损失，甚至破产倒闭。

接下来再看黄金。黄金价格的波动仍然超出大多数投资者的理解和预期，甚至比原油价格更难以预测。之所以投资者要关注黄金，并非把黄金作为重要的投资品种，而是在投资过程中，把黄金作为观察金融市场的一个视角，更容易获得整体全面的判断。

黄金具有长期投资的价值吗？这个问题始终是仁者见仁、智者见智。在巴菲特看来，黄金有两个明显的缺点：没有太多用途、没有创造价值的能力。但黄金投资并非一无是处，可以算作另类投资的一个品种，其价格表现与股票、债券相关性较低，所以是部分投资者配置资产的工具。

最关键的问题是，黄金价格究竟由什么决定呢？关于黄金价格，投资界已经建立了比较规范的研究框架，在此不作重复。总体来讲，黄金具有两大属性：商品属性和金融属性。从商品属性来看，黄金的供给与需求相对稳定，所以从供需角度分析黄金价格意义不大。从金融属性看，黄金仍然是各国央行重要的储备资产，2008 年次贷危机之后全球主要央行总体是净增持黄金的，这也是近年来黄金价格上涨的一个支撑因素。除了货币属性之外，黄金的金融属性还主要体现在两个核心功能：避险功能和抗通胀功能。其中，避险功能是黄金区别于其他大宗商品的典型特征，本质上是由黄金的稀缺性导致的。

判断金价的趋势，核心是观察以下两点：一方面，金价与经济增长、通货膨胀和货币环境相关；另一方面，某些特定时期，金价的表现更多地反映其避险属性。在大多数时期，黄金的避险属性是不发挥作用的，在某些略显动荡的时期，黄金的避险属性与商品属性相当，二者谁也无法决定黄金价格的趋势；但在某些特别重大的危急时刻，如地缘政治冲突、经济危机期间，其避险属性会释放出强大的威力。除此之外，黄金价格与美元指数也有非常强的关联性，平常时期，二者的负相关关系是基本成立的，但当黄金的避险属性与美元的避险属性同时发挥作用时，黄金与美元的负相关关系便失去了效力。

在判断金价是否被高估或低估时，有几个常用的比价可以参考，如金银比（黄金价格和白银价格的比值）、金铜比（黄金价格与铜价的比值）和金油比（黄金价格与原油价格的比值），这些比值都是基于历史数据的比值，具有一定的参考意义。可是一旦历史的发展进入一个全新的阶段，靠历史数据总结提炼出来的经验比率往往不再有效。

就业情况

在 A 股市场，投资者对就业市场的数据关注程度相对较低，在此简单就衡量就业市场的指标作大致的介绍。

一国总人口 = 适龄工作人口（特定年龄阶段有工作能力的人口数

量）+非适龄工作人口（特定年龄阶段以外的人群）

适龄工作人口=劳动力人口+潜在劳动力人口

劳动力人口=就业人口+失业人口

潜在劳动力人口是指适龄工作人口中因为某些原因未能加入就业行列的潜在劳动力，如有工作能力但没有工作意愿的人、学生、家务劳动者等。失业人口是指届满一定年龄、具有劳动能力和劳动意愿而尚未获得工作职位的人口。所谓失业率就是失业人口占总劳动力的比重，反映了想找工作但找不到工作的程度。劳动参与率也是就业市场的重要指标，反映了适龄工作人口的工作意愿，劳动参与率=劳动力人口÷适龄工作人口。劳动参与率与家庭收入、社会保障水平、宏观经济环境，乃至文化传统都有非常大的关系。根据有关数据，我国的劳动参与率一直高于全球主要经济体。

固定资产投资

固定资产是指为生产商品、提供劳务、出租、经营或管理而持有，使用期限在一年以上的房屋及建筑物、机器、机械、运输工具以及其他与生产、经营、管理有关的设备、器具、工具等。固定资产投资就是指建造和购置这些固定资产的经济活动。

二级市场的个人投资者对固定资产投资关注不多，因为这项指标是过程指标，对投资的信号作用不够直接和明显；但机构投资者对该指标是非常看重的，他们从固定资产投资增速的上升或下降等方面，寻找相关行业景气度的蛛丝马迹。一般而言，当经济发展预期向好时，企业的投资意愿提升，会推动固定资产投资增速上升。但固定资产投资非常复杂且专业，分类方法也比较多，对于个人投资者而言，最简单的观察方法是了解其行业结构。国家统计局每月会发布各行业的固定资产投资数据，投资者如果想要研究某个具体行业的投资情况，可以查找特定行业的数据进行对比分析；若只是想笼统地了解固定资产投资情况，只需要将重点放在基建投资、房地产投资、制造业投资三个主要分项即可（这三项在固定资产投资占比超过70%）。

波罗的海干散货指数（BDI）

投资周期股的投资者会关注波罗的海干散货指数（Baltic Dry Index，BDI）。它是位于伦敦的波罗的海交易所发布的关于运输和贸易的指数，是由全球主要干散货船航线的即期运价，按照各自在航运市场上所占比重加权计算而成，用于衡量运输各种原材料的成本变化，既是国际干散货运输市场走势的晴雨表，也是航运业、大宗商品市场乃至全球经济的领先指标。

所谓干散货运输，主要是指上游初级产品如煤炭、铁矿石、粮食等的运输。除此之外，集装箱运输和油轮运输是远洋运输的另外两种形式。集装箱运输主要适用于下游制成品的运输，如电子产品、纺织品、汽车等；油轮运输主要适用于原油、液化天然气等液态物质的运输。一般而言，集装箱运输主要体现中下游产品的需求，运价波动相对平缓，可以说是宏观经济波动的滞后指标。干散货航运反映全球对初级产品和原材料的供应与需求。由于国际间航运货船数量较为固定，货运能力弹性较小，BDI在一定程度上反映了全球的经济状况。在上述货物需求增加、价格上涨的同时，全球对货船的需求相应增加，带动航运运费上升，BDI指数上涨。BDI指数的波动幅度很大，可以从侧面反映周期性行业在繁荣期与萧条期业绩的巨大差异。

值得关注的十大微观指标

莫将画竹论难易，
刚道繁难简更难。
——（明）李东阳

第三章已经就企业的微观研究进行详细分析，本节的重点是如何运用财务数据分析企业的竞争力和投资价值。众所周知，企业所有的财务信息都会在三张表（资产负债表、利润表、现金流量表）中呈现，但投资者也要辩证地看待财务报表的作用：一方面，有关企业竞争力的信息会通过核心财务指标呈现出来，通过财务数据分析一家企业是投资者应该具备的能力；另一方面，所有的财务数据都是企业经营的事后结果，只能代表过去，完全依靠过去的数据指导未来的投资是有局限性的。所以财务分析不是投资的核心，也不是本书的重点。

收益率指标

净资产收益率

净资产收益率（Return on Equity，ROE）是净利润与净资产的比率，代表的是每单位净资产所能创造的净利润。巴菲特说过：“如果非要我选择用一个指标进行选股，我会选择 ROE。公司能够创造并维持高水平的 ROE 是可遇而不可求的，这样的事情实在太少了。因为当公司规模扩大的时候，维持高 ROE 是极其困难的事情。”其搭档芒格也认为：“从长期来看，一只股票的回报率与企业发展息息相关，如果一家企业 40 年来的盈利一直是资本的 6%，那 40 年后你的年均收益率不会和 6% 有什么区别。”

举例而言，倘若有两家公司 A 和 B，第一年的净利润是相同的，都是 10 万元，净资产收益率分别为 20% 和 10%，由此可以推断，两家公司的净资产分别为 50 万元和 100 万元。若两家公司未来十年的 ROE 保持不变，且每年保持 20% 的分红率，那么五年之后，两家公司的净利润将分别达到 21 万元和 14.69 万元（见表 4 - 2 和表 4 - 3）。A 公司比 B 公司当年创造的净利润高出 43%；A 公司的净资产增长了约 110%，B 公司的净资产仅增长了约 47%。这仅仅是过了五年的数据，如果两家公司连续几十年都保持同样的净资产收益率，那么二者所创造的价值差异将会更大。

表 4 - 2 A 公司净利润及相关数据 单位：万元

项目	T	T + 1	T + 2	T + 3	T + 4	T + 5
净利润	10	11. 60	13. 46	15. 61	18. 11	21. 00
分红	2	2. 32	2. 69	3. 12	3. 62	4. 20
净资产	58	67. 28	78. 04	90. 53	105. 02	121. 82

表 4 - 3 B 公司净利润及相关数据 单位：万元

项目	T	T + 1	T + 2	T + 3	T + 4	T + 5
净利润	10	10. 80	11. 66	12. 60	13. 60	14. 69
分红	2	2. 16	2. 33	2. 52	2. 72	2. 94
净资产	108	116. 64	125. 97	136. 05	146. 93	158. 69

投资者进行长期投资必然要选择 ROE 高的股票，如果一家企业的 ROE 难以超过银行存款利率，那么便丧失了投资这家企业的实际意义。但问题的关键是，绝大多数企业的 ROE 处于变化之中，因此观察 ROE 最重要的不是其数值大小，而是要分析其变化趋势，以及数字变动背后的复杂原因。

分析 ROE 高低及其成因，最经典的当属杜邦分析法。

ROE =（净利润 ÷ 销售收入）×（销售收入 ÷ 总资产）×（总资产 ÷ 净资产）= 销售净利率 × 总资产周转率 × 财务杠杆（或权益乘数）。

也就是说，企业的 ROE 主要取决于销售净利率、总资产周转率和权益乘数三个指标。销售净利率代表每一元的销售收入所能赚取的利润，反映企业的盈利能力；总资产周转率是每一元资产所能带来的销售收入，反映资产管理的效率；权益乘数代表股东投入的每一元资本所能运用的资产，反映企业外部资金使用情况，也就是债务水平。如果主要是企业的销售净利率推高了 ROE，说明企业的产品或服务非常有竞争力；如果是资产周转率推高了 ROE，说明企业的经营效率比较高；如果是权益乘数推高了 ROE，显而易见，说明企业的财务杠杆显著高于同业平均水平；如果是前两个因素导致 ROE 提升，说明企业的竞争力还是非常强的；但若只是由权益乘数导致，则要分析杠杆高于同业其他企业的原因，警惕这种高杠杆的可持续性。

ROE 是筛选股票非常重要的参考指标，但任何指标都有其局限性：第一，ROE 中的净利润包含非经常性损益，不具有可持续性，可以用扣非 ROE 来替代；第二，企业的存货、应收账款、长期股权投资等资产的质量如果较差，会导致 ROE 失真，而且很多资产是依据历史成本计价入账的，也会出现资产被低估的现象，影响 ROE 的可靠性；第三，对于亏损企业，这项指标丧失指示意义，包括曾经的亚马逊等初创科技类企业，发展初期利润率并不高，ROE 很难把企业的专利、技术等方面的优势体现出来；第四，提高现金分红比率、减少股东权益会提升 ROE 数值，但这种提升与企业经营的改善没有关系，需要配合其他财务指标进行综合研判。

总之，高 ROE 是上市公司价值的源泉，长期投资的核心是选择能持续维持高 ROE 的公司。对于 ROE 出现拐点、不断改善的公司，投资者要给予重点关注，评估是阶段性的投资机会还是长期的投资机会。投资者在选择个股时，若发现企业不仅 ROE 开始提升，收入增速也同步加快，那么往往蕴含较大的投资机会。

投入资本回报率

投入资本回报率（Return on Invested Capital，ROIC）是专业投资者非常重视的财务指标，由于计算较为复杂，个人投资者并不常用。ROIC 衡量的是企业全部投资资本的运用效率，既包括权益也包括债务，以避免资本结构的影响，计算公式为：

ROIC＝息前税后营运利润（NOPAT）÷投入资本＝息税前利润（EBIT）×（1－税率）÷投入资本

其中，投入资本＝股东权益＋有息负债－超额现金，有息负债是指总负债减去应付账款、合同负债（预收账款）、应付职工薪酬、应付票据等无息负债。为了衡量核心经营业务的盈利能力，计算时一般从 EBIT 中扣除非经常性损益。ROE 与 ROIC 各有特点，由于 ROIC 不考虑杠杆因素的影响，所以财务杠杆过高的行业或公司在 ROIC 比较中不占优势。此外，ROE 与现金流没有直接关联，而拥有良好现金流的公司，需要投资者投入的资本会相对更少，所以会相对提升公司的 ROIC。

与 ROIC 相对应，管理会计一般用 WACC（Weighted Average Cost of Capital）指标来衡量公司的资本成本，只有 ROIC 高于 WACC 时，企业的经营才会创造价值。这两个指标过于复杂，且难以理解，对大多数个人投资者而言实际应用比较少。

资产回报率

资产回报率（Return On Assets，ROA）是企业在一定时期利润和平均资产总额的比率，反映了企业总资产的利用效率，表示企业每单位资产能获得净利润的数量。ROA 用于分析企业总资产的盈利能力，ROE 与 ROA 的比值就是企业的财务杠杆。不同行业的 ROA 差异较大，比如金融业的 ROA 较低，同时杠杆比较高，而食品饮料等行业的 ROA 会比较高。

利润率指标

毛利率

毛利率（Gross Margin）是毛利润与营业收入的比值，计算公式为：

毛利率 =（营业收入 - 营业成本）÷ 营业收入 = 销量 ×（单位价格 - 单位成本）÷（销量 × 单位价格）=（单位价格 - 单位成本）÷ 单位价格

毛利率是最能体现企业产品竞争力的指标，是公司核心业务盈利能力的直接体现，直接决定了企业在销售和研发方面的投入空间。毛利率是由产品售价与单位成本共同决定的，本质上体现的是产品价格相对于产品成本增值的部分。毛利率能够上升的企业，一般有两个原因：一是企业有提价的能力，二是企业能不断降低成本。但是成本的压缩空间是有极限的，之所以毛利率能持续上升，大部分是因为公司对下游客户有议价权。这种议价能力或者源于产品的稀缺性、品牌、专利，或者由其独特的商业模式赋予。

不同行业之间的毛利率存在较大差异，不能简单地认为毛利率高的行业就比毛利率低的行业更具有投资价值。优秀企业的毛利率往往是高于同业的，这是投资者发现潜在投资标的的重要途径之一。但也要注意毛利率异常的情况，如企业毛利率长期显著高于同业，或者毛利率忽高忽低、波动较大，并且与同业毛利率普遍的变动趋势不同。在财务处理过程中，企业有多种手段调节毛利率，如营业成本中固定资产折旧的调整，财务费用、销售费用与营业成本之间的转移，或者通过调节产量影响单位产品成本从而改变毛利率等。结合其他指标，毛利率的异常都是有迹可循的。

净利率

净利率（Net Profit Margin）是净利润与营业收入的比值，反映每一元销售收入带来的净利润。净利润是指在毛利润的基础上再扣除三项期间费用（销售费用、财务费用、管理费用）、资产减值损失和相关税金之后的利润。净利率与毛利率紧密相关，如果毛利率高于同业而净利率低于同业，要么是因为期间费用的某一项或某几项开支较大，要么是因为产生了大额资产减值损失。所以净利率高的企业，除了有较高的毛利率以外，还说明企业对费用的控制能力比较强，而且资产质量较高。因此，净利率是衡量企业盈利能力、管理层经营能力非常直观的指标。

换个角度来看，如果一家企业的净利润增速高于营业收入增速，说明企业的净利率在提升；反之，则说明企业的净利率在下降，出现了增收不增利的情况，投资者需要引起注意。由于不同行业的特性不同，净利率的比较分析同样基本限定在同一行业，或者企业自身纵向的对比。

成长性指标

股票投资的收益来自企业的价值，而企业的成长本身正是企业价值最重要的体现。投资就是投资企业的未来，成长性是持续收益的来源，也是评估价值最核心的指标。所以股票的长期上涨归根结底还是来源于企业的成长，如果企业缺乏成长性，就会进入资金的零和博弈。

成长性指标中最核心的是营业收入增长率和净利润增长率，计算时要把非主营业务的收入和利润扣除，以主营业务收入增长率和扣非净利润增长率来替代。一般而言，主营业务收入和利润保持较快同步增长的公司是成长性较高的公司，二者增速均为个位数甚至出现负增长的公司显然缺乏成长性。但若二者增速出现明显不一致的情况，需要认真对待。

假如公司的营业收入实现较快增长，但净利润增速明显低于营业收入增速，显然是公司的净利率出现了明显下降。在此情况下，投资者一定要仔细分析净利率下滑的具体原因是什么，然后区别对待。假如企业正处于开拓市场时期，通过支付大量的销售费用或者降低产品价格抢占市场，净利率出现短期下滑，则这种增收不增利的情况是可以容忍的；但也有可能是新的竞争者进入行业带来的产品价格普遍下跌，甚至是企业通过降价实现销售的无奈之举，这种情况下投资者需要提高警惕，对企业的整体竞争力进行认真评估；当然，也有可能是资产减值损失或者财务费用的增长导致的一次性因素。

假如与上述情况相反，公司的营业收入增速较低，但净利润增速明显高于营收增速，显然是公司的净利率出现了明显上升。在此情况下，投资者也一定要仔细分析净利率上升的具体原因是什么，然后区别对待。假如企业规模较小，市场占有率较低，那么出现这种情况的概率还是比较小的，一般是一次性的，在营业收入和净利润之间，投资者应该把重点放在营业收入上；如果整个行业营业收入增速并未出现明显下滑，而企业营业收入增速显著低于同业水平，则更加令人担忧。

假如企业规模已经发展到行业数一数二的地位，此时整个行业增速已经放缓，更多的是行业内部市场的划分，那么营收增速显著低于净利润增速是可以接受的，而且可能孕育着投资机会。比如营业收入增速仍略高于行业平均水平，但由于市场格局基本确立，集中度越来越高，议价权很强，不仅没有产品相互降价的风险，反而可以定期提价，进而提高净利率。此外，当行业经过长期的发展，技术成功突破某个临界点之后，产品成本实现大幅下降，在这种情况下，往往出现营业收入增速加快而净利润增速更快的情况，投资者要积极把握。当然也有可能是由企业在某个期间大幅压缩费用、控制支出造成的，这种影响往往是不可持续的，投资者要有清晰的认知。

现金流指标

随着成熟投资者越来越多，企业现金流状况成为个人投资者做出投资决策的重要参考，这与十几年前有了很大的不同。现金流是企业生存和发展的基础，现金流生成能力是评估资产内在价值的核心，能否拥有健康的现金流状况是衡量企业发展质量的重要指标。

现金流是指在一定期间企业现金及现金等价物流入和流出的状况。现金流入大于现金流出，净现金流为正；反之则为负。现金流分为三个部分：经营活动产生的现金流、投资活动产生的现金流和筹资活动产生的现金流。经营活动产生的现金流是分析企业现金流量的核心，主要是企业开展主营业务产生的现金流入和支出；投资活动产生的现金流主要是指购建或处置固定资产、无形资产和其他长期资产等活动产生的现金流；筹资活动的现金流是指企业与投资人和债权人的资金往来，如发行股票、债券或者从银行借款为现金流入，偿还借款、股票分红、支付利息为现金流出。

分析现金流的方法有很多种，自由现金流（Free Cash Flow，FCF）是机构投资者最看重的指标。通俗地讲，自由现金流是指企业产生的现金流扣除资本性支出的差额，或者企业经营活动赚来的钱扣除维持正常运转的必要投入后剩余的资金。巴菲特高度重视企业现金流状况，其重仓股多数是自由现金流非常充沛的企业。企业产生的自由现金流量越多，对外融资的要求越低，财务状况越健康；否则要么需要持续地借债，要么不断地进行增发，在A股市场不乏这样的例子，单看企业利润确实不断增长，但是每股收益却不断被摊薄，投资价值大打折扣。

自由现金流的计算公式有很多种，具有代表性的计算方法为：

自由现金流 =（税后净营业利润 + 折旧及摊销）－（资本支出 + 营运资本增加）

其中，税后净营业利润 = 息税前利润 ×（1 – 所得税税率）；资本支出主要包括购建固定资产、无形资产和其他长期资产所支付的资金等。营运资本 = 流动资产 – 流动负债（即日常经营周转相关的部分流动资产减去日常经营相关的负债之后的余额）。可见，自由现金流的计算比较复杂，它不等同于企业现金流量表中的某一个数值，而是与企业的三张表都有关联，主要受以下几个因素影响：EBIT、折旧和摊销、净营运资本的变化和资本开支。

自由现金流指标不仅可以弥补利润等指标在反映公司真实盈利能力上的缺陷，而且不容易被操纵，真实性较强。自由现金流的恶化，往往预示着企业经营面临困难，投资者要引起足够的重视。由于这项指标计算过于复杂，在投资过程中，个人投资者可以用以下更简单的指标替代。

第一，使用现金流量表的“经营活动现金流量净额”减去“企业构建固定资产、无形资产和其他长期资产支付的现金”。第二，使用盈利现金比率（经营活动现金净流量/净利润）。该比率越大，说明企业的盈利质量越高，利润的“含金量”越高；反之，比率越低，盈利质量越差，现金流量越紧缺，企业调整利润的可能性越大。第三，每股经营现金流与每股收益之间的差值，这一指标本质上与盈利现金比率相同。第四，销售现金比（经营活动产生的现金流量净额/营业收入），反映每一元营业收入获得的净现金。

总之，充足的现金流既可以帮助企业更好地应对未来可能出现的风险和机会，也可以减少企业对外部资金的依赖，降低财务成本。

营运能力指标

营运能力就是企业运用各项资产以赚取利润的能力，体现了企业投入与产出之间的关系，即资产利用的效率，主要包括流动资产营运能力、固定资产营运能力和总资产营运能力。分析营运能力最常用的指标包括存货周转率、应收账款周转率、流动资产周转率、固定资产周转率、总资产周转率等。它们本质上是相同的，其内在的原理是资金周转速度越快，企业的资金管理水平越高，资金利用的效率越高，则企业可以用较少的投入获得较多的收益，下面以存货周转率和应收账款周转率为例进行介绍。

存货周转率

企业生产产品所需的原材料、在产品以及准备销售的产成品都属于存货。关于存货，主要分析以下三点：一是企业能否把存货卖掉，二是企业需要多久才能把存货卖掉，三是企业卖掉存货之后能否赚钱。前两点分析的是企业的营运能力，最后一点分析的是企业的利润率。有关存货的分析指标中，最重要的是存货周转率：

存货周转率 = 营业成本 ÷ 存货平均余额 = 营业成本 ÷ [（期初存货 + 期末存货）÷2]

假设A企业在2021年上半年的营业成本为2000万元，年初的存货价值为350万元，6月末的存货价值为450万元，则上半年的存货周转率为2000 ÷ [（350 + 450）÷2] = 5。这意味着这家企业平均用400万元的资金，生产出2000万元的产品，在半年内周转了5次，获取了5次利润。所以，存货周转率越高，说明存货周转速度越快，存货的占用水平越低，流动性越强，存货转换为现金或者应收账款的速度就越快，也代表企业的产品市场竞争力较强，受市场欢迎。

若企业的存货周转率显著低于同业，或者与往年平均水平相比出现了明显下降，说明企业经营情况不够乐观，出现了存货积压的现象，不仅造成了大量的资金被占用，也会增加存货跌价的风险（存货跌价准备的计提会直接影响当期净利润）。一般而言，存货周转率的下降往往与毛利率的下降同步出现，说明产品竞争力降低；存货周转率的提升往往也伴随着毛利率的上升，但也存在存货周转率与毛利率反向变动的情况（如降价促销等）。投资者要认真分析其中的原因，警惕财务造假。

应收账款周转率

有的企业虽然存货周转率较高，但是卖出去的存货并没有转换为现金，而是变成了应收账款，这时便需要分析企业的应收账款周转率。应收账款周转率是指企业一年内收回应收账款的平均次数。

应收账款周转率 = 销售收入 ÷ 应收账款平均余额

该指标的计算方法及内在原理与存货周转率类似，因为应收账款本质上也是资金的占用。如果企业存货的减少是通过应收账款的增加来实现的，说明企业与下游客户的地位不对等，产品竞争力不足，企业需要使用赊销策略销售商品。所以应收账款周转率越高，表明企业对下游客户的赊账越少，且账龄较短。如果企业的存货周转率、应收账款周转率提升的同时，毛利率也同步提升，说明企业的盈利状况比较好；但存货周转率、应收账款周转率下降的同时，毛利率却上升，则该企业财务数据存疑，需要引起投资者的注意。

偿债能力指标

偿债能力是指企业偿还债务的能力，是衡量企业安全性的重要指标。最常见的指标是资产负债率，反映总资产中有多大比例是通过借债来筹资的，也是财务杠杆的另一种形式。另外，一般用利息保障倍数（企业息税前利润 ÷ 利息费用）来衡量企业支付负债利息的能力。所以，资产负债率应当从有息和无息两个角度来看，无息负债高主要是因为公司对上下游的占款多，以实现减少营运资金的投入。

现金流状况也是衡量企业偿债能力的重要方面，如现金流利息保障倍数（经营活动产生的现金流量净额 ÷ 利息费用）、现金到期债务比［经营活动产生的现金流量 ÷ （短期借款 + 一年内到期的非流动负债 + 应付票据）］等。偿债能力的相关指标比较直观，在主要的投资类软件中都会有明确的标识，此处不再赘述。

研发投入

没有研发投入就没有创新，尤其是对于科技企业而言，没有持续、高额的研发投入很难形成领先优势，所以研发投入向来被视作评估企业发展潜力的重要指标。

一般来讲，研发支出占营业收入的比重是最常用的指标，华为 2020 财年该指标已提高至15.9%，远高于苹果和三星。当然，研发投入的转换效率也各有不同，新技术或者产品一旦研发成功，企业可能获得数倍甚至几十倍的增长，但也有可能颗粒无收，如创新药行业的研发耗时长，成功率并不高，所以并非该指标高的公司就一定能在竞争中胜出。此外，不同的行业发展阶段，研发投入的重要性也是不同的。在成熟的行业，企业要想保持延续性创新的领先优势，就必须加大研发投入，形成技术壁垒，持续获取超额收益；但在一个崭新的业务领域，研发投入的优势并不突出，往往是大胆的创意胜过资金的优势。

按照现行会计准则，企业研发活动分为研究阶段和开发阶段，研究阶段产生的支出全部费用化计入当期损益（管理费用）；对于开发阶段产生的支出，只有满足一定的条件才能计入无形资产，不符合资本化条件的计入当期损益（管理费用）。但在具体操作过程中，存在难以清晰地界定研究阶段与开发阶段的情况，企业需要根据具体情况进行判断。

若研发支出更多地计入管理费用，直接减少当期净利润，也会减少当年的所得税；若更多地采用资本化的方式，计入无形资产，按年度进行分摊，虽对当期净利润的影响会大幅降低，但会对后续年度的净利润产生影响，同时会增加企业的总资产。会计处理的差异，会对当期或者后续净利润产生影响，投资者需要给予关注。

商誉

近年来，由于资本市场的并购增多，由此产生的商誉以及后续的商誉减值引发了媒体及投资者的广泛关注。个人投资者需要对商誉有一个大致的了解。

并购是商誉的主要来源，是企业收购资产时支付对价与标的净资产公允价值之间的差额。比如B公司净资产的公允价值为1000万元，A公司以3000万元的价格收购B公司，那么多支付的2000万元便形成了商誉。在资产负债表中，商誉属于企业的一项资产，可以理解为企业未来实现的超额收益的现值。但现实情况是，有的收购低于预期，所以需要在未来年度对商誉进行减值测试，并对减值部分计提减值损失，且以后年度不得转回。也就是说，商誉减值代表所收购资产可能无法达到此前测算价值，需要从谨慎角度出发减少原收购资产的价值。

其实在收购过程中，收购方为保护原有投资者利益，往往会要求被收购方签订业绩承诺，但业绩承诺并不是绝对的业绩保证。假如后续被收购方无法达到业绩承诺，商誉仍然会减值，只不过具体是在收购完成后的第几年出现商誉大额减值，充满不确定性。所以投资者在选择投资标的时需要把商誉作为一个重要的观察指标，尤其是商誉占净资产比重过高的标的，一定要谨慎对待。商誉占比越高，其减值计提对企业利润造成的冲击就可能越大，尤其是那些被收购方属于收购方的关联方或其他利益相关者的交易，更容易通过高价收购进行利益输送。

分红率与股息率

关于分红率与股息率在投资中的参考价值，相当一部分个人投资者存在一定的误解。

分红率

所谓分红率就是指在某个会计周期（通常为 12 个月），公司分配给股东的现金红利占当期净利润的比重（分红率 = 现金分红/净利润），常用来衡量一家企业的盈利能力。

相当多的投资者推崇高分红率，但一家企业的分红情况与其发展空间及所处发展阶段是相关联的。如果企业发展速度很快，未来盈利空间广阔，且需要不断地投入资金，显然高分红并不是明智的选择，如果坚持高分红便会出现一边高分红、一边进行大额融资的现象；当企业的发展速度放缓，或者企业不需要更多的资金进行扩产或投资，现金流非常充沛时，企业往往选择较高的分红率，如公用事业、纺织服装等行业。

一般而言，企业的分红政策是有延续性的，每年的分红率变化不大。但如果企业的分红率突然发生比较大的变化，尤其是从高分红突然变成低分红，投资者需要引起注意，关注企业的现金流是否恶化，当然也可能是企业的经营策略发生了变化，需要新增大的投资项目。此外，投资者关注分红，是认为公司分红高代表盈利状况好、现金流充沛，但并不是绝对的，有一些企业盈利状况一般，而且负债率很高，却实行大比例分红。这种情况下，往往是大股东持股比例较高，企业的高分红都流向了大股东。投资者需要擦亮眼睛，并非高分红的企业就是好企业，现金分红一定要来自持续经营获得的现金。

以上是站在企业的角度进行分析，如果站在投资者的角度，不同类型的投资者对分红率也有不同的偏好。一些机构投资者偏爱高分红率的企业，因为这些投资者每年需要一定的现金流支付相关的费用或进行分红；而很多投资者购买股票的目的是实现盈利增长，并无固定的现金支出需求，所以对企业是否分红并不敏感，甚至很多投资者不喜欢高分红率的企业，毕竟个人投资者投资股票相当于把资金交给上市公司，分红意味着这家上市公司只能用一部分资金帮助客户进行投资，投资者需要重新用这些分红资金购买股票。

股息率

股息率 = 现金分红/市值 = 每股现金分红/股价 = 分红率/市盈率（PE）。

从上述公式中可以看出，分红率的优缺点对股息率同样适用，只不过股息率多了市盈率因子，股息率越高，隐含着市盈率就越低，这是股息率指标的优势所在。投资者关注股息率时，更多的是把股票类比成固定收益类资产，把分红类比存款或债券利息，进而与固定收益债券或者银行存款收益进行比较。假如某行业或者特定企业进入低增长阶段之后，盈利增长放缓，股价波动较小，分红将成为投资者主要的收益来源。一般而言，当股息率超过 5% 时，上市公司的投资价值将会充分考虑股息率的因素。

总而言之，股息率、分红率不是决定上市公司投资价值的主要依据。正如伯克希尔－哈撒韦从来没有向股东进行分红，却为股东创造了巨大的财富增值。

在建工程

在建工程很特殊，是一个过渡指标。它是指正在建设的、尚未投入使用的项目，一旦项目完工投入使用便转为固定资产项目。所以在建工程与固定资产是密不可分的，固定资产是开始产生效益的资产，而在建工程是固定资产的半成品。

若一家企业的产能已经饱和而市场需求仍然旺盛，或者企业下决心进入新的行业或者投资项目，就需要建设新的生产线，于是在生产线投产前便产生了在建工程。在此过程中，便蕴含着投资机会，就是通过研究在建工程的余额及其转为固定资产的时间，来判断该公司营业收入或者净利润可能的爆发时点。若在建工程（一般是生产性的在建工程，办公楼等固定资产除外）与企业现有固定资产的比重较高，那么在建工程一旦转为固定资产，会大幅提升企业的生产能力和经营规模。若行业无本质变化，那么企业的市场份额往往会有所提升，尤其是所处行业景气度高、受制于产能不足的企业，一旦产品线投入使用，可能会带来营业收入和利润的大幅增长。很多专业投资者进行现场调研时非常关注生产线的建设进度和预计投产日期，也正是这个原因。

在建工程也是一个容易进行财务造假的科目。固定资产投资的金额一般比较大，而且工程建设的时间也往往需要两三年之久，因此在建工程科目便成了一个调节工具。一方面，造假企业可以将一部分费用项目通过在建工程进行资本化，变相增加当期利润，或者虚增在建工程，转移套取资金；另一方面，在建工程不需要计提折旧，在经营状况不善时，企业可能通过延迟在建工程转固时间，将折旧费用延后，增加当期利润。

估值与安全边际

故欲思其利，必虑其害；
欲思其成，必虑其败。
——（三国）诸葛亮

近年来，关于安全边际的讨论越来越多，塞思·卡拉曼所著《安全边际》一书对此贡献很大。按照这本书的理念，安全边际与其说是投资的一个关注点，不如说是价值投资的一整套方法。但我们日常所说的安全边际，其内容更加具体，简单来讲就是投资时力争本金安全所需要的安全护垫。估值与安全边际原本属于不同的范畴，但二者关联紧密，估值水平直接影响安全边际。所以讨论安全边际，评估企业估值水平必不可少。

估值

市场上关于估值的方法非常多，总体分为两大类：一类是绝对估值法，主要采用现金流折现方法，但计算涉及现金流、资本支出、贴现率、增长率等多个变量，准确预测一家企业未来几十年内上述任何一项指标的数值都是不现实的，所以这种估值方法对个人投资者而言在操作层面并不可行。另一类是市场普遍采用的估值方法，即相对估值法，如市盈率

（PE）、市净率（PB）、市销率（PS）、PEG 估值法，下面作简要介绍。

市盈率

市盈率是股票市场最常用的估值指标，等于企业总市值与净利润的比值（每股价格/每股收益）。它简单明了地告诉投资者，在假定公司利润保持不变的情况下，以股价买入，依靠利润实现回本需要多少年的时间。所以，对同一家公司而言，显然市盈率越低，投资回本的时间越短，对投资者越有利。

市盈率有三种：静态市盈率、动态市盈率和滚动市盈率，差别在于计算公式中每股收益的数值。其中，静态市盈率是直接用最近一期年报中每股收益的数据，即静态市盈率 = 股价/上一自然年度的每股收益。动态市盈率根据已发布的财务报告预测本年度每股收益来计算，即动态市盈率 = 股价/通过季报数据折算的本年度每股收益，比如最新的业绩报告为三季度报告，则预测本年度每股收益 = 三季报每股收益 ÷3 ×4。滚动市盈率是用截至目前最近四个季度的财务数据进行计算，即滚动市盈率 = 股价/最近四个季度的每股收益。

三者使用起来略有差异。静态市盈率数据比较滞后，容易导致估值失真。动态市盈率的优点是时效性比较强，能够展现一家公司业绩增长的动态变化，缺点在于预测数据可能会出现偏差，特别是很多行业或者企业季度间的盈利差别非常大，单纯按照季度或半年度收益估算全年收益会有比较大的出入。滚动市盈率剔除了季节因素，在研报分析中使用得更多。

股价的波动一方面源于盈利状况的波动，另一方面源于估值水平的波动。因此，市盈率等估值指标的背后反映了市场对公司未来的乐观或悲观程度。所有的相对估值法只有在比较中使用才会发挥价值，市盈率的比较基于两个维度：一是要在本行业进行对比，寻找低估值的优质股票；二是比较同一家公司的历史市盈率，判断当前是处于相对高估还是处于低估。

市盈率估值法简单直观，但也有局限性。它主要适用于业绩较稳定的行业，不适用于业绩波动较大的周期股。当周期股业绩处于高增长但市盈率却很低时，并不是好的买入时机，可能预示着繁荣期已经接近尾声。尤其是随着先知先觉投资者的卖出，股价下跌，市盈率进一步下降，若投资者不了解周期股的投资方法，觉得股票的吸引力进一步提升，就大错特错了。相反，当周期股的市盈率非常高时，可能预示着行业的低谷已经临近，正是提前布局的好时机。对于银行、地产、保险等高杠杆行业，市盈率的参考意义不大。此外，如果公司亏损、市盈率为负值，市盈率也就失去了参考意义。

市净率

市净率是总市值与净资产的比值，或者每股股价与每股净资产的比值，反映投资者愿意为每一元净资产支付的价格。一般来说，市净率越低，投资这家公司股票的风险就越低，因为即使上市公司因经营不善而破产倒闭，清偿的时候股东也可以收回更多的成本。

净资产一般随经济周期和市场环境的波动较小，比净利润更稳定，也难以人为操纵，特别是净利润为负的企业难以用市盈率进行估值，此时市净率的优势则充分显现出来。市净率估值主要用于银行、地产、保险等高杠杆行业，资源等周期性行业和重资产行业。科技行业和无形资产比重较高的行业不适宜用市净率进行估值。与此同时，净资产并不等同于企业价值，账面价值可能与公允价值差别非常大，所以长期的低市净率往往还是由投资者普遍对企业未来发展不够看好导致的。

市销率

市销率是股票总市值与销售收入的比值。

市销率 = 总市值/销售收入 = 股价/每股销售收入 = PE × 净利润率

没有销售，就没有收益。收入是评估企业经营情况非常重要的方面，与此对应，市销率也成为重要的估值指标。由于销售收入不受公司折旧、存货、非经常性收支的影响，收入的调节要难于利润操控，所以市销率较为真实可靠。同时，销售收入不会出现负值，即使企业处于亏损状态，这一指标依然有效，所以市销率最适用于处于快速发展过程、跑马圈地但盈利尚未明显改观的企业，如科技或电子商务企业，在上市之初它们是否盈利并不是最重要的，重要的是抢占市场、扩大客户群体，市销率便是重要的估值指标。

市销率的不足在于它既不适用于销售情况不稳定的公司，也无法反映公司的成本控制能力，所以同等的销售额带来的利润可能会有显著的差异，同时无法剔除关联销售的影响。市销率低就一定说明企业处于低估状态吗？也不尽然，投资者仍然要综合多种指标进行分析，很多时候市销率的下降背后是由企业盈利能力下降导致的。

PEG 比率

PEG 比率是在 PE 估值的基础上发展起来的，是市盈率的修正指标，是市盈率与每股收益增长率的比值。

PEG ＝ PE ／ G

其中 PE 为市盈率，G 为每股收益增长率。使用这一比率隐含如下逻辑：更高的成长速度应给予更高的市盈率，以弥补 PE 估值法对企业动态成长性估计的不足，这一数值越低说明企业的估值水平越低。一般而言，PEG 等于 1 意味着合理估值，PEG 大于 1 意味着被高估，PEG 小于 1 意味着被低估。

成长股最适合使用 PEG 估值法，而周期性企业利润波动大，难以找到每股收益增速合理的估计值。另外，利润为负或者收益负增长的企业也无法使用这一方法。PEG 估值法应用的难点在于每股收益增长率的使用，如果使用过去一年或几年的增长率，很可能与其未来的收益增速有比较大的差异。最合理的方法是使用未来几年的平均增长率，但估算的数据有可能与实际情况相去甚远，尤其是那些成长速度较快或业绩波动较大的企业。

估值分位法

以上所有的估值方法在使用过程中，如果难以评估具体数值，则可以使用估值分位法来衡量，即观察某一个行业当前估值在其历史估值区间的水平。如果估值水平已经达到历史最高估值水平的80%以上，则说明该行业的拥挤度较高，投资者一定要谨慎对待。这一方法常用于评估行业估值及市场整体估值水平。

每当有投资者看空A股时，总会搬出A股某些行业或者龙头股的市盈率高于美股苹果公司市盈率作为佐证。其实，任何一个市场在一段时期内，其估值会存在相对稳定的中枢，不论相对全球市场是高还是低，都有其背后的支撑因素。此时不宜简单采用横向比较的方法，还应该考虑过去五六年A股市场整体或者某些行业的估值区间，综合进行评估。假如某行业的估值水平高于美股或港股同一行业的估值水平，但估值溢价并未大幅超出过去5年的平均溢价水平，而且估值已经处于过去5年估值区间的低位（如20%以下的分位），那么仅从估值的角度来看，该行业仍然是值得投资的。

市值比较法

顾名思义，市值比较法是将两家或多家上市公司的总市值进行对比，进而发现明显高估或低估的情形。这种估值法的目的并非计算一个合理的数值，只是在判断一家企业处于过度高估或低估时较为有效。常见的比较方法包括以下三种。

第一，同行业且直接竞争的企业间的比较。例如，可口可乐与百事可乐，伊利、蒙牛、三元、光明乳业，茅台与五粮液的市值比较。直观上看，可口可乐的市场份额远大于百事可乐，假如某些驱动因素导致百事可乐的总市值已经接近可口可乐总市值或者严重偏离二者历史上的市值对比，那么显然这种估值是不合理的，要么可口可乐被严重低估了，要么百事可乐被高估了。

第二，同行业但直接竞争关系不明显的跨国企业间的比较。例如，中美两国的航空公司，尽管直接竞争不多，但根据飞机架次、航线数量等指标，也可以对航空公司间的总市值进行大致比较。

第三，完全不同行业的公司的市值对比。最典型的是某一热门行业或公司的市值超越传统的巨头时，只有极少数情况代表新时代的到来，更多的是热门股的高度追捧导致的极高估值水平。

估值陷阱

市场上的估值方法远不止上述几种，但每一种估值方法都有其局限性，在判断股票估值时，一定要至少选择两种方法进行交叉验证。总之，判断企业估值是一门复杂的功课，远不止计算几个财务指标那样简单。若不谨慎，极容易陷入估值陷阱。

所谓估值陷阱，一般是指低估值陷阱，即企业的实际估值并不像财务估值表现得那样低，如果投资者单纯依靠低估值买入股票，可能承担较大的风险。除了周期股的低估值陷阱之外，最常见的估值陷阱是投资者陷入线性思维，将企业最近一年的业绩或成长速度简单地类推到将来，以至承担了业绩增速大幅下滑带来的估值提升风险。例如，企业近一年的业绩非常优异，导致市盈率的分母（净利润）很高而市盈率较低，但这种高盈利难以维持；再如企业的成长速度非常快，尽管市盈率较高，但 PEG 较低，然而这种高成长性或者是昙花一现，或者是持续了多年，已是强弩之末。

同理，估值高并不代表企业投资价值低，应该立即卖出或者卖空该股票。单从估值角度来看，股票确实不便宜，但如果企业即将进入成长速度加快的新阶段，未来的盈利足以消化当前的高估值，那么其实际估值显然比静态估值要低，仍然是值得投资的好标的。若是只看估值，过去十几年很多人很可能不会买入腾讯，即使买入也会早早将其卖出，更不会享受到后续数倍的成长。因此，估值高的公司可能继续上涨，估值低的也可能继续下跌，纯粹通过估值进行投资决策并不科学。

估值的判断本身也是一门艺术，一言以蔽之，要避免陷入估值陷阱。低估值不代表被低估，高估值也不代表被高估，投资者对企业的经营和行业所处的发展阶段要有深刻的认识，而不是孤立、静止地通过财务数据来判断估值。投资者情绪也是影响股票估值的重要因素，同一家上市公司，在牛市疯狂期和熊市低迷期所享受的估值有着天壤之别。

安全边际

估值会影响安全边际，面对同一家公司，在某个特定时刻，估值越低，安全边际越高，这是毫无疑问的。在格雷厄姆看来，安全边际的核心就是用三毛钱的价格买一块钱的东西，买得便宜是王道。理解安全边际，如同站在悬崖边，距离悬崖越近，跌落悬崖的可能性越高；距离悬崖越远，跌落悬崖的可能性越小，前者安全边际小，后者安全边际大，这是最朴素的道理。因此，有人把投资归结为“三好”，即好公司、好行业、好价格，毕竟好的东西如果太贵也称不上是好投资。但是在不同的时间点，即使是同一家公司，也并非估值越低安全边际就越高。因为企业经营是动态变化的，倘若企业经营每况愈下或者整个行业产生根本性恶化，即使企业估值下降，投资的安全边际不仅没有扩大，反而缩小，很多投资者没有意识到这一问题。2007 年前后很多资源股市盈率达百倍，但若以为市盈率跌回六七十倍就可以放心买入的话，此后可能会遭受极为惨重的损失。

同样，不同的几家公司，一定是估值最低的那家最值得投资吗？显然不是，很多看似估值很低的股票，根源在于企业的发展情况不明晰，投资这样的股票很可能产生永久性损失；而估值相对较高的企业，则反映了市场对其发展前景的认可。最高的安全边际来自企业良好的经营状况以及投资者对公司的理解，理解的程度越深，买入一家公司所获取的安全边际就会越大，而不能纯粹看估值。

不过，即使面对市场一致认可的能够穿越牛熊的企业时，投资者也要保持清醒，要时刻为最坏的情况做好打算。古人云，要留有余地，这是关于安全边际的最大智慧。投资者面对的是一个不可预知的世界，世界的运行往往超出所有人的预料。对于潜在的利好与传闻，是否一定会百分百兑现？即使百分百兑现，一定称得上是真正的利好因素吗？相反，对于潜在的危险和利空，投资者是在投资时进行充分的规避，还是沉醉于一厢情愿的美好预期，对可能很快来临的危险视而不见呢？因此，投资者只看到股票的潜在向上空间是远远不够的，首先要考虑在最坏的情况下，股票可能的下跌空间还有多大，自己能否承受。

总之，安全边际是难以准确量化的，更多的是在投资框架中纳入“事情发展不及预期”的可能性以及相应的概率思维。每个投资者对风险的容忍程度不同，对安全边际的接受程度也不同，但要想长期取得超出大众的优异业绩，一定要善于评估安全边际，并由此决定是否参与某只股票，以及持仓规模的大小。

趋势投资

向来枉费推移力，

此日中流自在行。

——（南宋）朱熹

趋势，是投资者使用频率最高的词汇之一，也是投资中最精妙但最难把握的规律。无论是自称价值投资的投资者还是擅长技术分析的投资者，都会把趋势挂在嘴边，到底什么是趋势？如何认识、判断和把握趋势呢？

什么是趋势

从广义上讲，趋势就是事物的演变趋向，是在某一个特定时间或者时间段事物发展的方向。但并非任何事物在任何时间点都会呈现明确的趋势，在某些时间点或时间段，事物并没有清晰的运动方向，可以说处于随机或混沌状态。所以观察分析事物的一个重要角度就是观察它当下是否存在明确的趋势以及趋势的动向是什么。

而谈到趋势，很容易与规律混为一谈。规律是事物的本质联系，一切事物的运动和变化都有其规律。规律的核心特点是具有稳定性和重复性。趋势和规律的区别在于：规律具有确定性，而趋势蕴含在规律之中，是规律的具体呈现，趋势的必然性要弱于规律，所以趋势很多时候是统计学意义上的高可能性。正如孙中山在观看钱塘江大潮时感慨："世界潮流，浩浩荡荡，顺之则昌，逆之则亡！"这里蕴含的是历史的规律。而斯大林格勒战役苏军的最终胜利，昭示着德军在整个苏联的进攻趋势完全逆转。

简单来讲，事物按照一定趋势运行，是规律的一种形式。但规律一定是客观、绝对的吗？也不尽然。虽然自然界的绝大多数规律都不以人的意志为转移，但也有很多规律本身就是人类参与的结果，股市运行的规律就属于后者。有观点认为股市是经济运行的晴雨表，其实不完全准确，因为人的参与会影响股市的运行。股市是经济运行以及人们对经济运行所产生认识的晴雨表，研究股市除了要研究客观的经济数据之外，必然要把人的预期及其对经济、股市的影响纳入考虑因素。

股票市场趋势是多种复杂因素综合作用的结果，是经过一段较长的时期逐渐形成的，并对市场运行起着中长期的作用。这种趋势既可以是市场整体运行的趋势，也可以是某一行业、某个特定股票的运行趋势。简单而言，即股票在某个时间点，是否处于明确的上涨、下跌或者震荡趋势之中。

趋势的运行规律

一方面，事物按照一定趋势运行，是规律的一种形式；另一方面，趋势的运行本身也会呈现一定的规律。社会学早已归纳出一个普遍规律，即大多数趋势是呈螺旋状的，上升趋势不是一条直线，而是螺旋上升的；下降趋势也不是自由落体，而是螺旋下降的。人类社会的发展如此，自然界如此，股票市场也如此。

第一，在一个向上的趋势中，某些阶段蕴含着诸多反向的趋势。当一个事物达到高峰之前必然出现低谷；当低谷来临时，后面必然又是一次高峰的到来，这是高峰与低谷对立统一的两个方面。科技发展总是呈螺旋式上升，新技术的出现带给人们无限的憧憬与向往，但最初的产品往往体验感不佳，越来越多的质疑之声湮没了最初的喧嚣，人才、资本的涌入速度放缓后随之进入低迷，直到下一个成熟技术的出现大幅提升产品性能并降低成本后，技术才会进入一个新的上升周期。往往要经过多次反复的波浪式推进，新技术或产品才能真正实现商业上的成功。

第二，有向上的趋势，必然也有向下的趋势。向下的趋势同样不是简单的一条直线或者抛物线，也是螺旋式的。很多人觉得不符合时代潮流的制度、行业或者企业行将就木之时，这些制度、行业或企业不仅没有消失，反而呈现欣欣向荣的态势，这让很多分析家大跌眼镜。其实这并不罕见，按照规律，在一个整体向下的发展趋势中，也会不断有反复，尤其是在高达上百年或者几十年的趋势中，很多人所处的阶段，恰恰是与整体发展方向相反的阶段。

这种螺旋式的结构本身也符合物理学规律，螺旋上升中的下降阶段，往往是考验原有趋势真实性和可持续性的必经阶段。经历了烈火淬炼之后，能摆脱下降状态重新回到上升轨道的事物，在此后的上升趋势中才会有更强的生命力。在一个向上的趋势中，持续时间越长，带来的虚假泡沫就越多。只有在螺旋式下降的阶段才是大浪淘沙、去伪存真的过程。这些趋势，也会反映到股票市场。例如，人工智能诞生于1956年，但此后经历了数次高潮与低谷的交替，直到近两年才真正迈入爆发式增长的阶段。同理，新能源替代传统能源也不是一蹴而就的，新能源作为新兴事物将呈波浪式上升，而传统能源将会呈波浪式下降。

第三，趋势是分层次的。在大趋势中包含着小趋势，如同江河奔腾入海，在某些支流、某些时间，水可以逆向而流，小趋势不完全与大趋势同步，甚至会出现完全相悖的情况，这也是趋势螺旋式前进的原因之一。在股票技术分析领域，这种分析很常见，如波浪理论中层层的波浪便是不同层次的趋势。股票市场作为经济的映射，呈现极端分化的局面，资金对一些产业争先恐后，而对另一些产业避之不及。即使是同一个产业内部，不同的上市公司由于经营能力不同，最终的发展走势截然不同，股价的表现也会相差万里。

第四，大的趋势一旦形成，早晚会以摧枯拉朽之势摧毁趋势前进路上的障碍，势不可当。但难点在于，如何判断股票市场趋势是否形成、趋势级别大小以及趋势持续时间。根据第四章第一节介绍的多因子模型，股指的趋势性行情往往是由企业盈利、流动性、市场情绪以及制度变革等因子同向共振引发的。上涨的趋势体现为源源不断的增量资金、巨大的成交量和屡创阶段性新高的指数，在此过程中，所有负向的冲击都被市场轻易吸纳，难以对市场整体趋势产生实质性影响。

相较而言，判断某一个行业的趋势性行情更为容易。比如新冠肺炎疫情给抗疫相关行业起到巨大的拉动作用，包括一次性手套、消毒液、疫苗生产、病毒检测、特效药等领域，上述领域及相关上市公司受益非常明确。一旦市场在某些品种达成共识，其向上的爆发力和持久性都是惊人的，短期内就可以实现数倍甚至十几倍的涨幅；同理，其趋势的终结也会有迹可循，在新冠肺炎疫情的不同阶段，上述领域受益的时间次序是不同的，最先受益的是一次性手套和消毒液相关行业，但很快就会达到盈利高峰，此后股价难以持续大幅上涨；特效药的出现最晚，只有当抗击新冠肺炎疫情的曙光乍现，人类有望重新恢复正常生活之时，特效药及相关中间体的资金才会提前开始撤离，相关公司的股价也将达到阶段性高点。

把握趋势，顺势而为

了解趋势运行的规律只是趋势投资的第一步，更关键的是如何把握投资趋势。

把握趋势，必须遵循规律

股票市场的各个行业，与经济、科技、生物、自然有千丝万缕的关系。分析行业和企业的本质是分析背后这些错综复杂的关系，而分析的首要一条，就是遵循这些领域自身的规律。个人投资者应该具备的一个素质是了解各个领域的基础原理和规律，而不必细究各种细节。金融市场会时不时出现一些明星企业，它们有着耀眼的光环和宏伟的梦想，提出超出现实条件的远大希望，很多投资者被这种充满煽动性的梦想驱使，丝毫不怀疑其可行性。但是，投资者如果能对各个行业运行的规律有一个基本认知，那么轻易陷入这种狂热或陷阱的概率会大大降低。大多数时候，基本的规律都是常识，违背基本规律的创业或投资很难成功。当特定上市公司宣称其革命性产品问世时，投资者一定要保持冷静，千万不要被美好的、不切实际的愿景迷惑。

把握趋势，必须把握大趋势

大趋势是未来几十年甚至上百年的发展趋势，如气候的变化、地区的和平与冲突、资源的消耗、行业的变迁。任何投资都离不开时代背景，正所谓“激水之疾，至于漂石者，势也”“飞蓬遇飘风而行千里，乘风之势也”。所有的投资都是在大时代之下的投资，这与张瑞敏所讲的“没有成功的企业，只有时代的企业”是类似的。每一个时代都有其代表性的行业和企业，把握趋势就是把握时代潮流。

金融市场有一个时髦的词汇——赛道，本质上是趋势的代名词。股票市场的大行情往往反映了产业变化的趋势。查理·芒格说，要选择在鱼多的地方钓鱼，背后的道理正是如此，在顺应时代的大趋势中寻找投资机会，其胜率要比其他领域的胜率高出很多。

怎样才能看清大趋势？如何在新的趋势隐隐出现时就及时发现它呢？投资中能否抢占先机，关键在于能否从现状中发现隐含的趋势，能否在趋势刚显露苗头时就判断出其未来的影响范围和深度。要实现这一点，投资者必须树立纵深、广阔的世界观和历史观，注重从历史和现实事件背后的政治、经济、社会背景中观察和认识世界，不纠缠于具体的人和事，更不纠缠于纯粹的股票市场。

社会的大事件，其影响的深度和持续性远远超过数以亿计的普通事件，是投资者应该重点研究的对象。正因为影响巨大、社会关注度高，这类事件几乎尽人皆知，只不过多数人熟视无睹；也正因为是大事件，投资者在研究过程中更不必考究细枝末节，只要把握大方向和其对各个领域、各个行业的影响即可。例如，重大制度或政策的出台、重大科技创新的突破、重大文艺成果、重大赛事上体育竞技项目的突破、重要领域的人才变动、重大军事变革或调整等，从这些大事件中寻找趋势往往比从众多细微的事物中寻找趋势更加可靠。仔细阅读桥水公司创始人瑞·达利奥撰写的书籍和文章，不难发现，他尤其善于从宏观大事件中把握投资趋势和方向，这非常值得普通投资者学习借鉴。

把握趋势，必须把握时机

既然螺旋式前进是事物发展的主要趋势，那么投资介入的时机就非常关键。买入过早，大趋势刚刚确立，但趋势并不明朗，不确定性很大，新的技术、产品或者商业模式不够成熟，行业尚未进入快速增长阶段，企业盈利能力不强。即使行业成功度过萌芽和初创期，其在上升大趋势中的下降阶段所带来的杀伤力也是巨大的，相当一部分投资者准确地预判出大趋势何时来临，却在随后的螺旋下降状态中出局。

为了避免出现这种状况，有一部分个人投资者，甚至是机构投资者，避免从 0 到 1 阶段（敢为天下先）的投资，而是注重从 1 到 100 阶段（不为天下先）的投资，即等到趋势完全确立、不确定性大幅降低时才进行投资，在这一阶段，企业一般已经成长为行业龙头。但对于很多擅长寻找中小市值标的的投资者而言，这一方法可能不具备吸引力，其仍然会寻找从 0 到 1 阶段的优秀企业，但是一定要谨慎选择介入时机，直到行业或企业的成长性较明确时才较为安全。

把握趋势，不能逆势而动

研究趋势的目的是把握趋势，如果逆趋势而行则无道理可言。与其他领域不同，投资不鼓励逆水行舟，要尽可能保持行动步伐与大趋势一致。譬如，很多个人投资者喜欢抄底，殊不知这是违背趋势的行为。彼得·林奇这样形容过："抄底买入，就像把鱼钩放到水底钓大鱼，是一种最流行的投资娱乐活动，但往往被钓住的并不是鱼而是渔夫。想要抄底买入一只下跌的股票，就如同想要抓住一把下跌的刀子。"抓飞刀的比方可能不容易让人印象深刻，《孙子兵法》有更形象的比喻："故善战人之势，如转圆石于千仞之山者，势也。"试想一块巨大的圆石从高达千仞的山顶滚落，试图阻挡者必将粉身碎骨。每当我萌生抄底的冲动时，脑海中便浮现出这幅巨石滚落的画面，惊起一身冷汗之后便再无抄底的冲动了。

趋势何时终结

趋势一旦形成会持续一段时间，但趋势早晚会终结，关键是如何判断趋势的转折点，以便及时抽身保住胜利果实。总体而言，一个大的趋势或者以疾风骤雨式的方式终结，或者以温水煮青蛙的方式终结。

对于前一种，往往会发生重大的标志性事件，甚至是出现异常事件，恰恰与新趋势的确立或酝酿以重大事件的首次发生为标志相同。当2015年的A股市场第一次出现千股跌停时，敏锐的投资者就会发现市场变了，因为从未发生过的事情居然发生了，这很有可能导致市场趋势的大转折。在这样的关键时刻，投资者不要纠结于千股跌停背后的原因，而是要立即寻找应对之策，大趋势转折之后应果断清仓或者减仓。投资者如果坚持要弄清楚事件发生的原因，等到一切都明朗之后再做决策，可能早就错过了最佳时机。研究企业的基本面也是如此，如果一家企业的高管层突然有多人卷入某些案件被调查，聪明的投资者一定不会等待调查结果公布之后才做出减仓或清仓的决定。

对于后一种方式的趋势终结，往往不是由单一的重大事件导致的，而是由众多事件叠加起来逐步积累导致的。一家一向口碑很好、产品质量过硬的企业接二连三出现负面舆情、产品质量问题或服务纠纷时，投资者需要对公司重新进行评估，千万不要等到压垮骆驼的最后一根稻草出现时才发觉事物的趋势早已经逆转。

在技术分析领域，有一个最常用、成功率也最高的投资方法——突破买入（卖出）法。它的逻辑是通过异常事件判断市场进入新的趋势或原有趋势的终结。异常事件主要体现在两个方面：一是成交量与过去一段时间的最高值或平均值有相当大的差异；二是股价、股票指数收盘价或最高价突破了同一时间段的最高值，或者突破了某个长期有效的轨道线（压力位或支撑位）。可见，判断趋势的形成与终结，对技术分析与基本面分析同样有效，但这都是基于股票市场本身，真正的大趋势往往来自社会、技术、产业，投资者必须树立更宏观的思维，自上而下寻找和把握重大的投资趋势。

主题投资

时来天地皆同力，
运去英雄不自由。
——（唐）罗隐

谈到主题投资，向来褒贬不一，很多标榜价值投资的人觉得主题投资似乎难以登堂入室，但其实主题投资与价值投资并不相悖，笔者有必要为主题投资正名。不论是在美股市场还是在A股市场，投资者如果不了解主题投资，将其等同于概念炒作，说明其对投资的认识是不够客观、全面的。

所谓主题投资，就是以某一重大事件为触发因素引发的结构性变革为切入点，挖掘受益于该事件的行业、区域、产业链等方面的投资机会。这一触发因素主要包括三类：重大的制度变革、重要的技术突破或者特定的突发事件。主题投资与概念炒作的本质区别在于是否会引起相关企业基本面的变化，进而直接或者逐步影响上市公司的业绩。尽管概念炒作也是由特定事件引发，但是这种炒作往往由情绪和资金推动，不会明显改变上市公司基本面，也无法改善经营业绩，等到概念退潮后，大多数涨幅重新归零，典型的例子如前几年盛行的高送转概念、次新概念等。

如何判断一个事件能否触发主题投资机会

事实上，每年国内外出台的制度非常之多，媒体聚焦的重大事件更是数不胜数，但真正能够刺激市场形成较大投资机会的事件其实非常少，每年一般不会超过5件，有时一年也就只有一两件。投资者的难点在于，如何从众多的刺激因素中，找到有望成为大的主题投资的机会。核心逻辑主要有三点：一是事件是否足够大、足够重要，二是事件的影响是短期的还是中长期的，三是事件能否真正传导到具体的企业经营层面。

首先，事件是否足够大、足够重要方面，前所未有的制度变革显然比现有制度的修修补补更重要，国家层面出台的政策要比地方出台的政策重要。例如，股权分置改革、注册制出台的影响比新交易所开市的影响要大；供给侧结构性改革的影响比某个部委推出改革措施的影响要大；特斯拉在新能源汽车上采用的新技术比中小厂商的尝试所产生的示范效应要强得多。

其次，关于事件的影响是短期的还是中长期的方面，主要评估事件的深度和持续性。例如，奥运会、世博会、迪士尼、地缘形势紧张等主题的持续性要弱于国企改革、一带一路、自贸区、新能源等主题，因为后者的相关政策是逐步落实的，对行业的影响是逐步显现的，相关题材会反复发酵，业绩也会逐步兑现。

最后，关于事件能否真正传导到具体的企业经营层面，有一些重大的政策与经济层面关联较少，虽然对社会治理或其他领域的影响非常深远，但与企业经营并不直接相关，此时投资者切忌过于牵强的联想。

主题投资的种类非常多，但影响程度和持续性最强的往往出现在行业政策方面。新能源主题已经持续了十年，自特斯拉2012年推出Model S车型之后，有关新能源的主题投资从未停止，且影响深度超出预期，整车、零部件、电池、光伏、电网等诸多行业都受到了非常显著的正面影响，可以说是主题投资的最佳典范，很多大牛股都从中产生。半导体以及5G产业链的主题投资同样会持续多年，将伴随着中国相关产业突破封锁，在实现进口替代之后在全球产业链占据越来越有利的位置。为什么这些主题持续如此之久、影响范围如此之广？因为它契合了整个时代的主题。超级大牛股往往是时代的产物，最好的主题投资一定是顺应了特定时代潮流的主题。因此，大的时代主题投资是投资者一定要把握住的。这一点与上一节趋势投资有类似之处，主题投资本质也是大的趋势投资。

此外，涨价也是一种特殊的主题投资，如前几年的猪肉涨价、维生素涨价、钛白粉涨价、草甘膦涨价、覆铜板涨价等。涨价成为一种独立的主题投资，有其内在的合理性。涨价一般有三个原因：上游成本上升、产品需求高涨、供给不足。不论是需求推动还是成本推动，敢于涨价的企业，一般而言在产业链的地位还是比较强的，不担心因涨价导致的下游客户流失。同时，涨价带来的营收和利润增长也是非常直观的，若涨价幅度大于成本上升幅度，会进一步提升利润率。更重要的是，产品涨价往往预示行业供给与需求的对比发生了较大变化，这种变化很可能意味着新趋势的到来。因此涨价往往不是一次性的，一次涨价之后往往在随后的某个时间会继续涨价，持续涨价的预期将会对股价产生极大的拉动作用。

表面上看涨价主题属于炒作，但资金认可这一逻辑的重要原因是其给行业或企业的基本面带来了积极影响，企业的经营业绩往往会迎来比较大的上调。涨价主题与其他主题还有一个不同之处，涨价主题是持续循环、不会消失的，猪肉、维生素等的价格永远处于变化之中，呈现很强的周期性。因此，每隔几年都会有一次较大的涨价主题投资机会，有心的投资者可以把涨价主题钻研透彻。

主题投资常见的演化逻辑

一般而言，一个全新的主题从开始酝酿到机构形成共识，有其固有的规律。

第一，若是推出全新的制度或政策，对这一主题是否蕴藏大的投资机会，大资金尤其是机构投资者很快便可以达成共识。因此，这一类主题投资在政策公布之后将立即展开，在A股常见的态势是相关行业或地域的概念股出现集体大涨，甚至是集体涨停。

对于个人投资者而言，这是极为不利的，因为个人客户几乎无法参与到这种交易中。重点便在于，这一主题是否会在短期积累了较大涨幅之后，出现一定幅度的回调，进而让个人投资者有参与第二轮的机会。然而，并不是每一个主题投资都会有第二轮甚至是反复多轮的上涨。那么，问题就在于，这一主题投资究竟是一次到位还是会有反复的机会？

就A股多年的经验来看，若这一题材足够巨大，而第一轮上涨之前机构投资者持仓比重不高、个人投资者持仓较多的话，那么第一轮行情上涨的持续性是相对较弱的。出现这种情况的重要原因之一是相关股票此前以其他概念炒作过，或者是个人投资者比较熟悉的板块，导致个人投资者持仓比重较高，但政策出台出乎大多数资金的意料，所以机构资金尚未进行更充分的介入。因此，在第一轮行情收尾之后，机构与机构、机构与个人之间会对这一题材产生分歧。经过充分的换手之后，第二轮行情有望重新展开，但是其高度和持续性究竟如何，后续是否还会反复成为市场的主线，都需要视题材的重要程度而定。

倘若在第一轮行情产生之前，机构资金在相关板块的介入程度足够深，而个人投资者又普遍不看好该行业或者板块，那么一旦该主题启动之后，相关股票的涨幅会非常大，持续性也可能更强。但是第一轮大幅上涨并回调之后，能否会有第二轮上涨？不确定性比较大。即使会有第二轮上涨，相关股票也只有经历较长时间或较深的跌幅之后才有可能重新被资金光顾。个人投资者若是想参与此类主题投资，一定要慎之又慎，切莫做高位站岗的接盘侠。

第二，若是推出全新的技术或产品，对这一主题是否蕴藏大的投资机会，大资金尤其是机构投资者难以很快达成共识。这就给善于跟踪、学习、研究新事物的个人投资者提供了巨大的投资机会，个人投资者和机构投资者将几乎站在同样的起跑线上参与此类主题投资。新的技术进步或全新产品的推出，从产品问世到逐步完善直至被一部分人接受，是一个长期的过程。因此，是否有明确的主题投资机会，机构投资者最初分歧往往很大，相关的产品或技术即使未来影响深入广泛，最初也只有少部分眼光独到的资金提前进入，市场对相关主题并不十分认可，此时恰恰是一部分目光犀利、信念坚定，且能够长期持有的投资者买入的良好时机。

随着新技术的推广越来越快，新产品日益完善并被广泛接受。尽管由新产品、新技术带来的收入占比还比较低，相关上市公司的业绩并未出现明显改善，但媒体和行业领袖开始更加关注这些产品和技术，相关股票逐步形成较大规模主题投资的时机也越来越近，随时都有可能爆发。

题材一旦正式启动，便会吸引更多的观望资金进场，客观上有助于相关产品和技术的提升以及新产品的推广，从而进一步打破很多人对该主题的犹豫和偏见。但产业发展初期的主题投资更多是由对新技术和新产品未来的美好畅想和远景期待所指引，并无实际的业绩支撑，所以主题投资的涨幅和持续性要依据当时的市场情绪和环境而定，难以预先判断。但没有业绩支撑的主题投资终究会结束，投资者若是被市场情绪冲昏了头脑，过高预期和透支了未来，而没有及时撤出市场，则可能遭遇比较大的损失。

不过，由于新的技术或产品引发的主题投资往往持续多年，第一轮主题投资结束之后，还会有第二轮甚至是多轮投资机会。届时，投资的重点将不再是基于纯粹的对未来的美好预期，而是要分析哪些细分行业将真正受益于新产品、新技术渗透率的提升。在这一阶段，个人投资者同样可以把握投资机会。例如，当苹果推出智能手机后，重塑了手机产业格局，十几年来技术不断进步，渗透率逐步提升，A 股相关产业链也出现了不少 10 倍、20 倍的大牛股。

观察主题大小与持续性的其他角度

除了上述逻辑之外，观察主题投资还有几个常见参考指标，包括龙头股的强势程度、直接关联的个股数量、整个概念的想象与延展空间等。就龙头股的强势程度而言，一个主题投资必定包含最受益的几家企业，这几家企业的股价表现可在很大程度上影响整个主题投资的涨幅和持续性。直接关联的个股数量也非常容易观察，大的主题投资，直接关联的股票数量会有很多，一般多达数十只，假如一个投资主题只有几家或十几家相关企业，则很难形成强烈的市场效应，也很难容纳非常多的资金。整个概念的想象与延展空间也很重要，越大的主题投资，逻辑越清晰简单，认同度越高，短期内越难以证伪，而且随着主题投资的深入演绎，会有越来越多相关的行业或板块被纳入该主题，市场空间会越来越广阔，行业的轮动也会越来越此起彼伏。

投资中的博弈

假作真时真亦假，
无为有处有还无。
——（清）曹雪芹

诺贝尔经济学奖获得者保罗·萨缪尔森曾说："要想在现代社会做一个有文化的人，你必须对博弈论有一个大致了解。"所谓博弈，是指竞争各方为了达到各自的目标和利益，必须充分考虑对手可能的行动方案，并力图选取对自己最有利的方案的过程。博弈论这一概念虽然由西方提出，但博弈论思想在我国古已有之，《孙子兵法》除了是一部军事著作外，也可以称得上是一部博弈论专著。20 世纪 80 年代以来，博弈论成为诺贝尔经济学奖的热门选题，其在经济、政治、军事、法律、社会学等领域的应用也越来越广。金融市场参与人数众多，中间必定存在复杂的博弈，试图以一句价值投资或者长期投资而忽视博弈显然过于理想主义。

在讨论股票市场的博弈之前，首先来看期货市场的博弈行为。在期货市场，每一个多头必然对应一个空头，一个投资者的盈利必然对应另一个投资者的亏损。所以期货市场是典型的零和博弈，在此过程中，市场带来的并不是财富的创造，而是财富的转移；再加上交易手续费，可以说期货市场是完全的负和博弈，并不是长期投资或者价值投资的场所。

股票市场不同于期货市场。长期而言，股票市场是可以为各类投资者带来不菲收益的，所以不是零和博弈。但是，股票市场上的投资者林林总总，利益诉求不一，甚至充满尔虞我诈。作为个人投资者，在战略上一定要用价值投资、长期投资的思维看待市场，但在战术上一定要善于运用博弈理论，全面了解和分析市场上各方的视角、诉求以及影响市场的各种手段，提前做好应对。本节对市场主要参与主体之间的关系和博弈作简要分析。

监管部门、证券交易所与上市公司

监管部门的重要目标是打造规范、透明的资本市场，推动提高上市公司质量，其出台的制度和规定适用于所有上市公司。但在特定的阶段，监管的重心会有所转移，当投资者发现监管部门首次就股票市场的某一问题表态或者频繁就某一问题进行“喊话”时，必须把握政策动向，摸清其意图和逻辑，否则有可能错过重大的投资机会，或者陷入遭遇重挫的板块或主题。

证券交易所与上市公司的互动更为频繁，尤其是注册制推出之后，投资者不仅要熟悉交易所的业务规则，而且要密切关注交易所发出的关注函、问询函、监管函等。交易所关注的信息往往是较为重大的信息，从上述函件以及上市公司的回函等信息中，既可以了解一家上市公司的公司治理、信息披露、严谨程度、工作效率等多方面情况，也可以观察上市公司是否存在内幕交易、损害中小投资者利益的嫌疑，并了解上市公司核心业务的竞争力、在建项目进展、行业竞争情况等各类信息。其中有很多内容都是定期报告或日常信息披露中未曾详细披露的，值得投资者进行细致的分析。尤其是对于近期受到公开谴责、约见谈话、通报批评等自律监管措施或纪律处分的上市公司，一定要对其进行更全面、深刻的检视。

总之，在强监管的态势下，上市公司信息披露越来越充分和规范，这对于一直处于信息劣势的个人投资者来说是非常有利的。问题的关键在于投资者能否做个有心人，及时、认真地分析这些信息。

实际控制人、机构投资者与中小投资者

理论上讲，实际控制人、机构投资者与中小投资者的长期利益是一致的，但现实情况是，长期也是有期限的，不同的投资者持股时间不同，导致利益诉求并不一致，最典型的是在短期业绩与长期业绩方面的分歧。

对于相当一部分财务投资者，不论是上市前的投资者还是通过定向增发参与的投资者，持有股票的目标期限可能只有几年甚至不足一年，因此迫切希望上市公司的业绩在未来一年或几年之内实现较大幅度的提升，从而实现盈利并退出，而公司的实际控制人对此并不完全持相同意见。比如前几年，很多机构投资者希望上市公司推出高送转计划，其实或多或少暗含着对公司股价短期上涨的期望。

个人投资者持股时间往往比很多机构投资者的持股时间更短，因此介入的时机非常重要。鉴于实际控制人、机构投资者对公司经营情况的了解要显著优于中小投资者，个人投资者无论做出何种决策，都应该把大股东及机构投资者的行为作为重要参考。例如，大股东增持或减持计划的推出，向来是市场关注的重点信息。一般而言，大股东的增持往往体现其对上市公司未来发展的信心，而减持则代表未来经营业绩可能低于预期，但是现实的市场要复杂得多。

一方面，增持计划产生的背景不同，其指示意义也不同。很多情况下大股东迫于股价持续下跌的压力抛出增持计划，至于未来经营业绩能否明显改善并无确定的信息；预计增持金额也存在较大的浮动区间，是以最低限额完成增持，还是以接近最高限额完成增持，体现了大股东对上市公司是否有信心；更有甚者，有的大股东会在股价出现连续大幅上涨之后再推

出增持计划，此时个人投资者更要擦亮眼睛，绝不能简单地认为凡是增持就代表必然看好。

另一方面，减持计划背后的信息更复杂。首先，大股东减持是否一定代表企业增速下降或者大股东不看好企业的未来呢？也不尽然（最典型的例子是腾讯）。大股东只要确保表决权足以对董事会、股东大会的决议产生重大影响，就没有必要保持50%以上的控股权，如很多上市公司第一大股东的持股比例已低于1/3；大股东通过股权转让的方式实现减持，引进其他的战略投资者对上市公司发展是否有益也难有定论，需要具体问题具体分析；当然，大股东清仓式减持或者大比例减持对上市公司的长远发展是不利的。

如果投资者发现大股东抛出减持计划，上市公司股价在经历了短期的较大波动之后，不仅没有持续下跌，反而出现大幅上涨的现象，就非常值得个人投资者总结反思。一般而言，大多数个人投资者会受到惊吓，进而很快清仓离场，但是市场往往反其道而行之，这样的减持计划本身也可以起到快速提高换手率的效用。若投资者对上市公司没有更全面、深入的理解，仅凭一纸减持公告就将手里的股票低价转让他人，可能会追悔莫及。

所以，评估股票质地一定要从多角度进行，单凭大股东增持或减持的事件不足以做出准确的决策。毕竟大资金和个人投资者不同，无论是买入还是卖出，往往都需要较长的时间，没有特定的利好或者利空消息，大资金很难在短时间内完成交易目标，个人投资者切莫被此类突发的消息打乱节奏、轻易改变原本的交易目标。

这样的例子其实有很多，最常见的是突发的利好或利空消息，如一致看好的研报、与客户签订合作协议、媒体质疑上市公司财务报表、关于政策调整的传言等。这些表面的利好与利空，有时会迅速传遍市场并不断被放大，而这些信息或者是虚假的，或者其实际影响被夸大了。那些少数拥有信息优势的投资者通过心理引导，使另一部分投资者产生错误的分析和判断，从而在随后急剧放大的交易量中，很快完成博弈。

此外，定向增发过程中，机构投资者与上市公司、个人投资者也存在相互博弈。

首先，仔细阅读《上市公司非公开发行股票实施细则》，参与定增的投资者可最低以定价基准日前20个交易日公司股票均价的8折购买股票，这显然是对参与定增投资者的一种直接补偿。短期来看，这对个人投资者肯定是不利的；但从长期来看，如果募集资金得到有效利用，企业竞争力得以提高，那么这种折让增发是可以接受的。此外，并非所有的定向增发都是以8折的折扣进行增发，如果投资者十分看好企业发展，也会出现无折扣的定增项目。个人投资者从定增的折价幅度也可以看出机构投资者对上市公司股价的认可程度。

其次，大股东是否参与定增、参与的比例如何，也能够反映大股东对企业的发展是否充满信心。大股东如果不参与定增或参与比例很低，显然会造成其持股比例的下降；而大股东如果以非常高的比例参与定增，显然是为了实现更高的控股权，同时体现出其对企业的发展充满信心。

最后，定向增发的股票会有锁定期，每当解禁期临近，个人投资者便容易陷入纠结担忧之中，以折扣价买入的股票一旦解禁，是否会大量卖出造成股价下跌呢？回顾以往众多定向增发的股票解禁之后的表现来看，这种担忧有其合理性，但总体过于悲观。从博弈的视角来看，定增的机构投资者绝不希望股票解禁后大量股票同时卖出，否则不仅交易量无法承接，而且必然压低卖出价格。因此除非上市公司基本面明显转坏或恰逢市场整体环境恶化，一般不会出现解禁之后所有参与定增的投资者夺路而逃的情况。

还有一个现象值得投资者注意，定增解禁之后经常会发现上市公司恰逢利好消息，比如下一个季度的业绩指引超出预期，这些股票反而迎来比较快速的上涨。因此，定增解禁的股票本身也可以作为一个专门的投资主题。有的个人投资者专门在临近定增解禁的股票中筛选股票，选择那些基本面良好且当前股价较非公开发行价格涨幅较小，甚至是存在一定跌幅的股票逢低布局，与参与定增的机构投资者站在同一个阵营，期待后续上市公司超预期的业绩表现。

可见，面对同样的事件，不同投资者的思维方式是完全不同的。有的个人投资者会完全规避定增解禁股，有的不会刻意考虑这一因素，还有的会把它当作一种专门的投资机会。当然，每个投资者都有其熟悉的投资策略，所以并没有优劣之分。

上市公司、股东与管理层

现代企业所有权与经营权分离、信息不对称，容易导致公司高管利用其实际享有的对企业的控制权，做出谋求私人利益的决策，但决策后果由股东承担，因此造成股东利益受损，这就是所谓的内部人控制。公司并购、关联交易等是最常见的内部人控制的形式。

为了兼顾公司长远利益与管理层利益，为公司可持续发展夯实基础，越来越多的企业推出了股权激励计划，这在制度上有助于调动管理层的积极性。股权激励不仅包括管理层，也包括核心技术人员和核心业务人员，从而有助于增强企业凝聚力，实现核心团队、管理层与上市公司利益的深度绑定。

个人投资者无法左右上市公司是否推出类似的股权激励计划，但从具体的激励方案和行权条件可大致分析管理层对企业未来经营发展的信心程度。与此同时，很多上市公司推出员工持股计划，其中大部分股权也是由核心管理层持有，从中可以观察员工持股计划的持仓成本、买入时点和退出时点，来大致衡量上市公司股价的安全边际。

此外，股票回购也是管理层影响股价表现的重要途径。个人投资者非常欢迎股票回购，因为只有股价被严重低估时，公司才会回购股票，回购价格也可以作为其买入上市公司价格的重要参考。尤其是在股价连续大幅下跌的环境下，回购可以向市场中的各类投资者传递业绩稳健、现金流充裕等信息，有助于增强市场对公司股价的信心。如果公司注销回购股份，将会直接减少流通股数量，提高每股收益。美国次贷危机以来，美股回购数量明显增加，已经成为推动指数长期牛市的一个重要因素。

中介机构、独立董事与上市公司

2020 年 3 月 1 日，修订后的《中华人民共和国证券法》正式施行，进一步加强了投资者保护，强化了发行人信息披露，显著提高了证券违法违规成本。其中，欺诈行为、信息披露违法行为的罚金相较之前的几十万元提高至千万元级，并明确了上市公司财务造假、信披违规过程中券商与会计师事务所的连带赔偿责任，特别是 2021 年一家企业财务造假案件一审判决要求独立董事承担连带责任，赔偿金额上亿元。这一判决具有里程碑意义，标志着证券市场严刑峻法的时代已逐步到来，未来不论是独立董事、保荐人还是会计师事务所，都要在履职过程中更加谨慎合规，否则不仅可能会倾家荡产，甚至可能“把牢底坐穿”。

对于个人投资者而言，这是莫大的喜事。今后凡是发现独立董事接连辞职，或者只有支付高额报酬才能吸引独立董事就职，又或者会计师事务所等中介机构与上市公司就财务报告等出现明显分歧的上市公司，投资者一定要尽早远离。但是正如马克思所言，“有百分之五十的利润，就会铤而走险；有百分之一百的利润，就敢践踏人间一切法律；有百分之三百的利润，就敢冒上绞刑架的危险”，财务造假等行为永远不会被根除，投资者千万不要以为就此可以高枕无忧。

技术分析与投资博弈

股票技术分析的核心要素是价格和交易量（期货市场还包括持仓量），市场上各类机构的博弈最终都体现在股票价格和交易量上；反过来，不论是股票指数还是单只股票，透过其价格和交易量都可以反推出背后资金的核心意图。

最常见的支撑线、压力线、轨道线为何有比较强的技术意义？这其实类似于战场上的堡垒和要塞，其防守意义重大，难以攻破，而一旦被攻破，其原有作用立即被另外一方占据，即原本属于防守方的要塞现在变成了进攻方的基地和堡垒。总体来讲，容易攻破的堡垒战略意义比较小，未来重新被对方攻破的难度也较小；特别难以攻破的堡垒战略意义重大，未来重新被对方攻破的难度也更大。站在资金博弈的角度，投资者花费大量资金攻破一个重要压力线，一般会选择乘胜追击，扩大“战果”，否则耗费大量资金“进攻”的意义何在？所谓突破买入法、“横有多长竖有多高”等技术术语背后的合理性正在于此。

另外，市场隔三岔五会出现所谓的“乌龙指”，一般是由交易员在交易时不小心敲错了价格、数量、买卖方向等造成的。“乌龙指”客观上造成了某个交易日非常长的上影线或下影线，如果长影线恰好出现在市场经过连续大幅下跌后的低位，或者连续大幅上涨后的高位，那么“乌龙指”便具备了一定的指示信号意义，甚至不排除是趋势逆转前多头或空头尝试性反攻的标志。虽然有一些“乌龙指”确实是由意外造成的，但有些非常长的上影线或下影线往往是资金试盘的结果。这如同战场上的火力侦察，在进攻方开始全面进攻之前对敌方阵地进行试探性攻击，以判明敌方的火力配置和兵力部署。“乌龙指”很多时候可以起到这样的作用，投资者在遇到类似的长影线时要多加留意。

“天下熙熙，皆为利来”，股票市场绝大多数的参与方苦心经营，基本逃不过一个“利”字。个人投资者在博弈中始终要保持清醒，最主要的是弄清楚每一个事件或行为的背后哪一方最受益，对上市公司及其股价的影响如何，进而做出有利的投资决策。

第五章

投资之道

建立投资哲学

很多人误以为哲学是思想家、哲学家才需要学习的高深学科，离投资非常遥远，其实任何一个领域都需要哲学思想的引导。本章力图把一般意义上的哲学思考与投资决策相结合，帮助投资者提高思维深度，运用投资之“道”指导具体的股票投资。

投资中的量变与质变

积土而为山，
积水而为海。
——（战国）荀子

质量互变规律

量变和质变是事物联系和发展所采取的两种状态和形式。其中，质是一事物区别于其他事物的内在属性，而量是质的数量化，用来定量描述事物的规模、程度、速度、体积等属性。因此，质变是事物性质的根本变化，而量变是事物在原有性质基础上发生的不显著的变化。

在绝大多数情况下，事物的变化都有一个量变的积累过程；量变超出临界点，就会引起质变，质变又引起新的量变。事物的发展就是这样由量变到质变、再由质变到新的量变，无限循环往复，经历由低级到高级、由简单到复杂的演进过程。学会分辨技术进步、行业发展和企业经营过程中的量变和质变，是投资者应该具备的重要技能。举例而言，1997 年，IBM 计算机“深蓝”击败国际象棋大师卡斯帕罗夫，震惊世界，但在人工智能发展史上，这只是迈出了一小步，并未引发人工智能质的变化；而 2016

年，谷歌 DeepMind 开发的 AlphaGO 横扫围棋世界冠军李世石，才真正宣告了人工智能时代的来临。

股票市场的量与质

在股票市场，究竟什么是质、什么是量呢？用哪些指标来描述市场整体的状态以及某一家企业的状态呢？下面从微观和宏观两个层面入手进行分析。

微观层面

一家企业的经营状况始终处于变化之中，客户数量、营业收入、经营利润等指标都在不停地变化。量变一直在发生，但达到什么程度才能判断一家企业发生了质变呢？当然，我们可以武断地采用收入、利润、市值等指标来判断，如营业收入或者总市值超过 500 亿元、1000 亿元，但这种分类往往是事后的反映，是企业发生了内部变化之后的外在体现。

一家企业真正的质体现在哪里？其实主要体现在本书第三章。但永远不会有一套清晰、可量化的操作办法告诉投资者哪一家企业发生了质变，因此判断一家企业是否发生质变，有很多艺术的成分。企业的质变很难找出明确的临界点，更多时候是一个模糊的区间，需要投资者在众多杂乱的信息中抽丝剥茧，做出准确的判断。譬如企业的战略是否发生了转移？企业领导人员的更替是否改变了公司的航向？企业的价值观是否背离了初衷？企业的护城河是否发生了重大变化？这些问题是判断企业是否发生质变的重要因素。除此之外，重大事件的发生往往也是重要的信号，比如重大的采购项目、重大的专利发明、重要客户的拓展等。

企业的质变与技术分析有类似之处，技术分析中的突破会有较明确的定义（如放量创出阶段新高或历史新高），企业的质变也是诸多属性的突破性变化。如果把企业简单地划分为平庸、普通、优秀、卓越四个等级，投资者在不考虑估值等因素的情况下，可以将所有企业归入这四个等级。

所谓质变就是企业从一个等级跃升至上一等级或下迁至下一等级的情况。而量变则更为频繁，企业的营销策略、技术研发、市场份额的变化都属于量变，最直接的体现是各项财务指标的变化。但量变并不改变企业在平庸、普通、优秀、卓越中的归属，只有量变累积到足够多的程度时，质变才有可能发生。

在总的量变过程中，尽管企业没有实现质的突破，但会有阶段性和局部性的质变。例如，获得特别标志性的订单或金额巨大的订单；企业产品价格摆脱长期下降趋势，转为震荡或上涨趋势；新产品推出后首次在代表性客户中落地使用。这些都可以看作局部的质变，当一个又一个局部的质变接二连三地出现后，企业整体的质变可能正在或已经发生，这需要投资者灵活做出判断。但是投资者始终要有一个清醒的认知，量变会引发质变，但并不必然引起质变，绝大多数企业只能进入普通这一等级，只有少数企业才可以成为优秀企业，卓越型企业更是凤毛麟角。

另外，质变由量变的堆积演变而来。正所谓“星星之火，可以燎原”，绝大多数企业的质变是渐进的，需要长时间甚至几代企业管理者的经营才会让一家普通企业晋升到优秀企业的行列。但企业的质变也会有突变的情况（多数是向下的突变），如有关创始人的意外事件影响企业的存续经营，企业被恶意收购，企业主动收购资产变更主业，重大自然灾害或者法律环境变化引发企业存续经营出现困难等。

宏观层面

如何从宏观层面界定和观察一个市场的量与质呢？有人会以成交量的变化作为首要指标，有一定道理，但成交量反映的往往是交投的活跃程度和投资者的心理预期，这些指标有其自身的规律，其更多的是市场量变的体现。市场的质变更多地在于资本市场相关制度的重大变化，资本市场在经济发展过程中角色定位的变化、在全球资本市场地位的变化，财政或货币政策的重大转变等，这些变化往往意味着市场自身发生了质变。尽管股票指数并不会立即出现明显上涨，但市场的质变一定会对投资者的信心、外部资金的引入、长期资金的聚集等产生巨大的影响。可见，市场质变的影响是长期的，且相对而言是较为容易观测到的。

把握质变中的投资机会

如果简单地把市场中的投资机会分为两种：质变中的投资机会和量变中的投资机会，那么很显然，量变中孕育更多数量的投资机会，因为质变发生的次数远远低于量变发生的次数。但就投资可能带来的一次性收益或损失而言，质变可能带来的盈利或亏损规模远大于量变可能带来的收益或损失。优秀投资者与普通投资者最显著的区别之一是能否更早地察觉质变的发生。

除了突发的质变之外，质变可以分为两类：重大创新的出现和重大拐点的出现。

重大创新的出现包括颠覆性技术创新（如基因检测）、全新产品的推出（如智能手机）、新的管理方式的出现（如流水线、精益制造）等。可能十年内真正可以称之为颠覆性创新的技术非常少，但一旦出现将会极大地提升全社会经济发展的效率。抓住这一浪潮的企业将一跃成为明星企业，投资者在恰当的时机参与其中，得到的回报也将是十倍甚至几十倍的量级。

重大拐点的出现则更常见。所谓拐点即原有态势的逆转，如经济周期两个阶段之间的临界点，价格上涨趋势的终结、管理混乱的终结、市场份额下降的终结，重大监管政策、财政或货币政策的转向，官僚主义等大企业病在原本优秀的企业中频繁出现，人口结构变化、消费习惯、文化习惯导致的消费结构的重大变化，社会思潮的重大变化等。凯恩斯曾调侃："在过去的五次经济危机中，经济学家预测到了十五次！"可见预测拐点非常困难，成功率不高，但这是一个投资者成长为优秀投资者必备的技能。

把握质变，就是积极把握向上的质变，远离向下的质变。把握向上的质变一定要坚定信心，辅以足够的耐心。越是革命性的创新，在被社会大众接受之前越是充满质疑的。同样，重大的拐点往往并不是清晰的直角拐弯或彻底掉头，而是充满了曲折反复，投资者千万不要在大众的质疑声中丧失信念，错过千载难逢的投资机遇。

在具体的投资布局上，虽然质变带来的大方向是确定的，但质变带给关联行业或者细分行业的影响是有差别的，而分析这些后续影响是机构投资者较为擅长的，个人投资者如果无法进行这些深度分析也并不可怕，只要在上述大方向之下分散配置几个关联行业和上市公司即可。例如，此前表现耀眼的智能手机产业链，投资者如果不知道在显示屏、射频器、处理器、摄像头等关联行业中如何选择，可以在每个细分行业配置一部分股票，长期来看同样可以取得丰厚的回报。

对于向下的质变，投资者发现端倪后一定要坚决离场，避免遭受重大损失。因为这种损失往往是永久性的，企业的基本面一旦被证实出现急剧恶化，大量资金会非常果断地离场，而犹豫的个人投资者往往损失惨重。此外，虽然有一些向下的拐点来临后，股价并不会立即出现大幅下跌，但上升空间已经被彻底关闭，继续持有带来的机会成本同样是巨大的。

然而，很多被吹捧为石破天惊的质变，背后可能是一场幻想甚至是一场骗局。美国血液检测企业 Theranos“滴血成金”的惊天大骗局让很多创投企业损失惨重、颜面尽失。投资者一定要对初步判断为重大质变的企业或事件进行非常审慎的验证，而验证它们只需采用最简单、初级的方法：是否符合基本的常识和科学知识，是否符合当前的技术水平。辨别和预判质变非常困难，难免会出现失误。若仅从一次失误来衡量，这种质变投资方法带来的损失或者失去的潜在收益可能是巨大的，但把时间拉长，在几十年的投资生涯中，其具有非常宝贵的价值。

把握量变中的投资机会

量变时时刻刻都会发生，大多数投资行为是在量变中产生的。一个优秀企业跃升至卓越企业的概率是非常低的，所以投资的大部分时间是在寻找向上的量变，避开向下的量变。这种量变越显著，投资机会越大，赋予的投资权重和耐心也应越大。在平庸、普通、优秀、卓越四类企业中，投资者即使是把握量变中的投资机会，也尽量在优秀和卓越两类企业中进行选择，平庸企业和普通企业除非能跃升至上一等级，否则其量变中的投资机会并不突出。另外，把握量变中的投资机会要本着“积小胜为大胜”的原则，这一点与对待质变中的投资机会有明显不同。在投资回报率方面，投资者千万不要将二者混淆，对每一次量变的投资回报率不宜抱有过高期望，而在质变的过程中切勿过早退出，否则可能丧失潜在的巨大回报。

投资要抓主要矛盾

举一纲而万目张，
解一卷而众篇明。
——（东汉）郑玄

任何事物的发展都会有多重矛盾的存在，其中必定有一种是主要的，起到领导性、决定性作用，其他则处于次要和服从的地位。毛泽东同志曾讲，抓住了这个主要矛盾，一切问题就迎刃而解了。投资也是如此，成功的投资者必定是善于抓主要矛盾的，失败的投资者有千万种失败的理由，但是分不清主次是其中最重要的原因之一。

投资中的矛盾

矛盾是辩证法的核心概念，矛盾就是对立统一。对投资而言，矛盾就是涨与跌、向好与向坏的共存体。在任何时刻，既会有影响股价上涨的因素，也会有影响股价下跌的因素。这些因素中，有且只有一种最主要的因素驱动着股价的最终运行，这便是其蕴含的主要矛盾，其他因素都是次要矛盾。

矛盾会通过问题表现出来，这些问题以各种各样的信息呈现在投资者的面前。在这浩如烟海的信息中，很多个人投资者迷失了方向，每天吸收、分析和处理大量无关紧要的信息。

比如，很多投资者，尤其是有丰富投资经验的投资者，习惯通过观察美股来对A股进行择时，每当美股出现较大跌幅或连续下跌后，便轻仓或减仓A股。这种方法在某个特定时间段似乎卓有成效，但长期而言，是很难真正见效的，因为它本末倒置，混淆了主要矛盾和次要矛盾。长期而言，股票市场反映的还是一个经济体、一系列有竞争力的上市公司的发展状况。A股市场是全球金融市场的重要一员，其内在发展才是主要矛盾，外部市场的波动只会是次要矛盾，所以重点是对中国经济、A股上市公司的研究。当然，在某些特定条件下、在某个特定阶段，次要矛盾也可能阶段性地发展成为主要矛盾。倘若出现国际金融危机的兆头，金融市场整体出现大幅波动，投资者也要阶段性地将外围市场的波动作为一定时期市场走势的主要矛盾。

如何判断矛盾

在众多矛盾中，如何判断哪一个才是主要矛盾？这是投资的难点所在。经验丰富的投资者其实可以在非常短的时间内做出准确判断，对于多数普通投资者而言，可以从以下两个角度进行思考：一是在众多矛盾中，哪一个可能会在特定时间段推动市场、企业或者其股价运行产生质的变化；二是在众多矛盾中，哪一个会推动市场、企业或者其股价运行产生更为显著的影响，而其他矛盾即使发生较大变化，依然不会对市场、企业或者其股价运行产生显著影响。

影响企业发展的因素数不胜数，企业之间的竞争，如果对技术或工艺要求很高，那么技术差异是主要矛盾；如果该行业的技术并无根本差异，则可能是品牌、供应链管理、成本控制等因素。

打个比方，一家企业在地下输电技术上取得突破并领先同业，以更低的综合成本实现了更高的输电效率，市场空间开始打开。随着业绩的逐步释放，其估值也同步提升，出现戴维斯双击，股价实现较大幅度上涨。而此时，如果市场突然出现传闻，下游电网公司采购方式发生变化，公司产品可能会明显降价，又或者出现上市公司高管、大股东发布减持计划的消息，此时大多数投资者就会开始动摇并止盈离场了。但是，这些利空因素是否会引发公司发展的质变呢？显然不会。若企业的核心竞争力没有变化，尽管产品的暂时性降价可能会影响当年的财务业绩，但是产品的优势丝毫没有改变，公司的发展空间依然十分广阔。这些积极因素对公司的影响远远大于暂时的利空因素带来的不利影响，因此投资者不应该卖出，此时正是趁势提高仓位的绝佳时机。

然而，投资者如果简单地进行线性类推，认为产品降价对任何企业而言都不是主要矛盾，那就大错特错了。2021 年初，《关于推动药品集中带量采购工作常态化制度化开展的意见》出台，同年 6 月，第五次国家药品集采落地，规模创历史之最。这对药企的影响极为深远，给其未来的盈利能力带来了极大的不确定性。集采及由此带来的产品降价成为这一阶段影响很多药企股价的主要矛盾，相当一部分药企的股价在随后几个月出现了明显下跌。同样，在分析某个产业链时，投资者也要抓住“牛鼻子”，分析哪一个环节对上下游的议价能力最强、技术最难以替代或者决定整个行业的供给能力。

值得注意的是，投资是多样化的，投资者的投资策略和投资期限不同，其面对的主要矛盾也不同。如果一个短期投资者计划持有上市公司的期限不超过三天，只为了博取三五个点的利润，那么对他而言，影响公司股价的主要矛盾和一个长期投资者要把握的主要矛盾是截然不同的。同样，一个量化投资者和一个基本面投资者面对同样一个市场，他们关注的主要矛盾也有巨大的差异。

2021 年下半年，相当数量的上市公司业绩增长显著放缓，其中主要原因是缺芯、原材料涨价、拉闸限电等。此时，一个中长期投资者在考察主要矛盾时，应将重点放在哪里呢？显然是企业产品的竞争力，而上述因素都是阶段性因素，是整个行业普遍存在的问题，若把这些次要矛盾当成主要矛盾，投资者可能会错过很大的投资机会。但对于短期投资者而言，上述问题则是影响短期市场表现的主要矛盾，需要及时应对。

投资须避免刻舟求剑

世界上没有一成不变的事物，任何事物都处于永恒的运动、变化和发展之中。我们必须用发展的眼光去观察和处理问题，否则就会重复刻舟求剑的错误。

投资领域同样如此。在注册制推出之前，很多投资者习惯于炒作绩差股、ST 股、高送转等各种纯概念股。因为根据历史经验，在一个总容量变化不大的市场，会有各种风格的资金炒作不同类型的股票，似乎不论股票质地如何，只要有题材和概念，就会一飞冲天。然而，注册制推出后，市场容量越来越大、上市公司数量越来越多、退市制度越来越完善，好公司和坏公司股价的表现差异非常大。投资者如果不能认识到市场主要矛盾已经发生了根本改变，继续用以前的打法，执迷于炒作绩差股和各种纯概念股，那么想在市场上盈利将难于登天。

因此，当影响市场运行的主要矛盾发生变化时，投资者应该及时调整持股的行业及个股。2018 年 3 月，美国宣布对中国钢铁和铝制品分别加征关税，中美经贸摩擦开始受到一小部分投资者的关注，部分资金调仓，增加对医药和消费板块的配置。同年 6 月，美国加征关税 2000 亿元，市场担忧进一步加剧，以黄金为代表的避险品种开始表现。毫无疑问，中美经贸摩擦是这一阶段影响市场的主要矛盾，尤其是对出口占比较高企业的影响更为显著，若不及早回避，损失会比较惨重。

2020—2021 年，有两个行业的表现超出了很多投资者的预期。第一个行业是军工行业。过去很多年，军工板块总体是事件驱动型逻辑，一般都是在世界局势紧张时有阶段性表现，上涨和下跌的速度都比较快，波动较大，但持续性较弱。久而久之，投资者便形成了刻板印象，认为这不是好的中长期投资品种，所以在2020年初，整个军工板块在机构投资者的资产配置中占比较低，很多经验老到的投资者同样把该行业列为主动回避的行业。因此，当该行业的很多上市公司业绩明显好转、股价缓慢上升之后，仍然有很多投资者抱残守缺，视该行业基本面于不顾。事实上，军工行业的成长性已经相当突出，再以事件驱动逻辑看待这个板块，显然是典型的刻舟求剑。

第二个行业是一个让很多投资者大跌眼镜的行业——房地产行业。在“房住不炒”的大背景下，投资者对房地产行业的成长预期明显降低。然而，随着很多房地产上市公司的股价持续下跌，不少投资者开始入场抄底，一方面觉得跌多了肯定会有反弹，另一方面寄希望于政府放松监管，甚至期望通过刺激房地产行业来刺激经济。然而，房地产板块依然“跌跌不休”，很多投资者损失惨重，其中不乏经验非常丰富的投资者，究其原因，同样也是陷入过去二十年的固定思维模式，没有看清新时代房地产行业在国民经济中的角色转变。

矛盾在变化中发展，随着时间的推移，主要矛盾的影响开始减弱，新的主要矛盾开始形成，或者原有次要矛盾开始上升到主要矛盾。这个时候，敏锐的投资者可以据此寻找市场的阶段性拐点，或者及时对行业配置进行针对性调整。比如，如果市场的调整是由打击配资、收缩杠杆引发，那么当市场的杠杆明显降低之后，投资者便不必把这一问题当作主要矛盾，除非有新的促使市场进一步下跌的矛盾出现。也就是说，当主要矛盾形成且已经持续了一段时间，成为所有投资者的共识之后，往往就是主要矛盾即将切换的时间点。投资的超额收益也恰恰在于这些关键的转折点，谁能领先于市场认识到主要矛盾的变化，谁就可以掌握主动权；相反，若迷失于杂乱无章的众多矛盾之中，必然会在投资中失去主次和章法。

把握逆向投资机会

若待上林花似锦，
出门俱是看花人。
——（唐）杨巨源

逆向投资应该可以与价值投资相提并论，是主流投资机构和投资者引用频率最高的词汇。与其说逆向投资是一种投资方法，不如说是一种思维习惯，如果纯粹按照字面意思理解，逆向投资意味着与主流相逆。但这里的逆向并不是完全相反，而是一种时刻保留批判的精神，逆向投资如果翻译成英文，译为“Think Different”可能更贴近其真实含义。

大众为什么会犯错

心理学有一个著名的羊群效应，也叫作从众效应，是指行为上的模仿性和一致性。近两年，直播带货兴起，本质上也是利用大众心理的追随明星效应；很多咖啡厅、酒吧设计专门的气氛组吸引客户，都是运用了羊群效应。在投资中，这种心理更是普遍存在。

投资是一门专业的学问，存在诸多的信息不确定性，普通投资者很容易受到其他投资者，尤其是专业机构、知名基金经理、有影响力的投资者、财经媒体的影响，以至于完全模仿、抄袭他人的决策，丧失独立决策能力。羊群效应不仅存在于普通投资者中间，在专业的投资者，如基金经理中也同样存在，由此产生所谓的抱团取暖、基金风格漂移等问题。罗伯特·西奥迪尼在《影响力》一书中讲述了关于社会认同和权威的内容，非常有助于了解大众盲从的心理，有兴趣的读者不妨读一读。

一般而言，市场中的投资者越多，羊群效应就越明显。一旦某一个行业或个股被广泛看好且股价开始连续上涨，就很容易引发投资者的追捧。如果没有外界的干预或者意外事件的发生，这种持续的追捧会让越来越多丧失理性的投资者加入，这种亢奋会将股价推升到远高于公司合理价值的区间。历史上发生投机泡沫的原因众多，但羊群效应无疑发挥了重要作用。

有被追捧的就必定有被冷落的，当投资者把某些行业或个股贴上落后产能、不合潮流、估值过高等标签后，这一类资产便彻底被打入冷宫。起初还会有一部分投资者试图火中取栗，但随着股价的持续下挫，越来越多的投资者加入看空行列。在市场出现系统性下跌时更是如此，以至于很多优质企业会在泥沙俱下的行情中被错杀。投资者只要稍稍思考就会想清楚，如果大家买的都是同一个行业、同一只股票，那么谁能超越这个市场呢？所有人岂不是都无法跑赢指数吗？为什么不直接购买 ETF 类的指数基金呢？所以，追随别人是不可能实现大幅盈利的，指望通过投资来改善生活的投资者更不要期望跟随旁人就可以轻松致富，相反，这是实现亏损最好、最直接的方法。

羊群效应的另一个特点是一致的看法传播速度很快，但只有极少数人在主流预期形成之初就敢于追随，犹豫不决的性格使得大部分投资者在趋势的末端才会加入“羊群”队伍。正如约翰·邓普顿的名言，“行情总在绝望中诞生，在半信半疑中成长，在憧憬中成熟，在希望中毁灭”。投资者很多时候都处于观望状态，只有在绝望和希望两个极端状态下才会坚定不移。也就是说，在股票上涨的过程中，大多数投资者往往很久之后才意识到市场有所好转或者愿意相信市场已经好转，跟随买入之后短期内似乎可以实现不错的涨幅，但只要不及时退出，就很可能买在阶段性甚至是历史性的顶部区间；相反，在下跌过程中，投资者也是在股票持续下跌了一段时间之后，才在媒体越来越多的悲观论调之下由多转空。

即使是专业的基金经理有时也难逃这种局限。当重仓的行业或个股迟迟不涨，甚至连续下跌，而其他行业的股票欣欣向荣时，再有耐心的基金经理也会开始质疑自己当初的决定，于是纷纷调仓换股，加入追逐热门股的游戏。于是每隔几年就会出现一次抱团取暖的行情，被抱团的行业或板块连创新高，而其他行业或板块屡创新低。但这种抱团取暖带来的上涨往往是暂时的，纯粹依靠资金推动的行情终有尽头。一旦后续资金供应减少或者聪明的资金开始离场，这种板块的下跌也是非常凌厉的，以至于很多基金在短短几周就把此前半年甚至一年的盈利悉数殆尽。更悲惨的是那些一直犹豫观望，在抱团取暖行情的“鱼尾”时期才买入基金的投资者，其损失并不少于那些直接投资股票的投资者。

所有投资者都或多或少了解羊群效应的存在，尤其是专业的基金经理，更是对此有着深刻的理解，但为何仍然无法摆脱这种心理效应呢？

首先，独立思考本身就是一种奢侈品。各行各业都是如此，对特定事物拥有深刻认识的人永远只占少数，而坚定不移地相信自己且身体力行的更是凤毛麟角，所以知识水平、洞察力、自信心等都是产生羊群行为的影响因素。

其次，信息不对称以及相关知识的欠缺。从事股票投资的个人投资者绝大多数不是金融行业从业人士，作为“外行”很容易被所谓的“内行”引导，且研究分析需要耗费大量的时间和精力，大多数人会选择模仿他人的行为，以节省自己搜寻信息的成本，正如人们会通过很多评价平台进行有关观影、读书、就餐的选择。

最后，推卸责任或避免后悔的需要。为了避免个人决策失误可能带来的后悔和痛苦，选择与其他人相同的策略或听从他人的建议，即使决策错误，心理上也容易接受。公募基金行业的排名机制更是把这种人性的弱点进一步放大，基金经理与其冒风险选择可能出错的行业，不如随大流买那些大家都买的行业和股票；即使出现错误，公司也不会问责，而如果重仓了冷门股，导致较大损失，会立即受到公开质疑。个人投资者也是如此，与周围的朋友、同事在同一只股票上出现亏损，心理上的痛苦和悔恨会弱很多。

矛盾的对立统一

按照对立统一规律，要想长久保持一个事物，就必须让这个事物包含它的对立面，没有阴就没有阳，没有高就没有低，没有黑就没有白。因此，阴阳、高低、黑白都是事物的客观属性，没有绝对的好与坏。

股票市场也一样，有时资金偏爱大市值股票，小市值公司无人问津；有时资金偏爱周期股，有时偏爱消费股；有时偏爱上游，有时偏爱中游，有时偏爱下游；有时偏爱低市盈率，有时偏爱高市盈率。交替往复，永不停止。在悲观的环境下，铺天盖地都是负面消息，经济下行、泡沫破裂、行业衰退，但没过多久，情绪逆转，一片欣欣向荣。都说国人喜欢中庸之道，但在股票市场，这一特点基本难觅踪迹，要么绝大多数人站在天平的左端，要么又都挤到另外一端，站在中间的人总是很少。

成熟的投资者往往更为冷静，当看到市场强势之时，会提前考虑市场转弱的可能性；企业高速增长之时，就要提前思虑导致这种高速增长戛然而止的因素；企业高管在遭受口诛笔伐之时，反而要思考其背后有无可圈可点之处；企业面临绝境之时，就要思考其能否否极泰来。

物极必反

《道德经》记载："曲则全，枉则直，洼则盈，弊则新，少则得，多则惑。"中国古代的哲学家很早就明白，事物若发达至极点，则必走向其对立面，因此凡事总有盛极而衰的时候，大好之后便意味着大坏，大坏之后也意味着大好。1921 年，福特 T 型车的销量达到 1500 万辆，占世界汽车总销量的 50% 以上，创造了单一车型销量的世界最高纪录，但这从未有过的辉煌也预示汽车标准化已做到极致。通用汽车在舒适化、个性化方面不断创新，逐步开始超越福特，到 1927 年，T 型车被迫停产。

2000 年底，正当华为蒸蒸日上、营业收入保持高速增长之时，任正非写下了著名的《华为的冬天》。他讲道："眼前的繁荣是前几年网络股大涨的惯性结果。记住一句话：'物极必反'，这一场网络设备供应的冬天，也会像它热得人们不理解一样，冷得出奇。没有预见，没有预防，就会冻死。那时，谁有棉衣，谁就活下来了。"很多年之后，人们才理解任正非居安思危的意识和未雨绸缪的战略眼光。

清代思想家魏源曾讲，"暑极不生暑而生寒，寒极不生寒而生暑"，可谓完美诠释了股票市场上的极端行情。当一种风格、一个板块、一只股票达到涨无可涨或者跌无可跌的境地时，趋势投资的力量就会衰竭，接下来就是反方向更凌厉的走势。逆向投资者认为，与备受瞩目、如日中天的投资策略相比，那些弃之如敝屣、备受冷落的策略未来才会更胜一筹。回顾 A 股多年的历史，但凡被吹捧为打开了全新空间，需要用全新视角和估值来看待的那些赛道，哪一个最终不是以惨烈的下跌告终呢？

何时从众，何时独行

既然市场始终存在羊群效应，那么大众的集体选择始终是错的吗？显然不是。最近 20 年，大众对房地产的痴狂显然让很多人实现了财富的巨大增值，而那些坚持认为房价过高而拒不买入的人损失惨重，从事后的结果来看，显然大众的选择是正确的。

投资市场上同时存在两个规律：均值回归和马太效应。在羊群效应发挥作用的最初阶段，马太效应占据上风，原有趋势愈演愈烈，在大众情绪最癫狂的阶段既可以将泡沫吹到无以复加的地步，也可以将一种资产贬低到大幅低于净资产的地步，但是均值回归定律终究会发生作用。当马太效应难以为继、均值回归将要发挥效力时，意味着趋势转折点已经临近。但遗憾的是，大众是难以发现趋势转折点的。因此，总体来讲，大众在趋势运行的过程中是正确的，但在趋势转折点会犯下严重的错误。在趋势中期，大众的“羊群效应”其实是正确的选择，只有在趋势初期和末期，真理才掌握在少数人手里。

正因为如此，人人都知道逆向投资，但真正实行起来十分艰难。一方面，马太效应发挥作用的持续时间往往出奇的长，过早的逆向投资给投资者带来的直接损失或者机会成本是巨大的；另一方面，趋势转折点来临时往往速度极快，以至于很难分辨这种转折到底是真正的转折，还是原有趋势的片刻休息。五年前很多人坚定不移地认为美国股市已经到达历史性顶部，但做空资金一次又一次斩仓出局；2015 年上证指数最高达到 5178 点，但其实在指数超过 4000 点以后，很多经验丰富的投资者就已经清仓出局，其中很多人又在 4500 点以上重新入场，可见逆向投资之难。

有人把逆向投资等同于均值回归，其实是片面的理解。均值回归确实可以称为投资界的万有引力定律，再广阔的行业、再优秀的公司，也会受到周期的约束，会有归于平庸的那一天，终究会出现更加符合时代潮流、更加杰出的企业家和上市公司，这是历史发展的规律。但是，均值回归不是让投资者一定要把好公司卖掉然后买进差公司，而是为了提醒投资者，当好公司涨幅大幅超出业绩支撑时，就要提防股价的反方向运动；当好公司跌幅过大之后，就可以考虑在适当的时机等待其价值的回归。根据均值回归定律进行投资的前提是选择好公司，等待价格准确反映价值。质地差的公司本身就不属于候选投资标的，即使下跌再多，也不应该买入。逆向投资与趋势投资并不相悖，“逆”的是市场情绪，而“顺”的是发展趋势，只有长期趋势向上的行业和公司，才值得投资者在低位时逆向买入。

如何进行逆向投资

避免陷入集体癫狂

人在群体中是容易丧失理性的，即使是一向独立思考的人也难以对这种“相互传染”效应完全免疫。投资者需要时刻反省，自己是依然清醒、独立地对市场做出判断，还是已经化身“羊群”中的一员而浑然不知。其实，一只股票从不被人喜欢到少数投资者开始关注，再到备受追捧，直至成为很多人的“信仰”，是每一个泡沫形成的必经阶段。

投资者并非需要远离泡沫，而是要在泡沫被刺破之前从容撤退。不过，极端估值的判断很难有清晰的标准，大众情绪也难以进行有效的量化，但是一些信号值得关注和参考。比如，当市场上质疑和反对的声音已经彻底消失，就连最坚决的看空者也掉转船头，曾经的反对声音被媒体肆意挖苦嘲讽，餐厅、地铁里都有人谈论同一只股票时，往往是盛极而衰的迹象。很多股票软件会有关注人数、热度等指标，一般而言，股票太受关注时往往是阶段性高点，至少不是非常好的买入时机。

此外，股票股东户数的翻倍式增加、机构投资者从最初的标配到显著超配、同一行业的基金热卖甚至超越历史纪录、分析师不断地撰写报告等都是观察大众情绪的重要指标。每当这些信号出现时，市场并不一定立刻出现转折，但危险已经临近了，别人贪婪我恐惧，聪明的投资者可以提前分批撤离热点板块或股票。

敢于在冷落的行业或板块逆向投资

一般而言，当某一类资产被过度追捧，另一类资产很可能被彻底冷落，这给逆向投资者提供了非常好的投资机会。在被市场忽视甚至厌恶的领域往往存在短期的利空因素，叠加极度低迷的大众情绪，使得上市公司的股价被严重低估，交易活跃度越来越低，绝大多数投资者唯恐避之不及，但别人恐惧我贪婪，这正是逆向投资者布局的良机。

不过，抄底并不是针对所有大幅下跌的股票，而是那些长期前景依然良好、能够长期创造价值、只是短期遭遇困境的企业。一方面，当整个行业受到负面冲击时（如白酒行业面临“塑化剂事件”、“三公消费”限制等问题，乳业遭遇三聚氰胺事件），相关行业股价短期调整非常迅猛，但是在深刻分析了白酒或乳业的存在价值、成长空间和品牌企业的市场地位之后，逆向投资者可分批介入，等待负面利空被市场完全消化。另一方面，行业本身没有受到明显冲击，但特定企业受到巨大负面冲击。如果投资者经过审慎评估，判断企业的管理层、企业文化等发生了重大变化，甚至发现了重大丑闻或财务造假，企业可能一蹶不振，则逆向投资是不可取的；如果企业受到上游成本的意外大幅上涨、下游客户的经营不善或者衍生品出现较大亏损等阶段性影响，经过一段时间调整之后可以重回正轨，则投资者可以在股价充分或者过分反映利空事件之后择机逆向介入。

同样的道理，某些企业如果受到外部的一次性正向刺激（如大额补贴、政策性利好兑现），其持续性同样是值得怀疑的，逆向投资者不应该在这种短暂利好后买入。一般而言，消费品公司容易出现比较好的逆向投资机会。品牌消费品壁垒深厚，抵抗冲击的能力比较强，虽然在受到行业政策调整、税收变化、负面舆情等影响之后，股价会大幅下跌，但品牌消费品黏性强，只要不是产品质量出现根本问题，一般而言，经过一段时间的消化，股价都可以重回增长轨道。所以消费品行业每隔一段时间就会出现个人投资者可以把握到的逆向投资机会。

当然，更常见的行业逆向投资机会来源于对周期的深刻理解。在周期的底部，即使是行业最优秀的公司也会遭遇困难，收入、利润等财务指标恶化。大多数投资者过于看重企业的短期财务表现，以至于对股价短期下跌过于担忧，完全忽略了对企业中长期盈利能力的考量。尤其是实力雄厚的优秀企业，往往会借助行业低迷期加速布局、抢占市场，这种逆市扩张带来短期资本开支及相关费用的扩大，恰恰为企业的壮大奠定了基础。因此，市场形势一片大好之时，很难分辨企业间的差异；在行业一片萧条的悲观氛围下，反而是发现和布局优秀企业的良机。

这里存在一个关键问题，如何把握逆向投资的时机？首先，评估估值是否足够低、是否已经过度反映了可能的坏消息。在市场极度恐慌、利空消息不断叠加的情况下，判断企业的合理估值几乎是不可能的。此时，投资者一定要按最坏的预期来评估上市公司的前景，只有在现有估值大幅低于企业合理估值的时候才能够逆市投资，这样才会获得足够的安全边际。其次，评估企业面临的问题是否为可解决的短期问题。2020 年初，受新冠肺炎疫情影响，航空股大幅下跌，巴菲特抄底达美航空，但过了一个多月之后，巴菲特快速止损，可见当时其对疫情的长期性估计不足。

困境反转型企业是逆向投资的最佳标的。《彼得·林奇的成功投资》一书将困境反转型企业细分为以下四种："出资挽救我们否则后果自负"型、"谁会想到"型、"问题没有我们预料的那么严重"型、"破产母公司中含有经营良好的子公司"型，可见其对困境反转理解之深刻、运用之纯熟，值得个人投资者学习借鉴。

此外，约翰·聂夫以低估值策略闻名，而非同寻常的低估值往往来源于利空消息。《约翰·聂夫的成功投资》一书中，介绍了 20 世纪 80 年代末温莎基金成功逆向投资信诺保险的案例。当时，各类环境责任问题严重困扰保险业，按照华尔街分析师的预测，保险业将履行近 5000 亿美元的赔偿义务。市场对保险公司的悲观情绪蔓延，众多财产及灾害保险公司被抛售。但温莎基金发现，信诺保险的管理型医疗业务非常出色，财务实力雄厚，足以解决可能出现的成本剧增问题。因此，在市场一片惨淡之际，温莎基金买入信诺保险，待环境责任险的问题减弱之后，信诺保险的股价猛涨了54%。

善于发现企业的闪光点

投资者要慧眼识珠，善于发现未来的潜力方向或企业异于同业的闪光点。卓越的投资业绩常常来自非共识的预测和判断，并非一定要在市场的一片哀号之中才有逆向投资的机会。在正常的市场状态下，当有的行业、有的企业已经发生了深刻变化，而市场整体还是按照以往的旧观念看待时，投资机会就产生了。

2020年，国内新能源汽车行业面临补贴退坡、海外竞争对手进入等不确定性因素，大量投资者开始抛售股票，行业估值明显下调，尽管并未到大幅杀跌的地步，但是市场热度明显降低。而聪明的投资者此时看到的并不是补贴下调这一利空事件，而是中国新能源汽车行业已经处于爆发前夜，短期的利空因素不改行业即将快速发展的大趋势，此后国内新能源汽车相关产业链的大幅上涨给这些眼光独到的投资者以极为丰厚的回报。彼得·林奇曾专门分析过隐蔽资产型公司的投资，其本质上考验的是投资者独到的眼光，不论是隐蔽的现金、土地、能源，还是专利权，都是因为极少数投资者看到了被市场忽略的东西，而且确定这种东西迟早会受外部刺激影响而被市场重新认识。

逆向思考、独立思考的本质是时刻用无畏的批判精神审视一切流行的概念，时刻反思貌似合理的事物中蕴含的不合理，积极寻找小众市场中隐藏的大众基因，正如代数学家卡尔·雅各比所讲："反过来想，总是反过来想。"市场在短期经常是无效的，钟摆从一端摆向另一端往往需要很长的时间，这十分考验逆向投资者的耐力。也正因如此，尽管逆向投资短期会大幅降低资金的使用效率，但长期回报是惊人的。

用逻辑思维指导投资

深处种菱浅种稻，
不深不浅种荷花。
——（清）阮元

爱因斯坦曾说：“你无法在制造问题的同一思维层次上解决这个问题。”解决问题需要升级思维，否则问题难以得到解决。投资中有两种思维至关重要，分别是深度思维和逻辑思维。深度思维即一个人思考的深度，也就是洞察力，在第五节将会专门介绍。逻辑思维更为大多数人所熟知，严复认为，逻辑是“一切法之法，一切学之学”，投资者熟悉和掌握投资中的逻辑思维，对于抢先发掘投资机会、评估企业发展空间、把握买入或卖出股票的时机都意义重大。

梳理投资逻辑的过程，是剔除无用信息、化繁为简、直达问题本质的过程。在日常工作中，最重要的逻辑思维形式包括归纳、演绎与溯因（反演）三种。其中归纳是从情况和结果推理出规则，演绎是从规则和情况推理出结果，溯因是从规则和结果反向推理出情况。

归纳和演绎

归纳是从特殊到一般的推理方法，即从一个陈述中推断出另一个陈述。但是现实世界中，大多数情况下只能采用不完全归纳法，不能穷尽所有的样本，因此即使投资者手中掌握的所有前提为真，由此得出的结论也有可能为假。著名的哥德巴赫猜想是归纳法的最好例证。演绎是归纳的反面，是从一个一般性陈述或假设开始，检验得出一个具体逻辑结论的可能性，即从一般推出特殊的方法。只要前提是真实的，演绎推理的结论就是肯定的；若前提不正确，也有可能从它得出合乎逻辑的结论；如果前提是错误的，那么结论可能是合乎逻辑的，但该结论可能不正确。

投资过程中，由于逻辑链条很长，归纳与演绎往往在其中交叉循环，甚至分不清楚哪里进行了归纳，哪里又进行了演绎。总体来讲，投资中常用的逻辑主要包括两个方面：一是根据以往的历史经验，总结市场的发展规律，指导投资行为；二是根据已知的一系列信息，对未来发展趋势做出判断。

这两方面很大程度上决定了投资的成效。一方面，所有投资体系的建立都依赖以往投资经验的总结，但由于经济和金融市场始终处于变化之中，以往的经验往往可能不再适用于未来的情形，其结论有效性始终是有限的。例如，根据历史经验，低市盈率投资法的胜率较高，但是在某些特定时期，高市盈率策略更成功，低市盈率的股票持续下跌而高市盈率的股票持续上涨，二者的估值差距反而越来越大；技术分析方法都是基于历史经验归纳得出的，但其失效的例子比比皆是；量化交易的模型也是基于历史大数据归纳而来的，因此全球纯粹依赖量化模型进行投资的基金中，能够持续成功的更是凤毛麟角。此处并不是要否定归纳法的作用，投资者要对所有的历史经验保持冷静，尤其是要考虑小概率事件发生的可能性。

另一方面，投资者需要不断提高根据已有信息判断未来趋势发展的能力，并确保逻辑的严密性。归纳推理过程中，投资者要尽可能考虑所有可能的情形，并简化和提炼出最关键的环节和最主要的矛盾，做出最符合逻辑的判断。

举一个推理预判货币政策的案例。站在 2021 年末这个特定时点，不同的投资者对于 2022 年的利率政策看法不一。有投资者认为，2022 年央行可能会加息；也有投资者认为，央行不仅不会加息，反而会降息，或者利率保持不变。作为个人投资者，如何做出自己的判断呢？

投资者要分析当前货币政策最主要的目标是什么。是保持经济合理增长、抑制通货膨胀、促进汇率稳定、保证充分就业？还是兼顾其中两个甚至三个目标？投资者如果对货币政策目标的判断出现错误，那么意味着其底层逻辑出错，后续的推理就丧失了合理基础，这是逻辑链条的起点。如果通过调整利率政策能够实现上述四项目标的协调一致，当然是最理想的状态，但现实是鱼与熊掌难以兼得。当前，市场对 2022 年经济增长存在压力基本达成共识，对汇率的分歧也不大（基本认为人民币汇率在 2021 年实现较大升值后，第二年连续升值的概率较低），分歧的焦点在于通胀压力是否加大。

既然分歧在于通胀水平，那么就从通胀入手进入第二个逻辑链条。随着 2021 年大宗商品价格的大幅上涨以及美国持续超发货币，叠加新冠肺炎疫情及经贸摩擦对全球供应链的影响，市场对出现滞胀的担忧日益加剧。从全球经济发展史上看，最典型的滞胀发生在 20 世纪 70 年代的美国。尽管当今大多数人对滞胀并没有切身的体会，但从媒体和经济著作中了解到的经济收缩与通胀高涨并存的现象足以让很多人谈虎色变。20 世纪 70 年代的滞胀主要有三方面原因：一是经济增长动力不足，第三次科技革命红利消退；二是石油危机刺激大宗商品价格高涨；三是长期宽松的流动性环境为通胀提供了滋生的土壤。

当前的经济环境确实与 20 世纪 70 年代的经济环境类似，全球经济增速显著放缓，大宗商品价格高位运行，流动性连续多年处于宽松状态，尚未出现能够显著提升生产率的新的突破性技术。但两次通胀也有不同之处：一是疫情因素是造成经济增速下降、部分产业链供应紧张的重要原因，但疫情的不确定性及其对经济的不利影响有望降低；二是大宗商品的供应方面，再次发生石油危机的可能性较低，疫情缓解之后，大宗商品的供应也会增加；三是以芯片为代表的部分高科技产品供应不足的问题，难以再次加剧；四是美联储缩减债务购买规模，并择机加息是大概率事件，流动性宽松的边界状态开始改变；五是美国在应对滞胀方面较 20 世纪 70 年代已经积累了一定经验，重蹈覆辙的概率降低。

以上是关于全球尤其是美国经济的基本判断。而对于中国经济，面临的环境则更为积极。一是国家对疫情的有效应对使得全国发生大范围经济停摆的可能性显著降低。二是国内绝大多数供应链稳定充足。高效、完备的制造业体系成为抵抗通胀的重要利器，只有少数高精尖产品依赖进口，但不会对整体通胀产生明显影响。三是尽管高 PPI 会部分向 CPI 传导，但目前来看，主要农产品的价格难以出现明显上涨。四是货币政策方面，美联储加息之后，国内利率并不一定跟随上涨，人民币经过较大幅度的升值以后，对资金流出、汇率贬值的担忧较小；而且这一年多来，全球资金增加国内资产配置，并非纯粹由中美利差扩大导致，更多的是对中国经济越来越有信心。五是关于低碳战略对通胀的影响。其实大可不必担忧，国内政策的灵活性非常突出，煤炭及电力的供应是有保障的，再次出现拉闸限电的可能性极低。

按照上述逻辑，如果不发生其他特殊情况，2022 年国内利率出现明显上升的必要性是不足的。当然，这一逻辑考虑的因素毕竟是有限的，如果有其他意外事件发生的话（如产油区紧张局势导致石油供应大幅缩减、油价暴涨），则另当别论。总之，推理判断的逻辑链条一定要严密周全，并能根据新的情况灵活进行调整。

演绎推理过程中最常见的一种错误是线性外推，这是典型的以静止、僵化的视角分析问题的方法。企业过去五年的平均增长率是30%，则判断未来五年的平均增长率也是30%；企业主打产品取得了空前的成功，则判断其即将推出的另一款产品也会取得同样的成功。这显然是不合理的，经济金融是非线性的混沌系统，蝴蝶效应广泛存在，任何一个逻辑链条的细微变化都可能导致最终结果的巨大差异。

溯因

与归纳和演绎相对应的另一种逻辑思维是溯因，即根据已知现象和事实结果，综合运用现有的知识、经验和理论，反向推断产生这个结果的原因。

溯因推理听起来很神秘，其实生活中无处不在。当我们早上出门看到地面潮湿，第一反应是前一天晚上下雨了或者起了大雾。投资过程中，针对观察到的事实，投资者无时无刻不在做出各种可能的假设，试图寻找造成这一现象的根本原因，然后再从原因出发，进入归纳和演绎环节，分析这一原因可能引发的其他后续结果。

如果某家上市公司净利润同比出现较大幅度的下跌，如何进行溯因推理呢？首先，从利润表开始进行逐项分析，观察影响利润的核心因素。是收入的下降、三项费用的上升，还是投资出现亏损？其次，继续对这一原因进行归因分析。假如主因是收入下降，那么收入意外下降的原因是什么？是行业整体需求不足？或者是行业产能扩张过快导致产品价格大幅下降？或者是公司市场份额大幅下滑？最后，判断企业当前遇到的困境究竟是暂时的还是长期的。只有这样才能明确下一个阶段的投资方向。

溯因看似简单，其实需要非常严密的思维逻辑，考虑稍有不周，不仅容易把次因当成主因，也容易把主因完全遗漏。还有一个常见的问题是误把相关关系诊断为因果关系，在大数据时代，数据量日益丰富，万物之间存在着千丝万缕的联系，很多时候难以清晰地分辨因果关系与相关关系。这里有一个经典的例子，统计发现，卖出的冰激凌数量越多，溺水人数就越多。因此有人得出结论，为了减少溺水，应该禁止售卖冰激凌。这显然是溯因过程中出现了错误，逆水人数多的时候往往是夏季温度高的时候，此时也是冰激凌销量最高的时候。

在投资过程中，投资者如果逻辑不够清晰、严密，就很容易犯类似的错误。试想一家消费品企业单季收入实现大幅增长，是否足以说明该企业进入业绩爆发期了呢？关键在于消费品单季收入增长的溯因是否准确。首先，收入增长的原因可能是：该消费品品牌塑造和传播取得重大成功，并进入收获期；该消费品的竞品由于特定原因出现问题，进而被消费者抛弃；该消费品成功打入全国性重要渠道；伴随营销费用的大幅增长，阶段性促销效果突出；该消费品的渗透率加速提升，行业增速普遍加快等。明确到底是哪一种或哪几种原因导致产品收入的增长，对判断该公司的发展潜力和竞争力至关重要。总之，溯因分析与归纳分析类似，需要尽可能地将所有因素考虑进去，确保不遗漏重要因素。

一个清晰、严密的逻辑链条往往是非常复杂的，从第一个链条到最后一个链条蕴含着无限的可能性。正如美国作家菲茨杰拉德所说，“检验一流智力的标准，就是在头脑中同时存在两种截然相反的想法时仍能保持行动能力”，在逻辑推理过程中，我们只有将彻底对立的可能性都考虑进去，才能保证逻辑的完备性。

同时，逻辑链条是一环扣一环、逐步传导的，越是链条前端的逻辑，对后续推理产生的影响越大。如果链条的底层逻辑站不住脚，这个推理就需要推倒重来，如同《盗梦空间》中的多层梦境，如果第一层梦境搭建得不合理，后续的梦境也很难搭建成功。因此，投资者必须把准底层逻辑，如“房住不炒”、教育“双减”、“饭圈”整治背景下，房地产、教培、影视等行业的底层逻辑彻底生变时，若是不能先于市场认识到这一重大改变，而继续沿用此前的投资逻辑，则可能会付出惨痛的代价。一个时代有一个时代的核心资产，根源即在此，时代发展的底层逻辑决定了万千行业的生存状态。

投资者应具备的基本素养

人才自古要养成，
放使干霄战风雨。
——（南宋）陆游

近年来，行为金融已经从投资界的边缘地带走上了舞台中央，影响力逐渐扩大，各类投资者都试图通过研究自身及大众的行为把握市场运行规律，心理账户、过度自信、过度反应等理论被广为熟知。只不过除了很多量化交易模型将行为金融纳入进来外，其他的投资交易难以将行为金融很好地纳入投资和交易体系中，只能将其作为事后归因的工具。行为金融的背后是心理学，所以本节的重点不在于行为金融，而在于分析人最原始的精神要素在投资中如何发挥作用。

洞察力：智力、知识与经验的融合

在金融市场取得优异成绩的人，无一例外都具有超越常人的洞察力。电影《教父》中有一句经典台词："那些花半秒钟就看透事物本质的人，和花一辈子都看不清事物本质的人，注定是截然不同的命运。"这种洞察力能够帮助投资者在混沌的市场中先于他人找到事物的本质和发展趋势。

但这种洞察力来源于哪里，是不是只有那些天赋异禀的人才有超越常人的洞察力呢？显然不是，比尔·盖茨、乔布斯、任正非的商业洞察力都是在学习、思考和磨砺中取得的。但洞察力作为如此抽象的概念，其究竟来源于哪里呢？如果硬是要下一个定义，洞察力是智力、知识与经验的结合。

智力

智力是人们认识客观事物，并运用知识解决实际问题的能力，包括学习和掌握知识的能力，对外界环境的分析、抽象、概括、判断、推理能力，以及想象力、创造力等的总和。《孙子兵法·始计篇》讲，“将者，智、信、仁、勇、严也”，曹操称之为“五德”，而“智”居于“五德”之首，可见智力在任何一个领域都具有非同寻常的重要性。

投资作为非常专业的领域之一，智力同样发挥着尤为重要的作用，然而很少有人愿意公开承认这个事实。如果有人质疑甚至相信投资不需要智力活动的参与，那一定是自欺欺人的。每个投资决策都会考验投资者在复杂情况下的分析、判断和决策能力。比如，有些人视野开阔，发散思维强，能够触类旁通，其学习和成长的速度便快许多，思想的深度与广度可远远超越同龄人的水平。而另外一些人，他们的思想永远只能亦步亦趋地跟随自己的脚步，难以从自己的人生经历中去思考、感悟和升华。

智力可以在学习和掌握知识、解决问题的实践过程中，随着知识经验的不断丰富而得到发展。其中，记忆、运算速度等以生理为基础的认知能力，依赖于先天的禀赋；而抽象、推理、判断、想象力等可以通过经验获得，投资者需要终身提高的也是这方面的能力。

知识

和智力同等重要的另一个因素便是投资者掌握知识的多寡。投资既没有固定的公式，也没有万能的钥匙，如果缺乏丰富的知识，投资只能永远停留在必然王国，无法实现向自由王国的飞跃。

知识是可以通过书籍或其他人造物独立于个体之外的。本书前几章多数是关于经济、金融、财会等方面的知识，这是进入投资世界所应具备的最基础的知识。但投资者如果以为只要把所有关于投资的知识都掌握了，就能够在金融市场自由驰骋，那就大错特错了，世界的复杂性和金融市场的混沌性决定了投资者必须建立多学科的思维格栅模型。投资者若是有兴趣，可以读一读《查理·芒格的智慧：投资的格栅理论》，了解多学科的基本原理和经典案例，尽可能掌握不同学科的思维方式，通过不同学科的广泛联系和相互交叉，实现知识的融会贯通，在其他学科的广阔视野中实现顿悟和突破。因此，广阔的视野是一个优秀投资者的必备素质。

由此便衍生出一个流行概念：能力圈。人的能力圈有大有小，认识自己的能力圈，就是客观认识自己的优势和短板，承认自己只在特定的领域具有相对优势。我们如果跨出了这个能力圈，便和那些投资初学者并无二致。

股市中每天都会有很多诱惑，涨停板的股票乍一看唾手可得，但那些超出能力圈的投资机会，不论多么诱人，投资者最终难以把握，甚至可能带来大幅亏损。所以面对能力圈之外的很多牛股，投资者千万不要心生妒忌，也不要因为错过一只牛股而懊悔不已。投资者越是在市场待得久了，越要守住投资的边界，坚持有所为、有所不为，在能力圈范围内减少犯错，实现稳定盈利。

与此同时，投资者也要承认，只要把握住行业研究的基本脉络，通过持续不断的学习，能力圈是可以拓宽的。专业机构的研究员、基金经理最初也只是在特定的一两个行业中进行研究，但随着经验的积累，研究领域越来越广。个人投资者要想获得更多的投资机会，必须坚持不懈地更新知识，扩大自己的知识边界。

智力和知识的关系，如同大数据时代算法与数据的关系。智力水平的高低，如同不同等级的算法，决定了不同的投资者在面对同样的经历时，会有不同的感悟和思考。很多人能够举一反三、触类旁通、创造性地解决问题，这便是智力水平的体现。而知识是智力发挥作用的基础性要素，为智力活动提供了广阔的空间。智力的高低部分取决于相关知识在量上的积累，知识量的丰富一方面会促进智力模型的升级迭代，另一方面也会为智力活动提供发挥想象力和创造力的数据支持。二者是相互促进的关系，智力水平越高，越能够在短时间内获取更多维、更丰富的知识；知识量的不断积累，反过来会促进思维方式和判断推理能力的提升，进而不断提升智力水平。

尽管股票市场上智力水平高的人有很多，但有多少人能够几十年如一日，不断地更新知识呢？毛泽东同志打过一个生动的比方："好像一个铺子，本来东西不多，一卖就完，空空如也，再开下去就不成了，再开就一定要进货。"投资世界本身就是实体经济的重要反映，当今世界正处于百年未有之大变局，投资者如果不能随时更新思维和知识，就会在市场上感到越来越吃力。相反，我们也看到，很多非专业的投资者，正是通过不断的努力和学习，实现了超越专业投资者的投资业绩。

经验

智力与知识之外，持续的训练和丰富的经验同等重要。很多人拥有高超的智力和丰富的金融知识，但如果有人询问他们投资业绩如何时，等来的有可能是顾左右而言他的回答。理论和知识是一回事，实战又是另一回事，智力和知识必须在实践中积累和提高。

为什么评价一个基金经理往往需要经历一个完整的牛熊周期之后才更全面、客观？因为一个只有一年半载投资经验的投资者根本无法真正理解市场，即使悟性再高，也需要花费几年时间在市场中摸爬滚打。时间的历练不可或缺，短期投资业绩的取得究竟是源于实力还是凭借运气，我们很难判断。同样，当读者朋友在某一阶段取得了丰厚的回报，千万不要沾沾自喜，要时刻反思其中蕴含着多少运气的成分。

橡树资本创始人霍华德·马克斯在一篇备忘录中将投资和棋牌等游戏作类比。他将游戏按照有无隐含信息、有无运气成分、有无技巧划分为以下四种类型：一是无隐含信息、无运气成分、有技巧的游戏——国际象棋；二是无隐含信息、有运气成分、有技巧的游戏——十五子棋；三是无隐含信息、有运气成分、无技巧的游戏——轮盘；四是有隐含信息、有运气成分、有技巧的游戏——二十一点和纸牌。显然，投资是同时具有隐含信息、运气成分和技巧的游戏，时间越长，运气的成分会越小，投资能力（包括分析信息的能力，见本书第一章）将真正决定投资回报。

总之，投资者要想在投资领域取得一些成就，智力、知识与经验缺一不可。这三者任何一项有短板，就无法培养出超越常人的洞察力和投资能力。我们不得不承认，人是有差异的，人的天赋不同、兴趣不同、努力程度不同，即使经历同样的“一万个小时”，其能力的高低也会有所差异，甚至相去甚远。投资没有固定的范式和程序，没有客观的评价标准，只有拥有丰富经验、能够持续学习，且感悟能力很强的投资者才能赢得投资的游戏。

坚忍：坚定、坚强与顽强

当市场形势一片大好的时候，投资业绩的差别更多取决于洞察力；但在市场艰难时期，差别更多来源于精神要素和情感控制。

坚定的意志与独立思考的品质一样，都是奢侈品。即使投资者做出了最深思熟虑的决定，当越来越多来自市场、媒体、权威人士、身边朋友提供的完全相反的信息充斥在耳边，谁能完全不被干扰呢？这种状态持续时间越长，干扰和考验也就越大，最终只有那些拥有磐石般信念和钢铁般意志的投资者，才禁得起市场风浪的冲击，坚守住最初的观点。绝大多数普通投资者将会陆续掉转船头，经历犹豫、质疑，直至最终放弃最初的想法。

此外，坚定、独立思考与耐心向来是结伴而行的，人云亦云、随风倒的投资者很难做到独立思考，所以不可能养成坚定的品质；缺乏耐心的人也不可能真正做到坚定不移。巴菲特持有《华盛顿邮报》超过 30 年，浮亏 3 年多也没有放弃，而反观 A 股很多股票持续的高换手率，有多少人能持有同一只股票超过 2 年呢？难怪有人说，股票上涨大多是在 20% 的时间内完成的，其余 80% 的时间都是在等待，财富最终会从活跃的投资者流向有耐心的投资者。这种耐心，背后体现的正是对必胜信心的坚定不移，以及愿意牺牲当下以求延迟满足的态度。这一点个人投资者需要向风险投资者学习，风险投资者的耐心要比二级市场上的投资者强很多。

克劳塞维茨在《战争论》中曾专门阐述优秀军官应该具备的素质，其中坚强和顽强是非常重要的两项素质。他是这样定义和区分坚强与顽强的：坚强是指对猛烈打击的抵抗能力，顽强则是指对持续打击的抵抗能力。二战中苏军在斯大林格勒（现称伏尔加格勒）和列宁格勒（现称圣彼得堡）进行的旷日持久的保卫战，可以看作军人顽强素质的典范。

如果把这两个词语引申到投资市场也是适用的。有的投资者难以承受市场的巨大波动，短期内指数下跌 3% 或者个股下跌 15% 甚至更多，就丧失了信心，这是不够坚强的表现。有的投资者可以忍受甚至是享受市场的大幅波动，短期下跌 20% 甚至 30% 也能承受，但是如果碰到长达一两个月甚至一年以上的阴跌走势，便会逐渐丧失耐心和信心，变得烦躁不堪，这是不够顽强的表现。在一个持续上涨的市场，投资者是否坚强或者顽强无关紧要。但在大幅下跌和波动的市场，优秀投资者和平庸投资者就会逐渐区分开来。坚定、坚强和顽强决定了投资者的坚忍程度，决定了其应对困境和逆境的韧性。任正非说：“经九死一生还能好好地活着，这才是真正的成功。”投资者在大牛市哪怕取得全市场第一名的业绩，也不能代表其投资能力就是一流的。

波动是市场运行的基本形式。即使是一只十倍股，也不是一路上扬涨上去的，其中必定有大小不一的波动，中途甚至可能出现超过 60% 的跌幅。贵州茅台自上市以来至2021年底，涨幅超过400倍，但区间跌幅超过50%的回撤就有2次，跌幅超过20%的回撤更多。这样的波动对投资者来说是非常大的考验。投资者并不是没有买到过牛股，而是买到了相当多的牛股，只是由于患得患失，在中途的颠簸中提早卖出了而已。造成这种问题的原因有很多：

第一，投资者对企业的未来没有坚定的信心。最初拍着胸脯说自己买入的是一只十倍股，但是一旦股价下跌，便开始怀疑自己；当企业及所在行业出现利空消息时，对股票的未来更加丧失信心。这背后最重要的原因是投资者对企业的研究还停留在一知半解的阶段，缺乏深入、透彻的理解，一旦外部质疑声音出现，投资信心随之开始动摇。

第二，单一持仓过重，以至于股价出现较大幅度下跌时难以承受。个人投资者应该时刻谨记菲利普·费雪提出的能够确保“夜夜安眠”的仓位准则（确保不因为市场波动和过高仓位而影响自己的睡眠）。

第三，投资期限相对较短。投资者尽管仍然看好企业的未来，但对何时股价能够企稳、何时能够重拾升势丧失信心。投资者面对遥遥无期的浮亏，加之市场其他行业的股票屡创新高，心理压力进一步加大，感觉继续持仓的机会成本过高，最终向市场缴械投降。

第四，止损机制。止损机制是保护投资者避免遭受重大损失的重要机制，但凡事都有两面性，不论是5%、10%还是20%的止损机制，会使得很多长期牛股在短期的回撤过程中被错误卖出。尤其是很多投资人精通技术分析，通过复杂的模型设定止损条件为下跌至8.1元，股价确实在下跌到8元的时候触发止损，但此后没有进一步下跌，一路上涨至20元。这个例子算不上极端，很多投资人因为无法承担十几个点的浮亏而与高额利润失之交臂，正所谓“捡了芝麻，丢了西瓜”，得不偿失。

投资者要想解决这一问题，并不是要抛弃止损机制，而是要建立一种机制，能够确保将曾经卖出但基本面未发生根本变化的股票以合适的价格重新买入。这种机制的灵活性至关重要，投资者应以客观的态度评估上市公司，避免受曾经在该股票上盈利或亏损所带来的心理影响。

总之，不管是暴跌还是阴跌，都是市场的正常表现形式。投资者要在市场中不断提高自己的能力，磨炼自己的意志，让自己变得更坚强，也更顽强；也要认识到人性的某些弱点是难以完全消除的，必须依靠完善的交易机制和体系予以应对，以机构化的方式进行个人投资。

开放心态

优秀的人往往具有开放精神，能够海纳百川。在金融市场，投资者保持开放心态，本质是敢于承认自己的错误，勇于修正自己的判断，虚心接受一切新的知识和观念。

《论语》讲，“毋意，毋必，毋固，毋我”，本质也是要保持开放心态，不凭空揣测，不主观武断，不拘泥固执，不自以为是。求知的旅程没有尽头，一个人掌握的知识越多，其接触到的未知范围就越大，这也是为什么知识渊博的人往往更容易谦虚、谨慎的原因，因为他清晰地知道未知远比已知要大得多。而知识范围越窄，越容易封闭，从而陷入盲目的自信当中。心理学上有“邓宁—克鲁格心理效应”，是指能力欠缺的人，其本人无法正确认识自身的不足，难以辨别自己的错误行为，会沉浸在自我营造的虚幻优势之中，从而高估自己的能力水平。

世界始终处于变化之中，新的知识和技术不断涌现，即使以往验证过千万次的理论或模型，也有可能失效。巴菲特对于喜诗糖果的第一反应是没有兴趣的，但是开放的心态让他在了解公司相关数据之后改变了看法。当投资者发现事实与自身认知相背离时，要尊重市场结果，敢于及时反省。然而，大多数普通投资者随着年龄的增长，尽管经验丰富了，但能力圈、认知和思维也固化了，当新的变化来临时，仍然故步自封，用旧的视角和思路看待问题，必然遭遇投资的失败。只有优秀的投资者既能够从历史经验出发，又不被旧的思维惯性束缚，进而对市场保持敬畏，对世界的无限可能性保持空杯的心态。新能源汽车已普遍采用锂电池技术，未来能否有比锂电池成本更低、更成熟稳定的技术？那些看似希望渺茫的奇思妙想，是否在某个条件发生变化之后成为现实？

知行合一

王阳明说："知是行之始，行是知之成。""知"是"行"的出发点，是指导"行"的；"行"是"知"的归宿，是实现"知"的。但知易行难，纸上谈兵容易，在实际投资中却将自己建立的投资体系抛于脑后，轻易买入超出自己能力圈的股票，忽略了资产配置的重要性，在市场的恐慌中恐慌、疯狂中疯狂。但事后看来，这些错误竟是如此的低级，以至于很多投资者经常会后悔地拍着自己的大腿说："哎呀，我当初就特别看好这只股票，觉得肯定能够翻一倍！"或者说："哎呀，我就说市场要下跌了，要是当时减仓就好了！"这些话每天在亿万投资者的口中重复，但为何相同的错误一犯再犯？最重要的还是没有做到知行合一。而知行不合一的主要原因有以下两个方面：一是还没有实现真知，所谓的"知"还停留在一知半解的状态；二是"行"缺乏制度化、规则化，投资中率性而为、冲动莽撞。解决第一个问题的关键在于不断地提高学习、感悟和思考能力；解决第二个问题就需要采用机构化的方法，依靠制度和规则来约束人性的弱点。

可以说，本书95%的内容都是关于"知"的，只有5%的内容是关于"行"的。知与行之间的鸿沟程度往往是由投资者的精神要素决定的，并非只有普通个人投资者才面临这个问题，即使是专业的人员，也必须解决这一问题。为什么有的人在研究员岗位上大放异彩，但到了基金经理岗位之后，却黯然失色呢？因为研究员的工作是相对单一的，就是把行业和公司研究透彻，所以在对公司的深度了解方面，研究员可能要强于基金经理，因为其角色主要是研究者；但基金经理不仅要了解行业和公司，还要对市场环境、风格变化、交易时机进行把握，并且面临市场的排名、投资者的询问甚至质疑，所以基金经理既是分析者，也是决策者，更是行动者，其工作的难度和面临的压力是不可同日而语的。

想要成为一名成熟、优秀的个人投资者，既要当好研究员，也要当好基金经理。当读者朋友读完此书之时，应该已经对个人投资体系有了更全面的认知，但想要在未来投资生涯中取得越来越优异的成绩，还需要持续地学习再学习、实践再实践、感悟再感悟！